Teologia em saída
para as periferias

Francisco de Aquino Júnior

Teologia em saída
para as periferias

Dados Internacionais de Catalogação na Publicação (CIP)
(Câmara Brasileira do Livro, SP, Brasil)

Aquino Júnior, Francisco de
   Teologia em saída para as periferias / Francisco de Aquino Júnior.
-- São Paulo : Paulinas ; Pernambuco : UNICAP, 2019. -- (Kairós)

   ISBN 978-85-356-4492-0

   1. Concílio Vaticano II 2. Francisco, Papa, 1936- 3. Igreja Católica
- Doutrina social 4. Missão da Igreja 5. Periferias urbanas 6. Teologia
pastoral I. Título II. Série.

19-23228   CDD-253

Índice para catálogo sistemático:
1. Teologia pastoral : Cristianismo 253

Maria Alice Ferreira - Bibliotecária - CRB-8/7964

1ª edição 2019
1ª reimpresão 2019

Direção-geral: *Flávia Reginatto*
Editores responsáveis: *Vera Ivanise Bombonatto e*
João Décio Passos
Copidesque: *Ana Cecilia Mari*
Coordenação de Revisão: *Marina Mendonça*
Revisão: *Sandra Sinzato*
Gerente de produção: *Felício Calegaro Neto*
Projeto gráfico: *Telma Custódio*
Capa e diagramação: *Tiago Filu*

Universidade Católica de Pernambuco – Unicap
Reitor: *Pedro Rubens Ferreira Oliveira, sj*

*Nenhuma parte desta obra pode ser reproduzida ou transmitida por
qualquer forma e/ou quaisquer meios (eletrônico ou mecânico, incluindo fotocópia e gravação) ou arquivada em qualquer sistema ou
banco de dados sem permissão escrita da Editora. Direitos reservados.*

Paulinas

Rua Dona Inácia Uchoa, 62
04110-020 – São Paulo – SP (Brasil)
Tel.: (11) 2125-3500
http://www.paulinas.com.br – editora@paulinas.com.br
Telemarketing e SAC: 0800-7010081
© Pia Sociedade Filhas de São Paulo – São Paulo, 2019

Universidade Católica de Pernambuco – Unicap

Rua do Príncipe, 526
50050-900 — Boa Vista — Recife (PE)
Tel.: (81) 2119-4011
http://www.unicap.br

Para Ignacio Ellacuría,
teólogo-mártir da libertação,
nos 30 anos de seu martírio (16/11/1989).

Prefácio

"Ide contar a João o que vedes e ouvis"
ou a Teologia teima em sair
para as periferias... de novo!

Francisco de Aquino Júnior. Pe. Aquino ou Júnior. Cearense de Jaguaribe. Uma pessoa humana encantadora, tanto quanto assertiva. É ainda jovem... o que talvez se explique por ter participado, acompanhado, assessorado muito a Pastoral da Juventude, como também outras pastorais, assembleias, encontros, Campanhas da Fraternidade, movimentos populares, CEBs (Comunidades Eclesiais de Base) e, marcadamente, a Pastoral do Povo da Rua. Não sabemos bem se ele ajudou o Povo da Rua ou se foi o Povo da Rua que o ajudou profundamente. Cristão. Seguidor de Jesus Cristo, anunciador do reinado de Deus (digamos que, talvez, possa haver outros tipos de cristãos!?). Padre, teólogo, professor, pesquisador, servidor, animador... tudo muito bem misturado numa única pessoa. Daquelas misturas que fazem bem, pois, quando lemos ou escutamos o teólogo, como é o caso deste livro que você tem em mãos, ele se revela, ao mesmo tempo, presbítero-pastor, pesquisador e humano.

Cursou Filosofia no Ceará – isto conta! Teologia, em Belo Horizonte, na Faculdade Jesuíta, sob orientação do Prof. Pe. Francisco Taborda – isto diz muito! Na Espanha, estudou o filósofo Xavier Zubiri – isto diferencia! Na Alemanha, durante quatro anos, dedicou-se ao doutorado, sob a batuta intelectual do Prof. Giancarlo Collet, que, desconfio, tem um pé na Europa e outro aqui na América Latina. À luz do pensamento do filósofo e teólogo Pe. Ignacio Ellacuría, jesuíta, exímio pensador e vigoroso profeta, reitor da Universidade Centro-Americana, brutalmente assassinado pelas Forças Armadas de El Salvador, na ditadura, em novembro de 1989, Pe. Aquino escreveu sobre "A Teologia como intelecção do reinado de Deus" – isto o distingue!

A Faculdade Católica de Fortaleza, a Universidade Católica de Pernambuco e esporadicamente muitos centros de formação filosófica e teológica, muitos grupos, variadas dioceses... têm tido a graça da presença lúcida, profunda, simples de Francisco de Aquino Júnior. Quem não o pode ter presencialmente, pode com ele refletir e estudar por meio de livros e múltiplos artigos publicados.

Pe. Aquino, amigo e irmão que é, solicitou-me escrever o prefácio deste livro, e o faço, na alegria do Evangelho, honrado.

"Ide contar a João o que vedes e ouvis" (Lc 7,22).

Uma emblemática expressão que, de certa forma, abre as portas deste livro. Esta é a resposta que Jesus manda a João Batista, por meio de seus discípulos que, cumprindo determinação do mesmo João, prisioneiro, foram enviados a saber do próprio Jesus se era ele mesmo o Messias: "És tu aquele que há de vir ou devemos esperar outro?" (Lc 7,19). João tinha recebido informações sobre as andanças de Jesus, sobre suas ações e palavras pelos caminhos, já tendo ele *saído* ao encontro dos que dele necessitavam: a proclamação das bem-aventuranças e das maldições; a prática do bem aplicada a todos; a misericórdia e gratuidade; a escuta da Palavra e sua prática; curas; ressurreição do filho da viúva de Naim. Quando os discípulos de João fizeram a pergunta a Jesus, naquele momento, ainda mais, ele "curou a muitos de doenças, de enfermidades, de espíritos malignos e restituiu a vista a muitos cegos" (Lc 7,21), como que a atualizar, confirmar, potencializar o significado das informações que tinham chegado a João e, acima de tudo, relacionar, religar na ação de Jesus o humano e o divino, a libertação de cada escravidão à libertação de toda escravidão, a cruz de cada um à sua cruz, a sua presença salvífica à sua missão salvífica. Jesus sabia que a pergunta de João Batista teria sido a pergunta dos antigos profetas e era a pergunta dos que o seguiam. A resposta tinha de ser suficientemente clara e inequívoca e, ao mesmo tempo, uma resposta que firmasse o projeto de vida dos seus seguidores, que esperavam o pleno cumprimento da antiga promessa, com a vinda do Messias. Só depois disso Jesus elabora uma resposta que não era textualmente a resposta à pergunta feita. Como isso é inusitado. Para a pergunta: "És tu?". Jesus responde: "Ide contar a João o que vedes e ouvis" (Lc 7,22). Jesus, para dizer que não precisavam esperar outro, que era ele o Ungido de Deus, diz o que fazia em relação aos pobres, aos pequeninos, aos colocados à margem da sociedade e aos excluídos. A ação libertadora, humano-transcendente, de Jesus é a confirmação de sua messianidade. Era ele. É ele. Ele é o Messias e deu a saber isto comunicando que "os cegos recuperam a vista, os coxos andam, os leprosos são purificados, os surdos ouvem, os mortos ressuscitam e aos pobres é anunciado o Evangelho" (Lc 7,22). Assim mesmo, com o artigo definido, conforme a Bíblia de Jerusalém. Como é muito fácil ficar escandalizado por tudo isso, Jesus conclui: "é feliz aquele que não ficar escandalizado por causa de mim" (Lc 7,23).

Até aqui observamos como foi a ação de Jesus.

"Tive sede e me destes de beber" (Mt 25,35).

Esta outra expressão, também emblematicamente rica, ajuda a penetrar mais a mensagem-lição deste livro, cuja "grande insistência é explicitar o caráter estritamente teologal e teológico da opção pelos pobres ou do compromisso com os pobres e marginalizados, formulado com Francisco em termos de 'saída para as periferias' e/ou 'Igreja pobre para os pobres'" (introdução do autor). É o outro lado de uma mesma realidade, a realidade daqueles que vivem a fé em Jesus Cristo. Assim como observamos a ação de Jesus em favor dos pobres e em meio a eles, já *saído* para as periferias, a fim de dar a conhecer sua identidade messiânica, profunda, sua unção-missão, será necessário, agora, observarmos a ação dos discípulos de Jesus, na perspectiva do reinado de Deus, como elemento que o distingue e identifica em meio ao mundo.

Hoje, pela expansão de um tipo de espiritualidade e piedade desencarnada, alienante, individualista, emocionalista, intimista, assistencialista, conservadora e muitas vezes integrista e curial, própria de movimentos pentecostais e neopentecostais católicos (e evangélicos) e de organizações religiosas de grande poder, incentivados nos dois últimos papados, em contraponto a uma hermenêutica do Concílio Vaticano II, sob o ponto de vista teológico e pastoral, mais aberta e dialógica, que coloca a Igreja como sinal do Reino e servidora do mundo (Paulo VI, no encerramento do Concílio Vaticano II), corremos o risco de "colocar tudo nas mãos de Deus", exatamente "tudo que Deus colocou em nossas mãos", no sentido de "lavar as mãos", de não assumir, na alegria do Evangelho, as nossas responsabilidades cristãs no mundo. Colocar a Igreja em saída significa assumir a perspectiva da espiritualidade do reinado de Deus. Isso implica aceitar a "a herança do Reino preparado desde a fundação do mundo" (Mt 25,34), que é conferida a quem "dá de comer a quem tem fome e de beber a quem tem sede, acolhe o estrangeiro e veste o nu, visita os doentes e os presos" (Mt 25,35).

Dom Oscar Romero, arcebispo de San Salvador, mártir, assassinado enquanto celebrava a eucaristia, em 24/03/1989, por causa de sua consumação pelos pobres nas periferias, pelo povo massacrado sob a ditadura militar em El Salvador, encarnou este ensinamento de Jesus e o traduziu assim: "a glória de Deus é o pão repartido" ou "a glória de Deus é o pobre que vive". Santo Oscar Romero, vítima de terríveis perseguições de inimigos do reinado de Deus tanto da elite salvadorenha quanto das Forças Armadas e, também, de padres e bispos da Igreja, já tinha sido declarado santo pelo povo de Deus e agora foi reconhecido, oficialmente, pela Igreja, no dia 14/10/2018. Ele é um santo homem da Igreja em saída.

Esta é a missão dos seguidores de Jesus, relacionada à missão do próprio Jesus Cristo. Isso define a identidade dos cristãos, assim como aquilo definiu a identidade de Jesus. É necessário, no processo identitário do cristão, assumir a ação em favor dos pobres e pequeninos, como ações realizadas ao próprio autor da justiça e da paz, da misericórdia e do amor. Não assumir isso que nos foi confiado, colocado em nossas mãos, é deixar opaco o rosto do cristão no mundo e "des-conhecer" a Jesus prioritariamente presente nos pobres.

Com isso observamos como deve ser a ação do seguidor de Jesus.

A teologia vai em *saída* para as periferias, quando vai o teólogo e quando já foi a própria comunidade eclesial. Todos podem sair e ir. Todos são convidados a pôr-se *em saída*, a percorrer esse mesmo caminho, sempre aberto. Lá, *saídos*, nas periferias socioeconômicas, existenciais e culturais – também nas periferias religiosas, fora dos centros religiosos burocráticos, totalmente ocupados com a "conservação" pastoral e patrimonial –, todos se encontram: cristãos em comunidades, vivendo a fé cristã, servindo aos pobres e pequenos, por meio da assistência e do engajamento em ações transformadoras, testemunhando o amor de Deus; e se encontram também teólogos elaborando permanentemente a inteligência da fé vivida e celebrada. À Igreja em saída para as periferias corresponde uma "Teologia em saída para as periferias" – instigante título deste livro, escolhido pelo Pe. Francisco de Aquino Júnior, ele mesmo em *saída*, tocando-nos a todos periferias afora.

Muito obrigado, Pe. Aquino, por escrever este livro, gestado em sua mente e em seu coração. Obrigado, leitor, por ler este livro e experimentar a alegria de caminhar em *saída*.

14 de outubro de 2018
Celebração da canonização de Dom Oscar Romero e Paulo VI, santos da Igreja e da Teologia em saída

DOM JOAQUIM GIOVANI MOL GUIMARÃES
Bispo auxiliar da Arquidiocese de Belo Horizonte
Reitor da PUC Minas

Introdução

O Concílio Vaticano II (1962-1965) e a Conferência do Episcopado Latino-Americano em Medellín (1968) marcaram decisivamente a vida da Igreja no mundo inteiro e, de modo particular, na América Latina, na segunda metade do século passado. Desencadearam um processo de renovação teológico-pastoral que descentralizou a Igreja de si mesma, abrindo-a e lançando-a para o mundo e para as periferias do mundo. Isso supôs e implicou tanto uma nova compreensão da Igreja e sua missão (sinal e instrumento de salvação no mundo – Igreja dos pobres) quanto uma nova configuração da Igreja (povo de Deus com seus carismas e ministérios).

Mas isso nunca foi algo tranquilo nem muito menos consensual. Sempre houve tensões e conflitos, não obstante a adesão e o apoio do que se convencionou chamar "maioria conciliar" nos anos 1960 e 1970. Aos poucos essa situação vai mudando. Já com Paulo VI, mas, sobretudo, a partir dos anos 1980, com João Paulo II e com Bento XVI. Uma "nova" hegemonia vai se impondo a partir da Cúria romana e dos bispos de Roma e, com ela, um novo dinamismo eclesial que significou, em boa medida, uma ruptura com o dinamismo eclesial desencadeado pelo Vaticano II e por Medellín. Progressivamente vai se impondo um modelo de Igreja mais voltado para práticas religiosas e interesses institucionais, mais hierárquico, clerical e centralizador. Os setores eclesiais mais afinados com o dinamismo eclesial do Vaticano II e de Medellín vão sendo marginalizados e até perseguidos. Não sem razão falou-se tanto na Europa de "inverno eclesial". Daqui do Nordeste do Brasil, onde inverno significa chuva e isso é bênção de Deus, teríamos que falar de "seca eclesial".

E é dentro desse contexto de "seca eclesial" que se pode compreender a importância e o significado do novo bispo de Roma, o Papa Francisco, para a Igreja em geral e, de modo particular, para a Igreja da América Latina. Ele retoma e repropõe para o conjunto da Igreja, a partir de sua experiência na Argentina e a seu modo, as grandes intuições eclesiais do Concílio Vaticano II e da Igreja latino-americana, formuladas em termos de "Igreja em saída para as periferias do mundo" e/ou de "Igreja pobre para os pobres". Está em jogo, aqui, uma Igreja descentrada de si mesma; uma Igreja aberta e voltada para os grandes problemas e desafios do mundo, particularmente para as situações de pobreza, injustiça, marginalização e sofrimento de qualquer tipo ou forma; uma Igreja "samaritana", "oásis de misericórdia", "hospital de campanha", "mãe e pastora", isto é, uma Igreja que tem como principal missão "curar feridas", acompanhar as pessoas em seus sofrimentos e em suas lutas e colaborar na construção de um mundo mais justo e fraterno.

Teologia em saída para as periferias sintoniza e colabora com esse processo de renovação eclesial desencadeado pelo Papa Francisco. Além de discorrer sobre um dos maiores, senão o maior *problema/desafio* do mundo para a sociedade em geral e para a Igreja em particular, trata do *lugar* e da *perspectiva* em que a Igreja, a partir de Jesus Cristo e sua boa notícia do reinado de Deus, deve se situar e se enfrentar com qualquer questão, problema ou desafio. Os pobres e marginalizados ou as periferias do mundo, para a Igreja de Jesus Cristo, mais que um tema entre outros, são o lugar social em que ela deve se inserir e a perspectiva com qual deve se posicionar no mundo sobre diferentes temas e problemas. E isso vale tanto para a ação pastoral quanto para a reflexão teológica. Não só a Igreja e seus ministros devem ter cheiro de povo e estar a serviço da vida do povo. Também a teologia e os teólogos devem ter cheiro de povo e estar a serviço da vida do povo. Falar de *periferias do mundo* ou de *opção pelos pobres* é falar de uma nota ou característica fundamental da teologia cristã, enquanto inteligência da revelação e da fé cristãs.

Trata-se de algo que marca radical, principial e definitivamente, a teologia cristã. E essa é a grande insistência deste livro: explicitar o caráter estritamente teologal e teológico da opção pelos pobres ou do compromisso com os pobres e marginalizados, formulado com Francisco em termos de "saída para as periferias" e/ou "Igreja pobre para os pobres".

O livro está organizado em quatro partes que se implicam e se explicam mutuamente. A primeira parte trata do processo eclesial de "saída para as periferias", desencadeado pelo Concílio Vaticano II e pela Conferência de Medellín, conservado por muitos setores e movimentos eclesiais e retomado pelo Papa Francisco. A segunda parte se confronta com a complexidade e os desafios do mundo dos pobres e marginalizados, particularmente em sua configuração e em seu dinamismo atuais. A terceira parte explicita o vínculo da fé cristã com os pobres e marginalizados, mostrando como isso é constitutivo da fé cristã e não meramente consecutivo a ela nem muito menos algo opcional na fé. A última parte aborda a problemática do compromisso cristão com os pobres e marginalizados em sua complexidade e diversidade de dimensões e formas, destacando a dimensão socioestrutural desse compromisso com seu caráter marcadamente profético, chegando, não raras vezes, ao martírio: expressão máxima de profetismo e prova maior de fidelidade evangélica.

O desenvolvimento dessa reflexão tem inevitavelmente um caráter transdisciplinar que diz respeito tanto à relação da teologia com outros saberes e ciências quanto à relação entre as diversas áreas ou disciplinas teológicas. E aqui reside paradoxalmente uma das riquezas e um dos limites do texto. Riqueza porque mostra a complexidade, amplitude e fecundidade do tema e de seu desenvolvimento. É uma reflexão aberta e em diálogo. Limite porque, embora conecte e dialogue com diferentes saberes, ciências e áreas da teologia, não desenvolve nem sequer esboça suficiente e adequadamente nenhum desses saberes, dessas ciências e dessas áreas. São referidos e abordados apenas enquanto e na medida em que tocam no tema em questão. Assim, por exemplo, na explicitação do caráter teologal e teológico da "opção pelos pobres", tocamos em questões de cristologia, de eclesiologia, de moral, de (macro)ecumenismo, de escatologia etc. Mas nenhuma dessas áreas é desenvolvida nem sequer esboçada em sua complexidade e totalidade. Vale insistir: são abordadas somente enquanto e na medida em que dizem respeito a nosso tema ou, se quiser, enquanto uma nota ou característica fundamental dessas diversas áreas ou disciplinas teológicas.

Na verdade, não fizemos, aqui, mais que retomar e reelaborar para as novas gerações aquilo que constitui o núcleo da experiência eclesial latino-americana e que é sua contribuição maior para o conjunto da Igreja e da sociedade: a redescoberta e retomada da parcialidade pelos pobres e marginalizados que caracteriza radical e principialmente a revelação, a fé e a teologia cristãs. Certamente, a revelação, a fé e a teologia cristãs não se reduzem à "opção pelos pobres" ou à parcialidade pelos pobres e marginalizados. Mas essa parcialidade ou opção é de tal modo constitutiva da revelação, da fé e da teologia, que sem ela não se pode falar propriamente de experiência cristã de Deus nem de teologia cristã. E constitui, ademais, critério e medida escatológicos de fidelidade práxica (fé) e teórica (teologia) ao Deus de Jesus Cristo.

Importa seguir os passos de Jesus anunciando a boa notícia do reinado de Deus que se vai tornando realidade na vida fraterna de nossas comunidades e entre as pessoas em geral e, especial e definitivamente, no compromisso com os pobres e marginalizados: Fidelidade a Deus na fidelidade aos pobres e marginalizados da terra. O Espírito que ungiu e conduziu Jesus nessa missão nos insere e nos sustenta nessa mesma missão. E nos acompanha uma grande multidão de testemunhas fiéis, muitas das quais lavaram e alvejam suas vestes no sangue do Cordeiro (Ap 7,14): Oscar Romero, Helder Camara, Fragoso, Tomás Balduino, Evaristo Arns, Ignacio Ellacuría, Ezequiel Ramim, Santo Dias, Margarida Alves, Dorothy Stang... Elas nos ajudam a manter os "olhos fixos em Jesus" (Hb 12,2) e a não nos afastarmos dos crucificados de nosso mundo, encorajam-nos no enfretamento dos poderosos e de seus mecanismos de dominação e nos recordam a toda hora, contra toda evidência, que "vida vivida como Jesus é vida vitoriosa, mesmo se crucificada", e que "a glória de Deus é o pobre que vive"...

Parte 1

Teologia em saída para as periferias

Falar de *teologia em saída para as periferias* significa, por um lado, reconhecer ou ao menos insinuar que as periferias do mundo não são (mais) o lugar habitual da teologia e, por outro lado, provocar e propor um deslocamento (ou uma volta) da teologia para as periferias, o que implica reconhecer as periferias como *o* lugar ou, ao menos, como *um* lugar teológico fundamental.

Essa é a grande provocação que o Papa Francisco faz à teologia no contexto mais amplo de sua provocação à Igreja, para que se descentre cada vez mais de si mesma e se constitua como sinal e mediação da salvação ou da misericórdia de Deus para a humanidade sofredora: uma Igreja e uma teologia descentradas de si mesmas, servidoras dos pobres, marginalizados e sofredores; Igreja e teologia misericordiosas: uma Igreja que tem em seu *coração* os *miseráveis* deste mundo e uma teologia que se constitui em última instância como *intellectus misericordiae*.[1]

E essa é a provocação que alguns teólogos vêm fazendo há mais de uma década aos teólogos e à produção teológica na América Latina.

Carlos Palácio, por exemplo, alerta para o risco e para o preço da teologia da libertação se transformar "em 'escola teológica' ou em um 'movimento de ideias', abandonando, assim, o que foi sua intuição original: ser uma reflexão colada à vida da comunidade eclesial. A vida – sempre surpreendente, mutável, essencialmente aberta – precedendo e provocando a reflexão teológica. Por isso mesmo *essa* teologia não se podia constituir em sistema, mas tinha que permanecer aberta aos imprevistos do novo".[2]

---

[1] Cf. PAPA FRANCISCO. *Exortação apostólica Evangelii Gaudium, sobre o anúncio do Evangelho no mundo atual*. São Paulo: Paulinas, 2013; id. Carta por ocasião do centenário da Faculdade de Teologia da Pontifícia Universidade Católica Argentina, em 3 de março de 2015. Texto disponível em: <http://w2.vatican.va/content/francesco/pt/letters/2015/documents/papa-francesco_20150303_lettera-universita-cattolica-argentina.html>.

[2] PALÁCIO, Carlos. Trinta anos de teologia na América Latina: Um depoimento. In: SUSIN, Luiz Carlos (org.). *O mar se abriu: trinta anos de teologia na América Latina*. São Paulo: Loyola, 2000, pp. 51-63, 60. Em outra ocasião, ele chega a falar de uma "dupla orfandade da teologia" atual: "a teologia é órfão de 'sociedade' e é órfão de 'Igreja'. Duas orfandades relacionadas entre si, que põem em evidência a nítida diferença entre a situação eclesial e social dos anos 60 e a situação atual" (PALÁCIO, Carlos. Prática social e pensar teológico: algumas lições da história. In: SUSIN, Luiz Carlos. *Terra prometida: movimento social, engajamento cristão e teologia*. Petrópolis: Vozes, 2001, pp. 311-326, 313).

Jon Sobrino, por sua vez, mostra-se muito preocupado com a tendência atual da teologia ao "docetismo", ou seja, "a criar um âmbito próprio de realidade que a distancie e a desentenda da realidade real, ali onde o pecado e a graça se fazem presentes. Esse docetismo, que normalmente é inconsciente, pode muito bem levar ao aburguesamento, isto é, a prescindir dos pobres e vítimas que são maioria na realidade e são a realidade mais flagrante".[3]

E Comblin, que sempre advertiu contra o academicismo da teologia,[4] alerta contra o risco atual da teologia latino-americana se constituir em um discurso religioso pouco crítico, centrado na afirmação de identidades, despreocupado com a sociedade e desligado das novas práticas sociais: "Tem-se às vezes a impressão de que essa tarefa de fazer uma verdadeira sociedade solidária, uma sociedade de comunhão e participação ficou obnubilada pela afirmação de identidade. Em vez de buscar o seu lugar na construção da sociedade, cada grupo fica fixado na sua própria afirmação".[5]

No fundo, todas essas provocações apontam para uma *retomada* do caminho teológico-pastoral aberto e indicado pelo Concílio Vaticano II (1962-1965) e, mais precisamente, pela Igreja da América Latina, com as conferências episcopais de Medellín (1968) e Puebla (1979) e com a teologia da libertação. E a ideia de retomada conota tanto consciência de *desvio* e chamado à *conversão* quanto disposição para abrir *caminhos novos* e cruzar *novas fronteiras*. Atualizar crítica e criativamente o passado, assumindo o momento atual no que tem de inusitado e inesperado.

Por essa razão, começaremos nossa reflexão tratando das grandes intuições e orientações teológico-pastorais do Vaticano II e da Igreja latino-americana, bem como das controvérsias e dos consensos que elas foram provocando. Em seguida, falaremos da novidade que representa

---

[3] SOBRINO, Jon. Teología desde la realidad. In: SUSIN, Luiz Carlos (org.). *O mar se abriu: trinta anos de teologia na América Latina*, cit., pp. 153-170, 168.

[4] Cf. COMBLIN, José. *O tempo da ação. Ensaio sobre o Espírito e a história*. Petrópolis: Vozes, 1982, pp. 18-21; id. *O Espírito Santo e a tradição de Jesus: obra póstuma*. São Bernardo do Campo: Nhanduti, 2012, p. 195.

[5] Id. Do presente ao futuro: a teologia na presente perspectiva. In: SUSIN, Luiz Carlos. *Sarça ardente. Teologia na América Latina: prospectivas*. São Paulo: Paulinas, pp. 537-547, 539.

Francisco e seu projeto de "uma Igreja pobre para os pobres" no atual contexto da Igreja. E concluiremos explicitando em que sentido as periferias do mundo são *o* lugar ou ao menos *um* lugar teológico fundamental e não apenas um assunto ou tema entre outros na teologia.

Capítulo 1

Do Concílio Vaticano II
à Igreja latino-americana

S e o Concílio Vaticano II abriu a Igreja para o *mundo*, compreendendo-o e assumindo-o como lugar e destinatário de sua missão; a Igreja latino-americana abriu-se e voltou-se para as *periferias do mundo*, assumindo-as como lugar e destinatário fundamentais de sua missão. Se o Concílio compreendeu a Igreja como sinal e instrumento de *salvação* no mundo; a Igreja da América Latina historicizou essa salvação em termos de *libertação* das mais diferentes formas de injustiça, opressão e marginalização sociais. Se o Concílio produziu uma teologia ilustrada, aberta e em diálogo com o mundo moderno (*teologia moderna*); a Igreja da América Latina produziu uma teologia engajada nos processos de libertação (*teologia da libertação*).

Certamente, a Igreja latino-americana só pode ser compreendida no contexto mais amplo de recepção do Concílio. Mas essa recepção não é mera repetição. É atualização criativa em um contexto bem determinado. Atualização que confere um rosto próprio a essa Igreja e que termina revelando limites do próprio Concílio, marcado fortemente pelo contexto europeu-estadunidense. Não se trata, aqui, de oposição nem de contraposição. Trata-se, simplesmente, de mostrar como a Igreja da América Latina atualizou, historicizando e alargando os horizontes teológico-pastorais abertos pelo Concílio – expressão concreta e autêntica da catolicidade da Igreja e da teologia.

Convém considerarmos com mais atenção esse movimento e dinamismo teológico-pastorais *do Concílio Vaticano II à Igreja latino-americana* para que possamos retomar crítica e criativamente o caminho aberto e indicado por eles no contexto que nos toca viver a fé e elaborá-la teoricamente.

A. CONCÍLIO VATICANO II

Uma das características fundamentais do Concílio Vaticano II foi, sem dúvida nenhuma, o diálogo com o mundo moderno. Depois de séculos de confrontos, hostilizações e condenações, a Igreja se abre positivamente ao mundo moderno, discernindo e reconhecendo nele sinais da presença de Deus e procurando responder aos apelos de Deus aí presentes (cf. GS 4, 11, 44; PO 9; UR 4; AA 14).[1] Fez isso não apenas como estratégia de sobrevivência, mas, sobretudo e em última instância, em razão de sua própria identidade: em virtude de seu caráter missionário, a Igreja só pode existir em estreita solidariedade com o mundo. A referência e o serviço ao mundo são constitutivos da identidade da Igreja, cuja missão consiste em ser "sinal e instrumento" da salvação ou do reinado de Deus no mundo (cf. LG 1, 5, 8, 9, 48; GS 42, 45; AD 1, 5; SC 5s). Mais que um problema de sensibilidade ou estratégia pastoral, trata-se de um problema de ordem teológica. Está em jogo a própria identidade da Igreja.

E, aqui, precisamente, o Concílio Vaticano II marca uma "grande virada" e uma "etapa nova" na vida da Igreja, tanto em sua prática pastoral quanto em sua reflexão teológica. E essa virada e essa nova etapa, preparadas por um longo e penoso processo teológico-pastoral,[2]

---

[1]   Cf. BOFF, Clodovis. *Sinais dos tempos: princípios de leitura.* São Paulo: Loyola, 1979.
[2]   Cf. PALÁCIO, Carlos. *Da Humani Generis à Fides et Ratio.* In: *Deslocamentos da teologia, mutações do cristianismo.* São Paulo: Loyola, 2001, pp. 13-58.

representam uma *ruptura* e uma *novidade* que nenhuma "hermenêutica de continuidade" pode negar nem minimizar.[3]

De fato, como bem afirma Carlos Palácio, "o acontecimento conciliar como totalidade representou a grande virada da Igreja contemporânea, virada inseparável da consciência que a Igreja tomou de si mesma e, portanto, de sua missão. A abertura ao mundo não foi uma opção oportunista. Os problemas do mundo são da Igreja porque são os problemas colocados à sua missão evangelizadora. Faz parte da identidade da Igreja sua vinculação ao mundo como missão. Nessa tomada de consciência reside uma das mudanças mais radicais do Concílio".[4]

Essa foi a intuição fundamental do Papa João XXIII ao convocar o Concílio Vaticano II, como se pode comprovar na Constituição Apostólica *Humanae Salutis* de convocação do Concílio (25/12/1961) e no famoso discurso *Gaudet Mater Ecclesia* na abertura solene do Concílio (11/10/1962).

Já na Constituição *Humanae Salutis* afirma: "Há quem não veja senão trevas envolvendo este mundo. Nós, pelo contrário, colocamos inteira e inabalável confiança no salvador do gênero humano, que de maneira nenhuma abandona os seres humanos mortais por ele remidos". E julga fazer parte de seu ministério apostólico "procurar envidar todos os esforços para que a Igreja venha a contribuir, pelo trabalho de seus filhos, na busca de soluções idôneas para os grandes problemas humanos de nossa época". Neste contexto, justifica a convocação de um novo Concílio: "O que está em jogo é a juventude sempre irradiante de nossa mãe Igreja, chamada a estar presente em todos os acontecimentos humanos e a se renovar constantemente com o passar dos séculos, adquirindo em cada época ou circunstância um novo brilho e enriquecendo-se com novos méritos, apesar de permanecer sempre a mesma,

---

[3] Cf. RATZINGER, Joseph; MESSORI, Vittorio. *A fé em crise? O cardeal Ratzinger se interroga.* São Paulo: EPU, 1985, pp. 15-28, especialmente 21s; LIBANIO, João Batista. *Concílio Vaticano II: em busca de uma primeira compreensão.* São Paulo: Loyola, 2005, pp. 9-14; CASAS, Juan Carlos. Continuidade ou ruptura? Duas visões sobre o significado histórico do Vaticano II. In: BRIGHENTI, Agenor; ARROYO, Francisco Merlos. *O Concílio Vaticano II: batalha perdida ou esperança renovada.* São Paulo: Paulinas, 2015, pp. 66-83.

[4] PALÁCIO, Carlos. *Da Humani Generis à Fides et Ratio,* cit., p. 37.

refletindo sempre a imagem de Jesus Cristo, que a ama e a protege como esposo".[5]

E no discurso *Gaudet Mater Ecclesia*, ele é ainda mais claro, preciso e enfático. Falando da oportunidade e das circunstâncias favoráveis para a realização do Concílio, constata com dor a consideração e os lamentos de "pessoas que só veem desastres e calamidades nas condições em que atualmente vive a humanidade" e afirma ter o "dever de discordar desses profetas da miséria, que só anunciam infortúnios, como se estivéssemos no fim do mundo". E falando da finalidade do Concílio, afirma que "a Igreja deve se manter fiel ao patrimônio da verdade recebida do passado, e, ao mesmo tempo, estar atenta ao presente e às novas formas de vida introduzidas pela modernidade, que abrem perspectivas inéditas ao apostolado católico". É dever do Concílio, "além de conservar os preciosos tesouros do passado", "insistir no que hoje exigem os tempos, continuando a caminhada desses vinte séculos de Igreja". De modo que "o principal objetivo do trabalho conciliar não é discutir princípios doutrinais [...]. Para isso não seria preciso um Concílio Ecumênico. Hoje é necessário que toda doutrina [...] seja proposta de um modo novo, com serenidade e tranquilidade, em vocabulário adequado e num texto cristalino [...]. A doutrina é sempre a mesma, mas é preciso que seja mais ampla e profundamente conhecida para ser melhor assimilada e contribuir positivamente para a formação das pessoas. A doutrina certa e imutável [...] deve pois ser investigada e exposta pela razão, de acordo com as exigências da atualidade".

Nesse contexto, faz uma distinção que será fundamental para o Concílio e para a teologia pós-conciliar: "uma coisa é o depósito da fé, as verdades que constituem o conteúdo doutrinário propriamente dito. Outra, o modo como são expressas, mantendo-se sempre o mesmo sentido e a mesma verdade".[6]

---

[5] JOÃO XXIII. Constituição apostólica *Humanae Salutis*. In: VATICANO II. *Mensagens, discursos e documentos*. São Paulo: Paulinas, 2007, pp. 11-18, n. 4, 6, 7, respectivamente.

[6] Ibid. Discurso *Gaudet Mater Ecclesia*. In: VATICANO II. *Mensagens, discursos e documentos*, cit., pp. 27-35, n. 40s, 49, 54s.

Essa intuição e orientação fundamentais de João XXIII aos poucos – não sem tensões, conflitos e oposições[7] – foram sendo assimiladas pela "maioria" dos padres conciliares e dando ao Concílio um rumo e um dinamismo, cuja expressão mais acabada é, sem dúvida nenhuma, a Constituição pastoral *Gaudium et Spes*, sobre a Igreja no mundo de hoje.[8] A tal ponto que, para o Cardeal Garrone, relator final do texto, embora a elaboração desse documento seja posterior à morte de João XXIII, "poder-se-ia afirmar que este é o único esquema formalmente desejado por João XXIII".[9] Ele expressa "a *espinha dorsal* do Vaticano II, pois apresenta elementos teológicos que estão subjacentes aos demais documentos e uma continuidade com o pensamento de João XXIII que uma leitura, mesmo que superficial, pode revelar".[10] Nessa constituição "estão presentes as grandes intuições teológicas do Concílio e suas opções mais inovadoras. Foi o único esquema querido formalmente por João XXIII. E, nesse sentido, o coração do Concílio tal como ele o sonhava".[11] Ela contém "os germes de um giro teológico fundamental".[12] Como assinalava o dominicano francês Chenu, um dos inspiradores do documento, "era necessário partir da convicção de que os grandes acontecimentos históricos, as grandes transformações sociais têm relação com a realização do Reino de Deus e aprender a reconhecer os sinais dos tempos como 'lugares teológicos'. Era o rumo da nova reflexão indicado na *Pacem in Terris*".[13]

---

[7] Cf. ALBERIGO, Giuseppe. *Breve história do Concílio Vaticano II*. Aparecida: Santuário, 2006; BEOZZO, Oscar. Concílio Vaticano II. In: PASSOS, João Décio; SANCHEZ, Wagner Lopes. *Dicionário do Concílio Vaticano II*. São Paulo: Paulinas/Paulus, 2015, pp. 184-204.

[8] Cf. MCGRATH, Marco. Notas históricas sobre a Constituição pastoral *Gaudium et Spes*. In: BARAÚNA, Guilherme (coord.). *A Igreja no mundo de hoje*. Petrópolis: Vozes, 1967, pp. 137-153; TRIGO, Pedro. O caminho de humanização passa pela afirmação dos seres humanos: a celebração, uma oportunidade para retomar o caminho. *Perspectiva Teológica*, 123 (2012), pp. 182-216; ROUTHIER, Gilles. *Gaudium et Spes*: a aprendizagem da Igreja Católica no diálogo com o mundo. *Perspectiva Teológica*, 132 (2015), pp. 161-178.

[9] Cf. MCGRATH, Marco. *Notas históricas sobre a Constituição pastoral Gaudium et Spes*, cit., p. 139.

[10] SANCHEZ, Wagner Lopes. *Teologia da cidade: relendo a Gaudium et Spes*. Aparecida: Santuário, 2013, p. 78.

[11] PALÁCIO, Carlos. *Da Humani Generis à Fides et Ratio*, cit., p. 37.

[12] BEOZZO, Oscar. *Concílio Vaticano II*, cit., p. 200.

[13] ALBERIGO, Giuseppe. *Breve história do Concílio Vaticano II*, cit., p. 160.

No centro do Concílio e particularmente da Constituição pastoral *Gaudium et Spes* está, portanto, o diálogo da Igreja com o mundo moderno. "A comunidade cristã se sente verdadeiramente solidária com o gênero humano e com sua história" (GS 1). De tal modo que "as alegrias e as esperanças, as tristezas e as angústias dos homens de hoje, sobretudo dos pobres e de todos os que sofrem, são também as alegrias e as esperanças, as tristezas e as angústias dos discípulos de Cristo. Não se encontra nada verdadeiramente humano que não lhes ressoe no coração" (GS 1). Por essa razão, o Concílio deseja estabelecer um "diálogo" do "povo de Deus congregado por Cristo" com "toda a família humana, à qual esse povo pertence", sobre os "vários problemas" que afetam a humanidade nos dias atuais, "iluminando-os [com] a luz tirada do Evangelho e fornecendo ao gênero humano os recursos de salvação que a própria Igreja, conduzida pelo Espírito Santo, recebe de seu fundador". Com isso, a Igreja não pretende outra coisa senão "continuar a obra do próprio Cristo que veio ao mundo para dar testemunho da verdade, para salvar e não para condenar, para servir e não para ser servido" (GS 3).

A razão última da abertura, do diálogo e do serviço da Igreja ao mundo, vale insistir, tem a ver com sua missão de ser "sinal e instrumento" de salvação ou do reinado de Deus no mundo (cf. LG 1, 5, 8, 9, 48; GS 42). Enquanto presente no mundo e a serviço da salvação do mundo, a Igreja está constitutivamente referida ao mundo. Ela não se pode pensar e se configurar independentemente do mundo nem muito menos em oposição a ele. Enquanto lugar e destinatário da missão da Igreja, o mundo é um momento do processo mesmo em que essa missão (salvífica) se realiza. De modo que não há mais lugar para oposição entre Igreja e mundo (cf. GS 43) e que a preocupação e o envolvimento com os problemas do mundo aparecem como algo constitutivo da missão da Igreja (cf. GS 11, 42, 89).

Vale a pena ler com atenção aqui uma afirmação fundamental da *Gaudium et Spes* que não raras vezes é utilizada para distorcer seu sentido fundamental: "A missão própria que Cristo confiou à sua Igreja por certo não é de ordem política, econômica ou social. Pois a finalidade que Cristo lhe prefixou é de ordem religiosa. Mas, na verdade, desta mesma missão decorrem benefícios, luzes e forças que podem auxiliar a organização e o fortalecimento da comunidade humana segundo a lei de Deus" (GS 42).

A propósito desse texto, afirma Ignacio Ellacuría: "É preciso esclarecer, aqui, o que significa que a missão não é de ordem política, econômica ou social, esclarecimento exigido pelo próprio texto que fala de como a missão religiosa reverte sobre o político, o econômico e o social. Efetivamente, a Igreja tem uma missão própria que não se identifica com a missão do Estado, nem com a dos partidos políticos, nem com a das empresas, nem com a dos sindicatos, nem com a das próprias organizações populares. Distingue-se de todas essas instituições pelo fim que a Igreja pretende e pelos meios que lhes são próprios, mas não se distingue por se referir ao que não fosse próprio das outras instituições. Nada do humano é estranho ao Cristianismo; o próprio do Cristianismo é o fim que se persegue com o humano e os meios com os quais se busca a realização desse fim. Daí que a missão da Igreja tenha a ver com o político, com o econômico e com o social. Não é dessa ordem, mas tem a ver com cada uma dessas ordens. O Concílio formula esse ter a ver em termos de ter funções, luzes e energias para que a sociedade humana seja como Deus quer. Portanto, a Igreja tem que introduzir no político, no econômico e no social não apenas luzes e energias, mas também funções que deem mais realidade a essas luzes e energias".[14]

Esse é indiscutivelmente um dos pontos, senão o ponto mais fundamental e mais decisivo do Concílio Vaticano II e do dinamismo teológico-pastoral por ele desencadeado. A consciência dessa referência constitutiva da Igreja ao mundo determinará decisivamente a ação pastoral e a reflexão teológica da Igreja, provocando um verdadeiro "deslocamento" da pastoral e da teologia em direção ao *mundo moderno*. A tal ponto que a teologia produzida a partir do Concílio é, não raras vezes, de modo impreciso, mas não falso, nomeada como *teologia moderna*:

---

[14] ELLACURÍA, Ignacio. Comentarios a la Carta Pastoral. In: *Escritos políticos II*. San Salvador: UCA, 1993, pp. 679-732, aqui p. 693.

uma teologia feita a partir e em diálogo com o mundo moderno, voltada para os setores ilustrados da sociedade e centrada na problemática do sentido, da linguagem, da interpretação. Seu problema fundamental pode ser formulado com Dietrich Bonhöeffer nos seguintes termos: "Como crer em um mundo que se tornou adulto" (*mündig gewordene Welt*)?[15] E, aqui, precisamente, está sua força (abertura ao mundo) e sua fraqueza (identificação do mundo com o mundo moderno).[16]

B. Igreja Latino-americana

Um dos melhores e mais fecundos frutos do Concílio Vaticano II foi, sem dúvida nenhuma, o processo de renovação teológico-pastoral da Igreja latino-americana. A Conferência de Medellín (1968) marca formalmente o início desse processo. Ela foi pensada e convocada "com a finalidade de afinar a Igreja da América Latina com a teologia e a pastoral do Vaticano II e terminou dando um salto qualitativo para além da concepção centro-europeia desse Concílio".[17] Como bem afirma Carlos Palácio, se "o Concílio foi a guinada que marcou definitivamente os rumos da Igreja e da teologia no mundo contemporâneo: depois de vários séculos de hostilidade declarada, a Igreja se reconciliava com o 'mundo moderno'", a Conferência de Medellín "foi a transposição da perspectiva do Concílio e de suas intuições ao contexto específico do continente latino-americano. Sem o Concílio, não teria existido Medellín, mas Medellín não teria sido Medellín sem o esforço corajoso de repensar o acontecimento conciliar a partir da realidade de pobreza e de injustiça que caracterizava a América Latina".[18]

---

[15] BONHÖEFFER, Dietrich. *Widerstand und Ergebung. Brife und Aufzeichnungen aus der Haft.* Gütersloh: Gütersloher Verlagshaus, 2011, pp. 474-483.

[16] Cf. CALIMAN, Cleto. Fé cristã e mundo moderno. *Perspectiva Teológica*, 132 (2015), pp. 221-242; AQUINO JÚNIOR, Francisco. Método teológico. In: PASSOS, João Décio; SANCHEZ, Wagner Lopes. *Dicionário do Concílio Vaticano II*, cit., pp. 604-608.

[17] LIBANIO, João Batista. Concílio Vaticano II: os anos que se seguiram. In: LORSCHEIDER, Aloísio (et al.). *Vaticano II: 40 anos depois*. São Paulo: Paulus, pp. 71-88, aqui p. 82.

[18] PALÁCIO, Carlos. Trinta anos de teologia na América Latina: um depoimento. In: SUSIN, Luiz Carlos (org.). *O mar se abriu: trinta anos de teologia na América Latina*, cit., p. 52s.

Medellín não apenas recolheu e desenvolveu de modo mais coerente e consequente a riqueza e as potencialidades do Concílio na América Latina, mas, ao fazê-lo, pôs em marcha um movimento teológico-pastoral que acabou revelando limites do próprio Concílio: "um Concílio universal, mas na perspectiva dos países ricos e da chamada cultura ocidental" (Ellacuría)[19] e, por isso mesmo, um Concílio pouco profético (Comblin),[20] um Concílio que "ignorou o submundo"[21] e acabou nos legando "uma Igreja de classe média"[22] (Aloísio Lorscheider).

Se o Concílio teve o mérito incalculável de descentrar a Igreja, de abri-la e lançá-la ao mundo, "não historicizou devidamente o que era esse mundo, um mundo que devia ser definido como um mundo de pecado e injustiça, no qual as imensas maiorias da humanidade padecem de miséria e injustiça".[23] Não bastava abrir-se ao mundo. Era necessário determinar com maior clareza e precisão que mundo era esse (mundo estruturalmente injusto e opressor) e qual o lugar social da Igreja nesse mundo (mundo dos pobres e marginalizados). Aqui reside um dos maiores limites do Concílio e o mérito insuperável de Medellín.

Não é que isso tenha passado completamente despercebido no Concílio. Já em sua mensagem ao mundo em 11 de setembro de 1962, afirmava João XXIII: "Pensando nos países subdesenvolvidos, a Igreja se apresenta e quer realmente ser a igreja de todos, em particular, a igreja dos pobres".[24] Durante o Concílio, esse indicativo/apelo do papa encontrou acolhida e ecoou através de em grupo de bispos que ficou

---

[19] ELLACURÍA, Ignacio. Pobres. In: *Escritos teológicos II*. San Salvador: UCA, 2000, pp. 171-192, aqui p. 173.

[20] COMBLIN, José. *A profecia na Igreja*. São Paulo: Paulus, 2009, pp. 185s.

[21] LORSCHEIDER, Aloísio. A Igreja no Ceará: desafios e perspectivas. *Kairós*, 1-2 (2004), pp. 64-70, aqui p. 69.

[22] TURSI, Carlos; FRENCKEN (org.). *Mantenham as lâmpadas acessas: revisitando o caminho, recriando a caminhada. Um diálogo de Aloísio Cardeal Lorscheider com O Grupo*. Fortaleza: UFC, 2008, p. 142.

[23] ELLACURÍA, Ignacio. El auténtico lugar social de la Iglesia. In: *Escritos teológicos II*, cit., pp. 439-451, aqui p. 449.

[24] JOÃO XXIII. Mensagem radiofônica a todos os fiéis católicos. In: VATICANO II. *Mensagens, discursos e documentos*, cit., pp. 20-26, aqui p. 23.

conhecido como "Igreja dos pobres"[25] e que no final do Concílio, em uma celebração na Catacumba de Santa Domitila, em 16 de novembro de 1965, selou um compromisso com a pobreza e o serviço aos pobres, firmando o chamado "Pacto das Catacumbas".[26] Através desse grupo, algumas vozes proféticas fizeram eco ao apelo de João XXIII nas aulas conciliares. Em uma intervenção que se tornou famosa e provocou uma referência, ainda que tímida, do mistério da Igreja aos pobres (cf. LG 8), por exemplo, o Cardeal Lercaro (Bolonha) denunciava: "O mistério de Cristo nos pobres não aparece na doutrina da Igreja sobre si mesma, e, no entanto, essa verdade é essencial e primordial na revelação [...]. É nosso dever colocar no centro deste Concílio o mistério de Cristo nos pobres e a evangelização dos pobres".[27] E Charles-Marie Himmer, bispo de Tournai, afirmou na aula conciliar de 4 de outubro de 1963: *"primus locus in Ecclesia pauperibus reservandus est"* (o primeiro lugar na Igreja é reservado aos pobres).[28]

Mas, como afirma Beozzo, não obstante a importância e a repercussão que teve, "deve-se reconhecer que o grupo não alcançou o que esperava institucionalmente do Concílio", nem sequer com a Constituição pastoral *Gaudium et Spes*. Conscientes de que "o sonho de João XXIII, de uma 'Igreja dos pobres', não conseguira empolgar o Concílio, bispos latino-americanos empenharam-se para que, na América Latina, esta se tornasse a principal questão eclesial, já na preparação da II Conferência Geral do Episcopado Latino-americano". E, de fato, a Conferência de Medellín "pavimentou o que ficou depois conhecido como a marca registrada da caminhada eclesial na América Latina:

---

[25] Cf. GAUTHIER, Paul. *O Concílio e a Igreja dos pobres*. Petrópolis: Vozes, 1967; Id. *O Evangelho de justiça*. Petrópolis: Vozes, 1969; BEOZZO, José Oscar. Presença e atuação dos bispos brasileiros no Vaticano II. In: LOPES GONÇALVES, Paulo Sérgio; BOMBONATTO, Vera Ivanise (org.). *Concílio Vaticano II: Análise e prospectivas*. São Paulo: Paulinas, pp. 117-162, aqui p. 147-150.

[26] Cf. BEOZZO, José Oscar. *Pacto das Catacumbas: por uma Igreja servidora e pobre*. São Paulo: Paulinas, 2015.

[27] LERCARO apud GAUTHIER, Paul. *O Concílio e a Igreja dos pobres*, cit., pp.178s.

[28] HIMMER, Charles-Marie apud ELLACURÍA, Ignacio. El verdadero pueblo de Dios según monseñor Romero. In: *Escritos teológicos II*, cit., pp. 357-396, aqui p. 361.

a opção preferencial pelos pobres",[29] como reconhece explicitamente a Conferência de Aparecida: "A opção preferencial pelos pobres é uma das peculiaridades que marca a fisionomia da Igreja latino-americana e caribenha" (DAp, 391).

Mais que um tema entre outros, ainda que um tema central e fundamental, a "opção pelos pobres" se tornou na Igreja e na teologia latino-americanas a perspectiva ou o ponto de vista fundamental a partir do qual todas as questões são tratadas e dinamizadas. E não se trata apenas de uma perspectiva ou de um ponto de vista sociológico, mas, antes e mais radicalmente, de uma perspectiva ou de um ponto de vista estritamente teológico, tal como aparece na Sagrada Escritura.

Indiscutivelmente, essa perspectiva ou esse ponto de vista alargou os horizontes abertos pelo Concílio, tanto do ponto de vista histórico (a situação concreta de nosso mundo) quanto do ponto de vista teologal/teológico (centralidade dos pobres na história da salvação). E permitiu/ajudou a Igreja da América Latina a compreender melhor e mais profundamente a realidade do continente e a redefinir, a partir daí, sua ação pastoral e sua reflexão teológica. É o que se pode constatar já em Medellín.

A *Introdução* do Documento indica de modo muito claro a *preocupação*, o *lugar* e a *orientação pastoral fundamentais* da Igreja na América Latina: "A Igreja latino-americana, reunida na II Conferência Geral de seu Episcopado, situou no centro de sua atenção o homem deste continente, que vive um momento decisivo de seu processo histórico [...] A América Latina está evidentemente sob o signo da transformação e do desenvolvimento [...] Isso indica que estamos no limiar de uma nova época da história do nosso continente. Época cheia de anelo de emancipação total, de libertação diante de qualquer servidão, de maturação pessoal e integração coletiva. Percebemos aqui os prenúncios do parto doloroso de uma nova civilização. E não podemos deixar de interpretar este gigantesco esforço por uma rápida transformação e desenvolvimento como um evidente signo do Espírito que conduz a história dos

---

[29] BEOZZO, José Oscar. *Presença e atuação dos bispos brasileiros no Vaticano II*, cit., p. 150.

homens e dos povos para sua vocação [...] Assim, como outrora Israel, o antigo povo, sentia a presença salvífica de Deus quando ele o libertava da opressão do Egito, quando o fazia atravessar o mar e o conduzia à conquista da terra prometida, assim também nós, novo povo de Deus, não podemos deixar de sentir seu passo que salva quando se dá o 'verdadeiro desenvolvimento' que é [...] a passagem de condições de vida menos humanas [carências materiais e morais, estruturas opressoras] para condições mais humanas [posse do necessário, vitória sobre as calamidades sociais, ampliação dos conhecimentos, cultura, dignidade humana, espírito de pobreza, bem comum, paz, valores, Deus, fé]".[30]

E essas intuições fundamentais marcaram de modo radical as discussões e os rumos da Conferência – toda ela voltada para a "busca de forma de presença mais intensa e renovada da Igreja na atual transformação da América Latina",[31] como se pode comprovar nos seus dezesseis documentos (justiça, paz, família e demografia, educação, juventude, pastoral das massas, pastoral das elites, catequese, liturgia, movimentos leigos, sacerdotes, religiosos, formação do clero, pobreza na Igreja, colegialidade, meios de comunicação social). Todos esses temas/assuntos estão pensados e desenvolvidos, ainda que de modo e com intensidade diferentes, a partir do grande "sinal dos tempos" no continente latino-americano, que é o desejo e o esforço de "passar do conjunto de condições menos humanas para a totalidade de condições plenamente humanas e de integrar toda a escala de valores temporais na visão global da fé cristã".[32]

Dessa forma, Medellín historiciza social e teologicamente a "solidariedade" da Igreja com o mundo indicada pelo Concílio: seja explicitando sua estrutura injusta e opressora e colocando-se ao lado dos pobres e marginalizados, seja compreendendo e assumindo sua missão salvífica em termos de libertação das mais diferentes formas de injustiça, opressão e marginalização. E, ao fazê-lo, paradoxalmente, realiza

---

[30] CELAM. *Conclusões de Medellín. II Conferência Geral do Episcopado Latino-Americano.* São Paulo: Paulinas, 1987, pp. 5-7.
[31] Ibid., p. 8.
[32] Ibid.

uma nova "virada" e um novo "deslocamento" eclesial. Desta vez, para o mundo dos pobres e marginalizados, com consequências enormes para a ação pastoral e a reflexão teológica. A Igreja latino-americana irá aos poucos se configurando – não sem tensões, conflitos, perseguições e até com martírios... – como *Igreja da libertação*. E sua teologia, enquanto "ato segundo"[33] ou "momento consciente e reflexo da práxis eclesial",[34] irá desenvolvendo-se como *teologia da libertação*, isto é, "como reflexão crítica da práxis histórica à luz da Palavra" ou mais precisamente como "um momento do processo por meio do qual o mundo é transformado: abrindo-se [...] ao dom do Reino de Deus".[35] O problema fundamental, aqui, já não é tanto crer em um mundo que se tornou "adulto", mas, como bem intuiu e formulou Gustavo Gutiérrez, "como falar de Deus a partir do sofrimento inocente"[36] ou simplesmente "onde dormirão os pobres".[37]

---

[33] Cf. GUTIÉRREZ, Gustavo. *Teologia da libertação: perspectivas*. São Paulo: Loyola, p. 68; id. *Hablar de Dios desde el sufrimiento del inocente. Una reflexión sobre el libro de Job*. Lima: CEP, 1986, pp. 16-18; id. *A verdade vos libertará: Confrontos*. São Paulo: Loyola, pp. 17-19.

[34] ELLACURÍA, Ignacio. La teología como momento ideológico de la práxis eclesial. In: *Escritos teológicos I*. San Salvador: UCA, 2000, pp. 163-185.

[35] GUTIÉRREZ, Gustavo. *Teologia da libertação: perspectivas*, cit., pp. 71 e 74, respectivamente.

[36] Cf. GUTIÉRREZ, Gustavo. *Hablar de Dios desde el sufrimiento del inocente. Una reflexión sobre el libro de Job*, cit.

[37] Cf. id. *Onde dormirão os pobres?* São Paulo: Paulus, 2003.

Capítulo 2

Controvérsias e consensos

O "deslocamento" teológico-pastoral da Igreja para o "mundo" (Concílio Vaticano II) e, sobretudo, para as "periferias do mundo" ou para o "mundo dos pobres e marginalizados" (Igreja latino-americana) foi e continua sendo um processo muito difícil, tenso, conflitivo... Seja porque toca no núcleo mesmo da autocompreensão da Igreja e sua missão no mundo, seja porque mexe com interesses políticos, econômicos e culturais da instituição eclesial e/ou de setores da Igreja, bem como de setores da sociedade em geral. Em todo caso, parece ser um processo sem volta. Certamente, há e continuará havendo tensões, conflitos, acusações, condenações, recuos, ponderações, moderações etc. Mas não há como ignorar nem negar sem mais os "deslocamentos" realizados e desencadeados pelo Concílio Vaticano II e pela Igreja latino-americana. Convém recolher, aqui, sem maiores desenvolvimentos, alguns tópicos ou traços das *controvérsias* em torno desses "deslocamentos", bem como dos *consensos*, ainda que genéricos e em disputas, que se foram construindo nesses últimos cinquenta anos.

A. CONTROVÉRSIAS

Não é preciso insistir nem muito menos entrar em detalhes nas controvérsias que se deram no Concílio, particularmente entre o que ficou conhecido como "maioria" e "minoria" conciliar.[1] Controvérsias que continuarão no período pós-conciliar, embora, progressivamente, sobretudo durante os pontificados de João Paulo II e de Bento XVI, numa clara inversão da correlação de forças do período conciliar. São muitas as expressões utilizadas para indicar ou designar a "nova" situação eclesial: "Inverno eclesial" (Rahner), "restauração" (Zizola), "volta à grande disciplina" (Libanio), "involução" (revista *Concílio*), "noite escura" (González Faus), "centramento" (Comblin), "ajuste pastoral" (C. Boff), "fundamentalismo" (Hebbelhwaite).[2] Daqui do Nordeste do Brasil, onde inverno é sinônimo de chuva e onde chuva é bênção de Deus, preferimos falar em "Estação de seca na Igreja".[3] Mas tudo isso já foi amplamente comentado, analisado, discutido... E não é preciso repeti-lo aqui.

Em todo caso, não resistimos a ao menos indicar alguns tópicos do núcleo teológico dessa controvertida história do "descolamento" da Igreja para o *mundo* (Concílio) e, sobretudo, para as *periferias do mundo* (Igreja latino-americana).

a) Controvérsias em torno do "deslocamento" conciliar

O deslocamento da Igreja para o mundo não foi fácil nem tranquilo. Não era evidente esse deslocamento, nem muito menos a forma em que ele deveria ser efetivado, nem os termos em que ele deveria ser compreendido e formulado. As tensões, os conflitos e as divisões se deram já durante o Concílio e continuaram no período pós-conciliar.

No que diz respeito às controvérsias durante o evento conciliar, convém reler o discurso do Papa Paulo VI na última sessão do Concílio, no dia 7 de dezembro de 1965.[4] Reagindo às críticas e acusações de que o Concílio ter-se-ia ocupado muito pouco das "verdades divinas" ou até mesmo que teria sido "irreligioso ou antievangélico", que se teria deixado "influenciar pela cultura contemporânea, exclusivamente

---

[1]   Cf. ALBERIGO, Giuseppe. *Breve história do Concílio Vaticano II*, cit.; BEOZZO, Oscar. *Concílio Vaticano II*, cit.

[2]   Cf. CODINA, Víctor. Creio no Espírito Santo. *Pneumatologia narrativa*. São Paulo: Paulinas, 1997, pp. 141-158; id. Do Vaticano II a Jerusalém II? *REB* 285 (2012), pp. 154-161.

[3]   Cf. COMUNICAÇÕES DO ISER 39 (1990), pp. 3-88.

[4]   PAULO VI. Discurso pronunciado na nona sessão conciliar. In: VATICANO II. *Mensagens, discursos e documentos*, cit., pp. 118-125.

voltada para o ser humano", enfim, que a Igreja, no Concílio, ter-se-ia "desviado" de seus objetivos e de sua missão, Paulo VI, além de destacar a "visão teocêntrica ou teológica" que o Concílio tem do ser humano e do mundo, afirma sem meias palavras: "A Igreja não se desviou de seus objetivos [...] em nenhum momento perdeu seu caráter estritamente religioso [...]. Voltando-se para o mundo e para os seres humanos, a Igreja não deixa de estar orientada para o Reino de Deus", uma vez que, se por um lado, "para conhecer a verdade do ser humano, na sua totalidade, é preciso se colocar do ponto de vista de Deus", por outro lado, "se lembrarmos que no rosto de todos os seres humanos, especialmente quando marcados pelas lágrimas e pela dor, brilha a face de Cristo [...] e que na face de Cristo se deve reconhecer o rosto do Pai celeste", podemos e devemos dizer também que "é preciso conhecer o ser humano para conhecer a Deus". E, já tendo afirmado que "prevaleceu no Concílio a religião do amor", conclui: "O Concílio se mostra assim plenamente religioso na sua totalidade, nada mais sendo que um convite, ardente e amigo, para que o gênero humano, pelo caminho do amor fraterno, encontre a Deus".

Já no que diz respeito aos desdobramentos dessas controvérsias no período pós-conciliar, indicaremos apenas dois pontos muito significativos e carregados de consequências teológico-pastorais.

Em primeiro lugar, vale a pena reler a longa entrevista que o então Cardeal Ratzinger concedeu ao repórter italiano Vittorio Messori, em 1984, na qual faz um balanço bastante pessimista dos anos pós-concilia-res.[5] Em sua análise, "é incontestável que os últimos anos foram decididamente desfavoráveis à Igreja Católica. Os resultados que se seguiram ao Concílio parecem cruelmente opostos às expectativas de todos, inclusive às de João XXIII e, a seguir, de Paulo VI".[6] Isso não se deveria propriamente ao Concílio e seus documentos, mas a "interpretações de tais documentos que teriam levado a certos frutos da época pós-conciliar".[7] Interpre-

---

[5] Cf. RATZINGER, Joseph; MESSORI, Vittorio. *A fé em crise? O cardeal Ratzinger se interroga*. São Paulo: EPU, 1985, especialmente pp. 15-28; BEOZZO, José Oscar (org.). *O Vaticano II e a Igreja latino-americana*. São Paulo: Paulinas, 1985.

[6] RATZINGER, Joseph; MESSORI, Vittorio, op. cit., p. 16.

[7] Ibid.

tações marcadas por uma falsa distinção entre a letra e o "espírito do Concílio" ("seu verdadeiro antiespírito"), pela tese de que o Concílio representa uma "ruptura" na Igreja (um *antes* e um *depois*, um *pré* e um *pós*)[8] e por "um escancarar-se ao mundo, isto é, à mentalidade moderna dominante, sem filtros nem freios, pondo em discussão, ao mesmo tempo, as bases mesmas do *depositum fidei* que, para muitos, não eram mais claras".[9] Neste contexto, defende: "É tempo de se reencontrar a coragem do anticonformismo, a capacidade de se opor, de denunciar muitas das tendências da cultura que nos cerca, renunciando à certa eufórica solidariedade pós-conciliar".[10] Chega mesmo a falar em "restauração", não no sentido de "voltar atrás", mas como "busca de um novo equilíbrio após os exageros de uma indiscriminada abertura ao mundo, após as interpretações por demais positivas do mundo agnóstico e ateu". E assevera: "Uma tal 'restauração' é absolutamente almejável e, aliás, já está em ação na Igreja. Nesse sentido pode-se dizer que se encerrou a primeira fase após o Concílio Vaticano II".[11] O Sínodo dos bispos de 1985, convocado para celebrar, verificar e promover o Concílio, termina assumindo essa posição e, assim, marcando formalmente uma "nova" etapa no processo de recepção conciliar.[12]

Em segundo lugar, é importante destacar, por seu caráter representativo, os receios, as resistências e, mesmo, as condenações da teologia de Karl Rahner.[13] A seu nome aparece sempre vinculada a chamada "virada antropológica" da teologia católica.[14] O tom e a intensidade das

---

[8] Ibid., p. 21.

[9] Ibid., p. 22.

[10] Ibid.

[11] Ibid, p. 23.

[12] Cf. PALÁCIO, Carlos. Teologia, Magistério e "recepção" do Vaticano II. In: *Deslocamentos da teologia, mutações do cristianismo*, cit., pp. 87-114.

[13] Cf. VORGRIMLER, Herbert. *Karl Rahner: experiência de Deus em sua vida e em seu pensamento*. São Paulo: Paulinas, 2006, pp. 30s, 179-185; SESBOÜÉ, Bernard. Karl Rahner. *Itinerário teológico*. São Paulo: Loyola, 2004, pp. 149-159; LAVALL, Luciano Campos. Rahner na berlinda pós-conciliar. In: OLIVEIRA, Pedro Rubens de; PAUL, Claudio. *Karl Rahner em perspectiva*. São Paulo: Loyola, 2004, pp. 83-105.

[14] Cf. EICHER, Peter. *Die Antropologische Wende. Karl Rahners philosophischer Weg vom Wesen des Menschen zur personalen Existenz*. Freiburg: Universitätsverlage, 1970; BOFF, Clodovis. Teologia da libertação e volta ao fundamento. *REB* 268 (2007), pp. 1001-1022, aqui pp. 1008s;

críticas à teologia de Rahner variam muito. Uma crítica mais ponderada pode-se encontrar, por exemplo, em Clodovis Boff. Ele reconhece que a "virada antropológica" operada pela "teologia transcendental" de Rahner "teve seus êxitos", mas adverte que, diante dessa teologia, "grandes teólogos como De Lubac, Von Balthasar e Ratzinger, mantiveram uma distância suspeitosa – sem, contudo, proceder a uma crítica cerrada".[15] Uma crítica mais dura e radical pode-se encontrar, por exemplo, em Cornélio Fabro.[16] Para ele, como afirma Mondin, "as consequências lógicas da posição gnosiológica de Rahner são o imanentismo, o historicismo, o horizontalismo, a negação da metafísica e da transcendência".[17]

Esses qualificativos com os quais Mondin resume a crítica de Fabro a Rahner podem ser tomados, com as devidas ponderações, como o núcleo da crítica teológica ao "deslocamento" da Igreja para o mundo efetivada e desencadeada pelo Concílio Vaticano II. Ele conduziria a uma espécie da imanentismo e historicismo, ainda que sutil, que terminaria comprometendo ou mesmo negando a transcendência da fé e, em última instância, do próprio Deus. No fundo, parece mais um capítulo, em novos termos, da velha e controvertida história das relações "natural – sobrenatural",[18] nunca resolvidas, nem sequer na Constituição pastoral *Gaudium et Spes*.[19]

b) Controvérsias em torno do deslocamento latino-americano

Se o deslocamento da Igreja para o *mundo* (Concílio Vaticano II) não foi fácil nem tranquilo; menos ainda o foi seu deslocamento para as *periferias do mundo* (Igreja latino-americana). Aqui, os conflitos, as tensões,

---

MONDIN, Battista. *Antropologia teológica: história, problemas, perspectivas*. São Paulo: Paulinas, 1986, pp. 33-36.

[15] BOFF, Clodovis. Teologia da libertação e volta ao fundamento, cit., p. 1009.

[16] Cf. FABRO, Cornélio. *Karl Rahner e l'ermeneutica tomista. La risoluzione-dissoluzione della metafísica nell'antrpologia*. Editrice Divus Thomas, 1972; Id. *La svolta antropológica di Karl Rahner*. Milano: Rusconi, 1974; SOUSA, Luís Carlos. *Epistemologia e transcendência. Duas leituras de Tomás de Aquino sobre o alcance do conhecimento humano de Deus*. Fortaleza: UFC, 2015; MONDIN, Battista. *Antropologia teológica: história, problemas, perspectivas*, cit., pp. 36-41.

[17] MONDIN, Battista. *Antropologia teológica: história, problemas, perspectivas*, cit., p. 40.

[18] Cf. LADARIA, Luis. Natural e sobrenatural. In: SESBOÜÉ, Bernard (dir.). *O homem e sua salvação (séculos V – XVII)*. Tomo 2. São Paulo: Loyola, pp. 313-343.

[19] Cf. PALÁCIO, Carlos. O legado da "Gaudium et Spes". Riscos e exigências de uma nova "condição cristã". *Perspectiva Teológica* 27 (1995), pp. 333-353.

as acusações, as perseguições e as condenações foram muito mais intensos e violentos. E tanto no interior da comunidade eclesial, como no conjunto da sociedade. O martirológico latino-americano é o testemunho mais claro da intensidade e violência das controvérsias em torno desse deslocamento[20]. E não é preciso repeti-las nem muito menos entrar em detalhes. Foram amplamente narradas, analisadas, discutidas.[21]

Basta indicar que as suspeitas, acusações e condenações de imanentismo e historicismo a que nos referimos anteriormente continuam aqui, particularmente contra a teologia da libertação. E com um duplo agravante: reducionismo político (salvação político-econômica) e comprometimento da universalidade da salvação (parcialidade e opção pelos pobres). Isso aparece claramente no primeiro documento da Congregação para a Doutrina da Fé sobre a teologia da libertação, escrito pelo então Cardeal Ratzinger: "É em relação à *opção preferencial pelos pobres*, reafirmada com vigor e sem meios-termos, após Medellín, na Conferência de Puebla, de um lado, e à tentação de reduzir o Evangelho da salvação a um evangelho terrestre, de outro lado, que se situam as diversas teologias da libertação".[22]

Por um lado, a teologia da libertação é acusada de imanentismo e historicismo ou, pior ainda, de reduzir tudo ao político. Ratzinger situa essa teologia na linha de "certa teologia pós-conciliar" que queria "superar todas as formas de dualismo". E, segundo ele, "após o desmantelamento desses presumidos dualismos, resta apenas a possibilidade de trabalhar por um reino que se realize nesta história e em sua realidade

---

[20] Disponível em: <http://servicioskoinonia.org/martirologio/>.

[21] Cf. RATZINGER, Joseph, MESSORI, Vittorio, op. cit., pp. 131-148; CONGREGAÇÃO PARA A DOUTRINA DA FÉ. *Instrução sobre alguns aspectos da "Teologia da Libertação"*. São Paulo: Loyola; Id. *Instrução sobre a liberdade cristã e a libertação*. São Paulo: Loyola, 1986; ELLACURÍA, Ignacio. Estudio teológico-pastoral de la "Instrucción sobre algunos aspectos de la teologia de la liberacion". In: *Escritos Teológicos I*. San Salvador: UCA, 2000, pp. 397-448; SEGUNDO, Juan Luis. *Teologia da libertação: uma advertência à Igreja*. São Paulo: Paulinas, 1987; LIBANIO, João Batista. *Teologia da libertação: roteiro didático para um estudo*. São Paulo: Loyola, 1987, pp. 269-280; CODINA, Víctor. *Creio no Espírito Santo: pneumatologia narrativa*, cit., pp. 97-118; SUSIN, Luiz Carlos (org.). *O mar se abriu: trinta anos de teologia na América Latina*, cit.; BEOZZO, José Oscar. O êxito das teologias da libertação e as teologias americanas contemporâneas. *Cadernos Teologia Pública* 93 (2015), pp. 3-65.

[22] CONGREGAÇÃO PARA A DOUTRINA DA FÉ. *Instrução sobre alguns aspectos da "Teologia da Libertação"*, cit., p. 13.

político-econômica".[23] A mesma ideia é retomada no documento acima referido: "A alguns parece até que a luta necessária para obter justiça e liberdade humanas, entendidas no sentido econômico e político, constitua o essencial e a totalidade da salvação. Para estes, o Evangelho se reduz a um evangelho puramente terrestre".[24] Clodovis Boff (em sua última fase!) chega a afirmar que "subjaz à teologia da libertação" uma espécie de "vulgata teológica chamada 'rahnerismo'", na qual "a fé vai perdendo cada vez mais substância, até se esvaziar completamente".[25] No fundo, é a mesma crítica feita ao Concílio e a Rahner, com o agravante de um novo reducionismo ao político: uma espécie de historicismo politicista que comprometeria a transcendência da fé e do próprio Deus e reduziria o humano ao político.

Por outro lado, a teologia da libertação é acusada de defender e promover a luta de classes e comprometer a universalidade da salvação com sua afirmação e defesa da parcialidade de Deus pelos pobres e, consequentemente, da opção pelos pobres na Igreja. Segundo Ratzinger, para essa teologia, "amor consiste na 'opção pelos pobres', isto é, coincide com a opção pela luta de classes. Os teólogos da libertação sublinham fortemente, diante do 'falso universalismo', a parcialidade e o caráter partidário da opção cristã; tomar partido é, segundo eles, requisito fundamental de uma correta hermenêutica dos testemunhos bíblicos".[26]

Clodovis Boff vai ainda mais longe, acusando os teólogos da libertação de realizarem "uma 'inversão' de primado epistemológico" na teologia: "não é mais Deus, mas o pobre, o primeiro princípio operativo da teologia",[27] transformando o "cristianismo" ("princípio-Cristo") em "pobrismo" ("princípio-pobre") e a "teologia" em "pobrologia".[28] Sem falar da crítica a uma certa concentração nas dimensões sociopolítica e econômica, em prejuízo das questões de gênero, étnico-raciais, ambientais etc. Ivone Gebara chega a afirmar que "a opção pelos pobres

---

[23] RATZINGER, Joseph; MESSORI, Vittorio, op. cit., p. 143.
[24] CONGREGAÇÃO PARA A DOUTRINA DA FÉ, op. cit., p. 12.
[25] BOFF, Clodovis. Teologia da libertação e volta ao fundamento, cit., p. 1007.
[26] RATZINGER, Joseph; MESSORI, Vittorio, op. cit., p. 142.
[27] BOFF, Clodovis. Teologia da libertação e volta ao fundamento, cit., p. 1004.
[28] Id. Volta ao fundamento: réplica. *REB* 272 (2008), pp. 892-927, aqui p. 901.

não tinha raça, nem cor, nem sexo".[29] Teríamos, aqui, mais uma variante do "antropocentrismo" em que havia sucumbido um setor importante da teologia católica: "antropocentrismo da 'libertação'", em que "o centro não era mais simplesmente o homem, mas o homem pobre".[30] Com o agravante de reduzir o humano ao sociopolítico e econômico e de comprometer a universalidade da salvação.

E as tensões e os conflitos não se restringem ao âmbito interno da Igreja. Na medida em que a Igreja assume a causa dos pobres, entra em conflito com setores da sociedade que produzem pobreza e miséria e/ou se beneficiam delas. Setores que, paradoxalmente, fazem parte da Igreja e sempre receberam as "bênçãos" da Igreja... O caso mais emblemático é, sem dúvida nenhuma, a situação da Igreja de El Salvador, narrada pelo próprio Bispo Oscar Romero, dois meses antes de ser assassinado: "Esta defesa dos pobres em um mundo cheio de conflitos provocou algo novo na história recente de nossa Igreja: perseguição [...] Mas é importante observar por que ela tem sido perseguida. Nem todos os padres foram perseguidos, nem todas as instituições foram atacadas. Foi atacada e perseguida a parte da Igreja que se colocou do lado do povo e que se dispôs a defender o povo".[31]

Outro fato bastante emblemático é a reação do governo estadunidense contra a Igreja e sua teologia da libertação na década de 1980.

---

[29] GEBARA, Ivone. Presencia de lo feminino en el pensamento Cristiano latino-americano. In: COMBLIN, José; GONZÁLEZ-FAUS, José Ignacio; SOBRINO, Jon. *Cambio social y pensamiento cristiano en América Latina*. Madrid: Trotta, 1993, pp. 199-213, aqui p. 200.

[30] BOFF, Clodovis. Teologia da libertação e volta ao fundamento, cit., p. 1009.

[31] ROMERO, Oscar. A dimensão política da fé dentro da perspectiva da opção pelos pobres. In: MARTÍN-BARÓ, Ignacio; SOBRINO, Jon; CARDENAL, Rodolfo. *Voz dos sem voz: a palavra profética de dom Oscar Romero*. São Paulo: Paulinas, 1987, pp. 261-275, aqui, pp. 267s. "Vós conheceis os fatos mais importantes. Em menos de três anos, mais de 50 padres foram agredidos, ameaçados, caluniados. Seis deles já são mártires – foram assassinados. Alguns foram torturados e outros expulsos. As religiosas também têm sido perseguidas. A estação de rádio arquidiocesana e as instituições educacionais católicas ou de inspiração cristã foram atacadas, ameaçadas, intimidadas, até bombardeadas. Diversas comunidades paroquiais foram fechadas. Se tudo isso aconteceu com pessoas que são os representantes mais evidentes da Igreja, bem podeis imaginar o que ocorreu com os cristãos comuns, com os camponeses, os catequistas, os ministros leigos e com as comunidades eclesiais de base. Houve centenas e milhares de ameaças, prisões, torturas, assassínios. Como sempre, mesmo na perseguição, entre os cristãos foram os pobres os que mais sofreram. É, pois, um fato indiscutível que, nos últimos três anos, nossa Igreja tem sido perseguida" (ibid., 268).

O documento "Uma nova política interamericana para os anos 80", elaborado por um grupo de assessores de Ronald Reagan para o Conselho Interamericano de Segurança dos Estados Unidos, diz expressamente: "A política exterior dos EUA deve começar a enfrentar (e não simplesmente reagir posteriormente) a teologia da libertação, tal como é utilizada na América Latina pelo clero da 'teologia da libertação'".[32]

Em boa medida, as controvérsias em torno do deslocamento da Igreja para o mundo dos pobres e marginalizados no interior da comunidade eclesial estão condicionadas ou mesmo determinadas pelas consequências desse deslocamento na sociedade e pelos conflitos aí implicados ou desencadeados. São controvérsias teológico-sociais.

B. CONSENSOS

Não obstante todas essas controvérsias e, paradoxalmente, em meio a elas, foram se construindo alguns consensos teológicos que, por mais genéricos e ambíguos que sejam, indicam uma nova etapa na história da Igreja. Os "deslocamentos" da Igreja para o *mundo* (Concílio Vaticano II) e, sobretudo, para as *periferias do mundo* (Igreja latino-americana) marcaram decisivamente a *identidade* da Igreja (Igreja-mundo-pobre) e se constituíram em *possibilidades* teológico-pastorais (apropriadas e transmitidas) que não se podem ignorar nem recusar sem mais. Está em jogo a própria identidade da Igreja enquanto "sinal e instrumento" de salvação/libertação no mundo.

Certamente há e continuará havendo na Igreja grupos e/ou setores que, declarada ou sutilmente, ignoram ou até mesmo se opõem aos deslocamentos realizados e desencadeados pelo Concílio e, sobretudo, pela Igreja latino-americana. E, mesmo entre os que aceitam esses deslocamentos, com maior ou menor convicção e entusiasmo, grande parte não os leva a sério na prática pastoral e na reflexão teológica. Ou o fazem apenas de modo superficial e em seus aspectos mais secundários. Uma

---

[32] COMITÊ DE SANTA FÉ. Documento secreto da política de Reagan para a América Latina. *Vozes* 75 (1981), pp. 755-756, aqui p. 755.

coisa é aceitar, em tese, o Concílio e os documentos das conferências da CELAM, por exemplo. Isso, a grande maioria dos bispos e dos presbíteros continua fazendo. Outra coisa bem distinta é agir de modo consequente com as orientações teológico-pastorais aí indicadas. E, aqui, a coisa muda de figura. Basta ver o lugar que os problemas concretos do mundo atual, sobretudo dos pobres e marginalizados, ocupam na vida concreta de nossas igrejas (liturgia, catequese, pastorais e movimentos, encontros e assembleias, atividades e eventos, recursos etc.) e na reflexão teológica contemporânea...

Em todo caso, esses deslocamentos, com maior ou menor intensidade e criatividade, dependendo do lugar ou do contexto, continuam presentes e ativos na vida de nossa Igreja. E, ao menos em tese, não são negados ou rejeitados sem mais pela grande maioria da Igreja. Isso acaba contribuindo, de alguma forma, com sua atualidade e seu dinamismo. Não negar taxativamente ou aceitar em tese termina sendo uma forma indireta, mesmo que ambígua, de favorecer seu dinamismo. E isso vale, em alguma medida, para os dois deslocamentos a que nos temos referido aqui.

a) Relação Igreja-mundo

Em geral, aceita-se que a Igreja tem a ver com o mundo e, por isso, não pode ser pensada e dinamizada sem referência ao mundo ou simplesmente em oposição a ele. É claro que a visão do mundo pode ser mais otimista ou pessimista, dependendo do lugar e dos interesses de quem fala; e que "mundo" e "problemas do mundo" é algo muito relativo a quem fala (Europa – América Latina; pobre – rico, homem – mulher etc.). É claro que a relação Igreja-mundo pode ser compreendida e vivida mais em termos de justaposição ou de compenetração mútua, de oposição ou de colaboração, de imposição ou de diálogo; e sua missão em termos de "conquista" ou de "sacramento", com "bastão" ou com "misericórdia", como interesse ou como serviço. E é claro, como indicamos anteriormente, que uma coisa é aceitar ou afirmar isso em tese, teoricamente; outra, bem distinta, é ser consequente com essa tese na prática pastoral e na reflexão teológica.

Nisso tudo reside a ambiguidade do "consenso" (!?) acerca da relação Igreja-mundo. Ambiguidade presente tanto no evento e no texto conciliares quanto na pastoral e na teologia pós-conciliares. Mas ambiguidade que, paradoxalmente, torna presente um aspecto fundamental da Igreja e nos obriga a nos confrontarmos com ele: relação Igreja-mundo. É, sem dúvida, um problema não resolvido; mas um problema que não pode ser negado nem preterido. Mais ainda: é e será um problema constante na Igreja, nunca resolvido de modo definitivo, uma vez que a relação Igreja-mundo depende sempre, em grande medida, do que sejam o mundo e a Igreja em cada época.

Sem dúvida, o Concílio deu passos importantes. Tanto na consciência desse problema quanto em seu intento de formulação. A Constituição pastoral *Gaudium et Spes* é a expressão mais acabada dessa consciência e desse intento. O que não significa que tenha sido completamente feliz nesse intento e que tenha alcançado uma formulação adequada da relação Igreja-mundo.[33] Não por acaso, Carlos Palácio fala da *Gaudium et Spes* como uma "obra inacabada".[34] E não tanto "pelos conteúdos abordados" quanto pela nova formulação e "fundamentação" das relações Igreja-mundo.

Também a teologia da libertação deu passos importantes nessa direção. Insistiu na unidade da história e, nesse contexto, no caráter salvífico dos processos de libertação.[35] Contribuiu enormemente, como reconhece o Cardeal Müller, atual prefeito da Congregação para Doutrina da Fé, na superação "do dilema dualista entre o terreno e o além-túmulo, entre o bem-estar terreno e a salvação eterna".[36] No entanto, lamenta Juan Luis Segundo "não insistiu o bastante no fundamento

---

[33] Cf. AQUINO JÚNIOR, Francisco de. Igreja e política: Abordagem teológica à luz do Concílio Vaticano II. *Pistis Praxis* 5/2 (2013), pp. 463-492, aqui pp. 472-482.

[34] PALÁCIO, Carlos. *O legado da "Gaudium et Spes". Riscos e exigências de uma nova "condição cristã"*, cit., pp. 336, 341, 347, 351.

[35] Cf. GUTIÉRREZ, Gustavo. *Teologia da libertação: Perspectivas*, cit., pp. 199-239; ELLACURÍA, Ignacio. El desafío Cristiano de la teología de la liberación. In: *Escritos Teológicos I*, cit., pp. 19-33; Id. En torno al concepto y a idea de liberación. In: *Escritos Teológicos I*, cit., pp. 629-657.

[36] MÜLLER, Gerhard Ludwig. A controvérsia em torno da teologia da libertação. In: MÜLLER, Gerhard Ludwig; GUTIÉRREZ, Gustavo. *Ao lado dos pobres: teologia da libertação*. São Paulo: Paulinas, pp. 83-109, aqui p. 109.

teológico dessa *volta* [ao humano] exigida pelo Concílio. A teologia da libertação seguiu como se aquela volta [ao humano] tivesse acontecido e sido aceita pela Igreja inteira e, de modo especial, pela hierarquia que em sua grande maioria havia assinado o texto".[37]

Não por acaso, como vimos, grande parte das críticas a essa teologia situa-se precisamente no contexto da superação desse dualismo, como se ele conduzisse a um reducionismo imanentista que comprometeria a transcendia da fé e do próprio Deus.

Em todo caso, aqui está uma das tarefas e um dos desafios mais importantes para a teologia contemporânea, em especial, para a teologia da libertação: explicitar e formular do modo mais amplo e rigoroso possível o caráter teologal dos processos históricos, particularmente dos processos históricos de libertação.

b) Opção pelos pobres

Também aqui se alcançou um certo consenso na Igreja, por mais ambíguo e problemático que ele seja. Em geral, aceita-se que os pobres, oprimidos, marginalizados e sofredores ocupam um lugar especial na história da salvação (revelação-fé): é algo que perpassa a Escritura do começo ao fim; é um aspecto muito destacado pelos padres da Igreja; é uma das marcas da Igreja em sua ação caritativa ao longo da história; é um traço fundamental da espiritualidade cristã e da vida de santidade; e está no centro da doutrina ou do ensino social da Igreja. Não há como negar sem mais.

Certamente, fazem-se muitas ponderações, distinções, adjetivações e até espiritualizações que, mais que explicitar e precisar o sentido da "opção pelos pobres", termina enfraquecendo-a e tornando-a irrelevante na vida concreta da Igreja.

Já em *Puebla*, a "opção pelos pobres" é afirmada como "opção preferencial e solidária" (1134), "não exclusiva" (1165), num tom claramente corretivo, como se pode comprovar no próprio texto (cf.

---

[37] SEGUNDO, Juan Luis. Críticas y autocríticas de la teologia de la liberación. In: COMBLIN, José; GONZÁLEZ-FAUS, José Ignacio; SOBRINO, Jon. *Cambio social y pensamiento cristiano en América Latina*, op. cit., pp. 215-236, aqui p. 219.

1134). *Santo Domingo* avança nesse caminho, falando de uma "opção evangélica e preferencial, não exclusiva nem excludente" (178). E *Aparecida*, mesmo sem o tom corretivo de Puebla e Santo Domingo, não deixa de reafirmar ou advertir que se trata de uma opção "não exclusiva, nem excludente" (392).

Além do mais, muitas vezes se toma a "opção pelos pobres" num sentido meramente caritativo (obras de misericórdia) ou assistencialista (assistência aos necessitados), sem se dar conta ou mesmo se opondo à dimensão política dessa opção, no sentido de engajamento nas lutas pela transformação da sociedade.

E não falta quem, irônica ou cinicamente, "universalize" e "espiritualize" a tal ponto a "opção pelos pobres" que, no final das contas, ela acaba se referindo a "todos" (humanos, limitados, pecadores), menos aos pobres e marginalizados concretos da sociedade. Para não falar daqueles que, sem nenhum escrúpulo, chegam a afirmar que os maiores "pobres" e "oprimidos" são os ricos e opressores ("pobres e oprimidos espiritualmente") e, por isso, mais que de opção pelos pobres, deveríamos falar de "opção pelos ricos" – os verdadeiros e maiores "pobres" da sociedade...

Em todo caso, em geral, ao menos em tese e com várias ponderações e adjetivações, a "opção pelos pobres" é aceita como um aspecto ou uma nota fundamental da revelação, da fé, da Igreja, da pastoral e da teologia cristãs.

Mesmo o primeiro documento da Congregação para a Doutrina da Fé sobre a Teologia da libertação, de 1984, muito mais crítico a essa teologia, não deixa de reconhecer que "o Evangelho de Jesus Cristo é mensagem de liberdade e força de libertação", que isso é uma "verdade essencial" da fé, que "a poderosa e quase irresistível aspiração dos povos à *libertação* constitui um dos principais *sinais dos tempos* que a Igreja deve perscrutar à luz do Evangelho", que "a aspiração pela libertação não pode deixar de encontrar eco amplo e fraterno no coração e no espírito dos cristãos", uma vez que "a aspiração pela *libertação* [...] refere-se a um tema fundamental do Antigo e do Novo Testamento".[38]

---

[38] CONGREGAÇÃO PARA A DOUTRINA DA FÉ, op. cit., pp. 1, 2, 5, respectivamente.

Em sua Encíclica *Sollicitudo Rei Socialis*, celebrando os vinte anos da Encíclica *Populorum Progressio*, 1987, João Paulo II situa "a opção ou o amor preferencial pelos pobres" entre "os temas e as orientações" que "foram repetidamente ventilados pelo Magistério nestes últimos anos": "Trata-se de uma opção ou de uma forma especial de primado na prática da caridade cristã, testemunhada por toda a Tradição da Igreja" e que hoje adquiriu uma "dimensão mundial" (SRS 42). Ela "deve traduzir-se, a todos os níveis, em atos concretos até chegar decididamente a uma série de reformas necessárias", sem esquecer "aquelas que são requeridas pela situação de desequilíbrio internacional", em particular o "sistema internacional de comércio" (SRS 43).

E o próprio Ratzinger, em 2007, agora como bispo de Roma, Bento XVI, chega a afirmar, na abertura da Conferência de Aparecida, que "a opção preferencial pelos pobres está implícita na fé cristológica naquele Deus que se fez pobre por nós, para enriquecer-nos com sua pobreza".[39] E em sua Encíclica *Deus Caritas Est*, fala da caridade com um dos "âmbitos essenciais" da Igreja, "juntamente com a administração dos sacramentos e o anúncio da Palavra"; como algo que "pertence tanto à sua essência como o serviço dos sacramentos e o anúncio do Evangelho" (DCE 22).

De modo que, não obstante as reservas, ponderações e espiritualizações, a opção pelos pobres é reconhecida como algo essencial e constitutivo da vida da Igreja; algo que não pode ser negado nem preterido sem mais.

---

[39] BENTO XVI. Discurso inaugural. In: CELAM. *Documento de Aparecida. Texto Conclusivo da V Conferência Geral do Episcopado Latino-Americano e do Caribe*. São Paulo: Paulus/Paulinas, 2007, pp. 249-266, aqui p. 255.

Capítulo 3

Francisco: "Uma Igreja pobre para os pobres"

A renúncia de Bento XVI e a eleição de Francisco como bispo de Roma em 2013 marcaram um novo momento na vida da Igreja. Um momento que bem pode ser caracterizado como uma *ruptura* com o dinamismo eclesial conduzido/imposto por João Paulo II e Bento XVI e como uma *retomada* do dinamismo eclesial desencadeado pelo Concílio Vaticano II e, sobretudo, pela Igreja da América Latina. Talvez, deveríamos falar, aqui, de uma nova fase no processo de recepção conciliar. Depois da fase de "restauração" conduzida de João Paulo II e Bento XVI, entramos com Francisco numa fase de "retomada" do Concílio, a partir de sua recepção latino-americana.

Ao expressar seu profundo desejo de "uma Igreja pobre a para os pobres" e ao colocar os pobres e sofredores da terra no centro de suas preocupações e orientações pastorais, Francisco retoma e atualiza, a seu modo, a tradição eclesial que vem do Concílio e da Igreja latino-americana. Não seria exagerado afirmar que ele realiza uma *síntese peculiar* das intuições e orientações teológico-pastorais dessa tradição. *Síntese*, porque se trata, na verdade, de retomada e rearticulação das orientações fundamentais do Concílio e da caminhada eclesial latino-americana. *Peculiar*, pelo modo próprio de retomada e articulação, fruto, em boa medida, de sua experiência pastoral e que se materializa em seus gestos, discursos, acentos, prioridades, linguagem etc.

O Documento de Aparecida, do qual foi um dos redatores e que constitui uma de suas principais referências, pode ser tomado como um primeiro esboço dessa síntese. Mas ela encontra sua elaboração mais acabada, ainda que aberta e em processo de elaboração, na sua Exortação apostólica *Evangelii Gaudium*, como a qual quer "indicar caminhos para o percurso da Igreja nos próximos anos" (EG 1).

O núcleo de seu projeto eclesial pode ser formulado nos termos de *Igreja em saída para as periferias do mundo*. Trata-se de um profundo descentramento eclesial (Igreja *em saída*). Nisso, é muito fiel ao Concílio: a Igreja não existe para si, mas como "sinal e instrumento de salvação no mundo". Mas não se trata de uma saída qualquer, para qualquer lugar ou com qualquer finalidade. Trata-se de uma saída para a humanidade sofredora e para ser sinal e mediação da misericórdia e da justiça de Deus para com ela (saída *para as periferias*). E nisso ele é muito fiel ao que Jon Sobrino chama "o legado 'secreto' do Vaticano II", recebido, conservado e transmitido pela Igreja da América Latina, nos termos de "Igreja dos pobres" ou de "opção pelos pobres". A intuição de fundo está formulada de modo muito simples, claro e direto no discurso que Francisco fez na periferia de Kangemi, em Nairóbi (Quênia), no dia 27 de novembro de 2015: "O caminho de Jesus começou na periferia, vai *dos* pobres e *com* os pobres para todos".[1]

Não é preciso retomar e repetir as muitas afirmações e os muitos gestos de Francisco que indicam e sinalizam "uma Igreja pobre e para os pobres": *pobre no jeito de ser* (simplicidade e austeridade no modo de vida e nas expressões simbólico-rituais) e *comprometida com os pobres* (proximidade física e prioridade pastoral). São amplamente divulgados nos meios de comunicação e, assim, de domínio público. Curiosamente, parecem repercutir e impactar positivamente mais em outros setores da sociedade que na Igreja ou pelo menos nas instâncias de governo da Igreja.

---

[1] FRANCISCO. Visita ao bairro pobre de Kangemi, Nairóbi (Quênia): Discurso. Disponível em: <http://w2.vatican.va/content/francesco/pt/speeches/2015/november/documents/papa--francesco_20151127_kenya-kangemi.html>.

Aqui, interessa-nos apenas explicitar os fundamentos teológicos da centralidade dos pobres na Igreja apresentados por Francisco, bem como o modo como ele compreende, vive e repropõe pastoralmente a "opção pelos pobres" para toda a Igreja e as implicações disso para a teologia e para o próprio quefazer teológico. Para isso, tomaremos como referência sua Exortação apostólica *Evangelii Gaudium*, em que apresenta de maneira oficial e mais ordenada sua concepção de Igreja e suas preocupações e orientações pastorais; e a carta enviado ao arcebispo de Buenos Aires, por ocasião do centenário da Faculdade de Teologia da Universidade Católica Argentina, onde indica, de modo claro e direto, alguns desafios que dizem respeito à teologia, ao fazer teológico e aos teólogos.

A. FUNDAMENTOS TEOLÓGICOS

Francisco afirma de modo claro e contundente que "para a Igreja, a opção pelos pobres é mais uma categoria teológica que cultural, sociológica, política ou filosófica" (EG 198): "no coração de Deus, ocupam lugar preferencial os pobres" (EG 197), e "esta preferência divina tem consequências na vida de fé de todos os cristãos" (EG 198) e do conjunto da Igreja. "Inspirada por tal preferência, a Igreja fez uma *opção pelos pobres*, entendida como uma 'forma especial de primado da prática da caridade cristã, testemunhada por toda tradição da Igreja'" [João Paulo II]; uma *opção* que "está implícita na fé cristológica naquele Deus que se fez pobre por nós, para enriquecer-nos com sua pobreza" [Bento XVI] (EG 198). Neste contexto, apresenta e justifica seu desejo de "uma Igreja pobre para os pobres" (EG 198).

Percorrendo vários textos da Escritura e a reflexão da Igreja ao longo dos séculos, particularmente nas últimas décadas, Francisco vai mostrando como "todo o caminho da nossa redenção está assinalado pelos pobres" (EG 197) e insistindo, a partir daí, na "conexão íntima que existe entre evangelização e promoção humana" (EG 178), bem como no primado ou privilégio dos pobres na ação evangelizadora da Igreja: "Não devem subsistir dúvidas nem explicações que debilitem esta mensagem claríssima. Hoje e sempre, 'os pobres são os destinatários privilegiados do Evangelho', e a evangelização dirigida gratuitamente a eles é sinal do Reino que Jesus veio trazer. Há que afirmar sem rodeios que existe um vínculo indissolúvel entre nossa fé e os pobres" (EG 48).

Ficar "surdo" ao clamor dos pobres, "coloca-nos fora da vontade do Pai e do seu projeto"; "a falta de solidariedade, nas suas necessidades, influi diretamente sobre nossa relação com Deus" (EG 187). E nisso não há dúvidas, titubeio ou meias palavras. A opção pelos pobres pertence ao coração do Evangelho do reinado de Deus e, enquanto tal, ela é constitutiva (e não meramente consecutiva e opcional!) da fé cristã.

Nesse sentido, pode-se compreender o fato de Francisco falar, às vezes, simplesmente, de "opção pelos pobres" (EG 195, 198), sem os receios, os escrúpulos e as ponderações que, em décadas anteriores, se traduziam numa série de adjetivos (preferencial, não exclusiva nem excludente etc.) que, mais que explicitar e precisar seu sentido, terminavam por enfraquecê-la e torná-la irrelevante na vida da Igreja.

E, nesse mesmo sentido, pode-se compreender também sua reação contra as tentativas (teológico-ideológicas!) de relativizar e enfraquecer a opção pelos pobres: "É uma mensagem tão clara, tão direta, tão simples e eloquente que nenhuma hermenêutica eclesial tem o direito de relativizá-la. A reflexão da Igreja sobre estes textos não deveria ofuscar nem enfraquecer seu sentido exortativo, mas antes ajudar a assumi-los com coragem e ardor. Para que complicar o que é tão simples? As elaborações conceituais hão de favorecer o contato com a realidade que pretendem explicar, e não nos afastar dela. Isso vale, sobretudo, para as exortações bíblicas que convidam, com tanta determinação, ao amor fraterno, ao serviço humilde e generoso, à justiça, à misericórdia para com o pobre" (EG 194).

Continua tendo "uma grande atualidade" o "critério-chave de autenticidade" eclesial indicado pelo chamado Concílio de Jerusalém: não esquecer os pobres (Gl 2,10). Se há "um sinal que nunca deve faltar" entre nós, é "a opção pelos últimos, por aqueles que a sociedade descarta e lança fora" (EG 195). Aqui se joga e se mede a autenticidade, a fidelidade e a credibilidade evangélicas da Igreja.

B. AÇÃO PASTORAL

Os fundamentos teológicos da "opção pelos pobres" são claros: "deriva da nossa fé em Jesus Cristo" (EG 186), "deriva da própria obra libertadora da graça em cada um de nós" (EG 188). Não é uma questão meramente opcional. É algo constitutivo da fé cristã (cf. EG 48). Por isso mesmo, os cristãos e as comunidades cristãs "são chamados, em todo lugar e circunstância, a ouvir o clamor dos pobres" (EG 191) e a "ser instrumentos de Deus a serviço da libertação e promoção dos pobres" (EG 187).

Mas é preciso explicitar quem são os pobres, aos quais Francisco se refere, e como ele compreende e propõe pastoralmente a "opção pelos pobres" na Igreja.

a) Os pobres

A expressão "pobre" tem um sentido bastante amplo para Francisco. Mas não tão amplo a ponto de, cinicamente, incluir-nos a todos, como se todos fôssemos pobres. Isso, além de encobrir as reais injustiças e desigualdades sociais e falsificar a realidade, terminaria, na prática, negando a opção pelos pobres. Afinal, se somos todos pobres, a opção pelos pobres é opção por todos. E quando todos se tornam prioridade, ninguém mais é prioridade.

Sem dúvida, em sua ação missionária, a Igreja "há de chegar a todos, sem exceção", mas privilegiando "não tanto os amigos e vizinhos ricos, mas sobretudo os pobres e os doentes, aqueles que muitas vezes são desprezados e esquecidos" (EG 48). Francisco tem falado muitas vezes de "periferia" para se referir ao mundo dos pobres como destinatários privilegiados da ação evangelizadora. A Igreja tem que se voltar para as periferias do mundo – "todas as periferias" (EG 20, 30, 59): as periferias sociais e as periferias existenciais. Ela tem que "cuidar dos mais frágeis da terra" (EG 209). Falando das "novas formas de pobreza e de fragilidade", ele faz referência aos sem abrigo, aos toxicodependentes, aos refugiados, aos povos indígenas, aos idosos, aos migrantes, às mulheres, aos nascituros e ao conjunto da criação (EG 210-215). De modo que, quando fala de "pobre" e/ou de "periferia", Francisco fala dos excluídos (econômica, social, política, cultural, religiosamente etc.), dos pequenos, dos que sofrem, enfim, "dos mais frágeis da terra". Esses, precisamente, têm que estar no centro das preocupações e prioridades pastorais da Igreja.

b) Opção pelos pobres

E essas preocupações e prioridades devem se concretizar na vida dos cristãos e das comunidades cristãs. Não se pode ficar apenas nos "grandes princípios" e em "meras generalizações". É preciso agir, "incidir com eficácia" nas situações de pobreza e sofrimento (cf. EG 182). E aqui não existe receita. Depende das circunstâncias e das possibilidades de ação. Exige-se muita lucidez, criatividade e ousadia (cf. EG 51, 184). Mesmo assim, Francisco faz algumas advertências e apresenta algumas diretrizes para dinamizar pastoralmente a opção pelos pobres na vida da Igreja.

1. Antes de tudo, a intuição e a novidade maior que vêm de Medellín e que se foram impondo, teórica e pastoralmente, na Igreja da América Latina e que são, sem dúvida, a contribuição maior de nossa Igreja para o conjunto da Igreja: A opção pelos pobres "envolve tanto a cooperação para resolver as causas estruturais da pobreza e promover o desenvolvimento integral dos pobres, como os gestos mais simples e diários de solidariedade para com as misérias muito concretas que encontramos" (EG 188); passa não só pelos gestos pessoais e comunitários de solidariedade, mas também pela luta, pela transformação das estruturas da sociedade.

2. Mas, além dessa intuição e orientação mais fundamental, e como seu desenvolvimento, Francisco indica, a partir de sua própria experiência pastoral, alguns aspectos ou exigências da opção pelos pobres que bem podem ser entendidos como uma pedagogia ou um itinerário

no compromisso com os pobres e que, no fundo, revelam sua compreensão e seu modo de viver a opção pelos pobres.

Em primeiro lugar, a proximidade física dos pobres e o esforço por socorrê-los em suas necessidades imediatas. É preciso escutar o "clamor do pobre" e estar disposto a "socorrê-lo" (EG 187). Tudo começa com a "atenção" prestada ao pobre. "Esta atenção amiga é o início de uma verdadeira preocupação pela sua pessoa e, a partir dela, desejo procurar efetivamente o seu bem." A "autêntica opção pelos pobres" se caracteriza por um "amor autêntico" e desinteressado aos pobres, o que impede tanto sua redução a um ativismo assistencialista quanto sua utilização ideológica "a serviço de interesses individuais ou políticos". É no contexto mais amplo da "atenção" e do "amor" aos pobres que as "ações" e os "programas de promoção e assistência" devem ser desenvolvidos, e é "unicamente a partir desta proximidade real e cordial que podemos acompanhá-los adequadamente no seu caminho de libertação". Essa é "a maior e mais eficaz apresentação da Boa-Nova do Reino" e é isso que possibilitará aos pobres se sentirem "em casa" na comunidade eclesial (EG 199).

Em segundo lugar, o "cuidado espiritual" com os pobres. "A imensa maioria dos pobres possui uma especial abertura à fé; tem necessidade de Deus e não podemos deixar de lhe oferecer a sua amizade, a sua bênção, a sua Palavra; a celebração dos sacramentos e a proposta de um caminho de crescimento e amadurecimento na fé".[2] Daí por que "a opção preferencial pelos pobres deve traduzir-se, principalmente, numa solicitude religiosa privilegiada e prioritária". Francisco chega a afirmar que "a pior discriminação que sofrem os pobres é a falta de cuidado espiritual" (EG 200). Mas isso não significa que os pobres sejam meros

---

[2] Francisco fala, aqui, sem dúvida, a partir do contexto argentino e latino-americano, profundamente marcado pela tradição "cristã-católica". Haveria que se perguntar se isso vale, e em que medida, para outros contextos não tão fortemente marcados pelo Cristianismo como a Ásia ou profundamente secularizados como a Europa. Em todo caso, e mesmo considerando que "esta Exortação se dirige aos membros da Igreja Católica" (EG 2000), não parece que o "cuidado espiritual" dos pobres possa se dar da mesma forma em ambientes culturais e religiosos tão distintos como América Latina, Ásia e Europa.

objetos de assistência religiosa. Eles têm um "potencial evangelizador" (Puebla 1147). E "é necessário que todos nos deixemos evangelizar por eles. A nova evangelização é um convite a reconhecer a força salvífica das suas vidas, e a colocá-los no centro do caminho da Igreja. Somos chamados a descobrir Cristo neles: não só a emprestar-lhes a nossa voz nas suas causas, mas também a ser seus amigos, a escutá-los, a compreendê-los e a acolher a misteriosa sabedoria que Deus nos quer comunicar através deles" (EG 198).

Em terceiro lugar, a vivência e o fortalecimento de uma cultura da solidariedade. Isso "significa muito mais do que alguns atos esporádicos de generosidade; supõe a criação de uma nova mentalidade que pense em termos de comunidade, de prioridade da vida de todos sobre a apropriação dos bens por parte de alguns" (EG 188) e que enfrente e supere a "cultura do descartável" (EG 53), o "ideal egoísta" e a "globalização da indiferença" que se desenvolveram e se impuseram em nosso mundo, tornando-nos "incapazes de nos compadecer ao ouvir os clamores alheios" e desresponsabilizando-nos diante de suas necessidades e de seus sofrimentos (EG 54, 67). "A solidariedade é uma reação espontânea de quem reconhece a função social da propriedade e o destino universal dos bens." Tem a ver com convicções e práticas. E é fundamental, inclusive, para a realização e a viabilidade de "outras transformações estruturais" na sociedade, pois "uma mudança nas estruturas, sem gerar novas convicções e atitudes, fará com que essas mesmas estruturas, mais cedo ou mais tarde, se tornem pesadas e ineficazes" (EG 189).

Em quarto lugar, o enfrentamento das causas estruturais da pobreza e da injustiça no mundo. "Embora 'a justa ordem da sociedade e do Estado seja dever central da política', a Igreja 'não pode nem deve ficar à margem na luta pela justiça'" (EG 183). E essa é uma tarefa urgente em nosso mundo.

A necessidade de resolver as causas estruturais da pobreza não pode esperar [...]. Os planos de assistência, que acorrem a determinadas emergências, deveriam considerar-se como respostas provisórias. Enquanto não forem solucionados os problemas dos pobres, renunciando à autonomia absoluta dos mercados e da especulação financeira e atacando as causas estruturais da desigualdade social, não se resolverão os problemas do mundo e, em definitivo, problema algum. A desigualdade é a raiz dos males sociais (EG 202).

Isso precisa ser enfrentado com responsabilidade e radicalidade. Temos que dizer NÃO a uma "economia da exclusão" (EG 53s), à "nova idolatria do dinheiro" (EG 55s), a "um dinheiro que governa em vez de servir" (EG 57s), à "desigualdade social que gera violência" (EG 59s). "Não podemos mais confiar nas forças cegas e na mão invisível do mercado" (EG 204). E temos que lutar por uma nova "política econômica" (cf. EG 203) que garanta condições de vida decente para todos (cf. EG 192). Sem isso, não é possível nenhum "consenso" social autêntico nem haverá paz no mundo (cf. EG 218).

É importante enfatizar que a opção pelos pobres não é "uma missão reservada apenas a alguns" (EG 188). É tarefa de todos. "Ninguém deveria dizer que se mantém longe dos pobres, porque as suas opções de vida implicam prestar mais atenção a outras incumbências"; "ninguém pode sentir-se exonerado da preocupação pelos pobres e pela justiça social" (EG 201). "Todos os cristãos, incluindo os pastores, são chamados a preocupar-se com a construção de um mundo melhor", unindo-se, nesta tarefa, às "demais Igrejas e comunidades eclesiais" (EG 183). "Cada cristão e cada comunidade são chamados a ser instrumentos de Deus a serviço da libertação e da promoção dos pobres" (EG 187). Uma comunidade que não se compromete criativamente com a causa dos pobres, "facilmente acabará submersa pelo mundanismo espiritual, dissimulado em práticas religiosas, reuniões infecundas ou discursos vazios" (EG 207).

C. TEOLOGIA

Em carta enviada ao cardeal-arcebispo de Buenos Aires, Mario Poli, no dia 3 de março de 2015, por ocasião dos cem anos da Faculdade de Teologia na Universidade Católica Argentina, Francisco indica, de modo claro e direto, alguns desafios que dizem respeito à teologia, ao fazer teológico e aos teólogos.[3] Certamente, ele não entra, aqui, em questões de ordem estritamente técnico-metodológicas do fazer teológico, nem muito menos na problematização, explicitação e formulação de seus pressupostos epistemológicos. Não é sua tarefa nem sua competência. Mas toca, com linguagem pastoral, em questões que são cruciais para a teologia e para o quefazer teológico.

Ele começa falando do Concílio Vaticano II, que "foi uma atualização, uma releitura do Evangelho na perspectiva da cultura contemporânea", que "produziu um movimento irreversível de renovação que provém do Evangelho" e que "é preciso ir em frente". E, nesse contexto, passa a falar da teologia – de seu ensino e de seu estudo, de seu lugar e de sua função – e do teólogo:

1. "Ensinar e estudar teologia significa viver numa fronteira na qual o Evangelho se encontra com as necessidades das pessoas [...] Devemos evitar uma teologia que se esgota na disputa acadêmica ou que olha para a humanidade [a partir] de um castelo de vidro." A teologia deve estar "radicada e fundada na Revelação, na Tradição", mas deve "também" acompanhar "os processos culturais e sociais, em particular as transições difíceis" e os "conflitos": "não só os que experimentamos na Igreja, mas também os relativos ao mundo e que são vividos nas ruas da América Latina". Francisco exorta: "Não vos contenteis com uma teologia de escritório. O vosso lugar de reflexão sejam as fronteiras. E não cedeis à tentação de as ornamentar, perfumar, consertar nem domesticar. Até os bons teólogos, como os bons pastores, têm o odor do povo e da rua e, com sua reflexão, derramam azeite e vinho sobre as feridas dos homens".

2. "A teologia seja expressão de uma Igreja que é 'hospital de campo', que vive sua missão de salvação e cura do mundo. A misericórdia não é só uma atitude pastoral, mas a própria substância do Evangelho de Jesus. Encorajo-vos a estudar como refletir nas várias disciplinas – dogmática, moral, espiritualidade, direito etc. – a centralidade da mi-

---

[3]   Texto disponível em: <http://w2.vatican.va/content/francesco/pt/letters/2015/documents/papa-francesco_20150303_lettera-universita-cattolica-argentina.html>.

sericórdia. Sem misericórdia, a nossa teologia, o nosso direito, a nossa pastoral correm o risco de desmoronar na mesquinhez burocrática ou na ideologia que, por sua natureza, quer domesticar o mistério".

3. O estudante de teologia não deve ser "um teólogo de 'museu' que acumula dados e informações sobre a revelação sem, contudo, saber verdadeiramente o que fazer deles nem um 'balconero' da história"; deve ser "uma pessoa capaz de construir humanidade ao seu redor, de transmitir a divina verdade cristã em dimensão deveras humana, e não um intelectual sem talento, um eticista sem bondade nem um burocrata do sagrado".

São questões que dizem respeito ao lugar (fronteiras/periferias), ao conteúdo (misericórdia) e à função (salvação do mundo) da teologia, bem como à identidade do teólogo (inserido na história, acompanhando o povo e seus processos, com cheiro do povo e de rua, cuidando das feridas etc.) e, enquanto tais, são questões fundamentais e decisivas para a teologia, para o fazer teológico e para a comunidade teológica.[4]

Com seu projeto de "uma Igreja pobre para os pobres", Francisco retoma e repropõe, portanto, as principais intuições teológico-pastorais do Concílio Vaticano II e da Igreja latino-americana. E essas intuições têm a ver, em última instância, com o caráter teologal dos processos históricos (mundo), particularmente dos processos históricos de libertação das mais diferentes formas de injustiça, opressão, marginalização e sofrimento (periferias do mundo). O que nos obriga a considerar o mundo, ou melhor, as *periferias do mundo* – expressão privilegiada do

---

4   Também em sua Carta encíclica *Laudato Si'*, sobre o cuidado com a casa comum, no início do primeiro capítulo que trata do que está acontecendo com a nossa casa, Francisco adverte que "as reflexões teológicas ou filosóficas sobre a situação da humanidade e do mundo podem soar como uma mensagem repetida e vazia, se não forem apresentadas novamente a partir de um confronto com o contexto atual no que este tem de inédito para a história da humanidade". Por isso, afirma, "antes de reconhecer como a fé traz novas motivações e exigências perante o mundo de que fazemos parte, proponho que nos detenhamos brevemente a considerar o que está acontecendo com a nossa casa comum" (LS 17). É que a teologia não é apenas uma teoria da fé mais ou menos correta e adequada a ser decorada e repetida a modo de catecismo. É também e sempre um serviço à fé, uma convicção que orienta e motiva a ação dos cristãos no mundo, sendo sempre de novo confrontada e reelaborada nos contextos e nas circunstâncias em que a fé é vivida.

mundo no que tem de pecado e graça[5] – como *o lugar* ou, em todo caso, como *um lugar* teológico fundamental. E, mesmo que isso pareça "escândalo" ou "loucura", convém não esquecer, vale repetir, que "o caminho de Jesus começou na periferia, vai *dos* pobres e *com* os pobres para todos".[6] A *universalidade* da salvação (todos) é mediada pela *parcialidade* de sua realização histórica (pobres e marginalizados).

---

[5]   Assim indicava o Papa Francisco em sua visita à paróquia dos santos Isabel e Zacarias, na periferia de Roma, no dia 26 de maio de 2013: "Se entende melhor a realidade, não partir do centro, mas das periferias" (Disponível em: <http://w2.vatican.va/content/francesco/pt/homilies/2013/documents/papa-francesco_20130526_omelia-parrocchia-elisabetta-zaccaria.html>. A mesma intuição volta na entrevista que concedeu à revista *Cárcova Neys*, de uma favela argentina, em fevereiro de 2015: "Vê-se a realidade melhor da periferia que do centro" (Disponível em: <http://www.ihu.unisinos.br/noticias/540674-vemos-a-realidade-melhor-da--periferia-do-que-do-centro-entrevista-com-o-papa-francisco>).

[6]   FRANCISCO. Visita ao bairro pobre de Kangemi, Nairobi – Quênia: discurso. Disponível em: <http://w2.vatican.va/content/francesco/pt/speeches/2015/november/documents/papa--francesco_20151127_kenya-kangemi.html>.

Capítulo 4

Periferias como "lugar teológico" fundamental

Esse é *um* dos, senão *o* tema mais relevante e mais polêmico na pastoral e na teologia latino-americanas. Diz respeito, em última instância, à *parcialidade* da revelação, da fé e da teologia judaico-cristãs pelos pobres e marginalizados. E é formulado normalmente nos termos de *opção pelos pobres*. Sua formulação em termos de "lugar teológico", embora bastante comum na teologia da libertação, tem sido motivo de polêmica entre teólogos e até mesmo de intervenção da Cúria romana. Por essa razão, convém começarmos nossa reflexão fazendo algumas considerações acerca da expressão "lugar teológico". Em seguida, explicitaremos e justificaremos sua abordagem como "lugar social" ou mais precisamente como "lugar social dos pobres e marginalizados" – expressão por antonomásia das periferias do mundo.

A. Expressão "lugar teológico"

A expressão "lugar teológico" tem uma longa tradição na teologia e ganhou muita relevância no contexto da teologia pós-conciliar, particularmente na teologia da libertação. Essa relevância foi tamanha que extrapolou seu campo semântico tradicional, embora esse extrapolamento nem sempre tenha sido suficientemente elaborado e/ou assimilado. Daí que, quando se fala de "lugar teológico", nem sempre se fala da mesma coisa. E isso não deixa de gerar certas confusões teóricas.

1. O sentido clássico dessa expressão vem de Tomás de Aquino[1] e foi desenvolvido por Melchor Cano.[2] Ele diz respeito às "fontes" ou aos "domicílios" de argumentos teológicos.

Partindo da distinção entre "argumentos de razão" e "argumentos de autoridade" e da afirmação do primado da autoridade sobre a razão na teologia,[3] Melchor Cano, baseando-se nos *Tópicos* de Aristóteles, compreende os "lugares teológicos" como os lugares de onde se tiram os argumentos teológicos: "Assim como Aristóteles propôs em seus *Tópicos* uns lugares-comuns como sedes e sinais de argumentos, de onde se pudesse extrair toda argumentação para qualquer classe de disputa, de maneira análoga, nós propomos também certos lugares próprios da teologia como domicílios de todos os argumentos teológicos, de onde os teólogos podem sacar todos os seus argumentos ou para provar ou para refutar".[4]

Ele estabelece dez "lugares teológicos": autoridade da Sagrada Escritura, autoridade das Tradições de Cristo e dos apóstolos, autoridade da Igreja Católica, autoridade dos Concílios, autoridade da Igreja Romana, autoridade dos santos padres, autoridade dos teólogos escolásticos e dos canonistas, razão natural, autoridade dos filósofos e autoridade da história humana.[5] Os argumentos que se extraem dos sete primeiros lugares são argumentos "inteiramente próprios" da teologia, enquanto os que se extraem dos três últimos lugares são argumentos "adscritos e como que mendigados do alheio".[6] Dos dez lugares teológicos, diz ele, "os dois primeiros contêm os 'princípios próprios e

---

[1]   Cf. AQUINO, Tomás de. *Suma Teológica I*. São Paulo: Loyola, 2001, I, q.1, a.8, ad 2.
[2]   Cf. CANO, Melchor. *De locis theologicis*. Madrid: BAC, 2006.
[3]   Cf. ibid., 7s.
[4]   Ibid., p. 9.
[5]   Cf. ibid., p. 9s.
[6]   Cf. ibid., p. 10.

legítimos' da teologia, enquanto os três últimos contêm os 'princípios externos e alheios', pois os cinco intermediários contêm ou a interpretação dos princípios próprios ou essas conclusões que nasceram e saíram deles".[7]

Para Melchor Cano, "lugar teológico" significa, portanto, os "domicílios" ou as "fontes" de argumentos da teologia, ou seja, os lugares de onde se podem extrair os mais diversos argumentos teológicos.

2. Na América Latina, a expressão "lugar teológico" foi utilizada também e de modo especial para indicar o "lugar social" da revelação, da fé e da teologia. Esse sentido que aparece em muitos textos teológico-pastorais foi elaborado e desenvolvido, sobretudo, pelos teólogos salvadorenhos Ignacio Ellacuría[8] e Jon Sobrino.[9]

"Lugar teológico" diz respeito, aqui, ao "lugar social" no qual o Deus bíblico se revelou e continua se revelando e, consequentemente, ao "lugar social" mais adequado da fé (práxis teologal) e de sua intelecção (teoria teológica); o "lugar social" mais adequado para se tratar e interpretar, inclusive, os argumentos que se encontram nas "fontes" e nos "domicílios" de argumentos teológicos de que fala Melchor Cano.

Falar de "lugar social" implica reconhecer que "a sociedade tem 'lugares' distintos, ao menos distintos, porque em muitos casos podem ser opostos e mesmo contrapostos".[10] E implica reconhecer o caráter histórico-social do conhecimento, bem como de sua possível e comprovada ideologização. Também (sobretudo!?) na teologia.

Fato é que vivemos em uma sociedade dividida e que o lugar social em que nos situamos exerce um papel decisivo na configuração de nossa vida prática e teórica. Nossos interesses, nossas ideias, nossas prioridades, nossa maneira de pensar, nossas ações estão determinados, em grande

---

[7] Ibid., p. 692.
[8] Cf. ELLACURÍA, Ignacio. Los pobres, "lugar teológico" en América Latina. In: *Escritos teológicos I*, cit., pp. 139-161; Id. El auténtico lugar social de la iglesia. In: *Escritos teológicos II*, cit., pp. 439-451.
[9] Cf. SOBRINO, Jon. *Jesus, O Libertador: a história de Jesus de Nazaré*. Petrópolis: Vozes, 1996, pp. 42-61.
[10] ELLACURÍA, Ignacio. El auténtico lugar social de la iglesia, cit., pp. 439s.

parte, pelo lugar social em que estamos. De modo que, mesmo do ponto de vista estritamente teologal e teológico, não dá no mesmo situar-se, por exemplo, no lugar social dos ricos ou no lugar social dos pobres.

No caso concreto do quefazer teológico, é certo que ele tem uma "especificidade intelectual", que ele tem "leis próprias e métodos próprios". No entanto, "embora reconhecendo uma certa autonomia da teologia como labor intelectual, não se deve ter ilusões sobre o âmbito e o exercício dessa autonomia, pois o teólogo e seu fazer teológico dependem enormemente do horizonte em que se movem e da práxis a que se orientam".[11] Noutras palavras: dependem muito do "lugar social" em que se situam e ao qual servem.

3. Essa mutação semântica na expressão "lugar teológico" não se dá apenas no sentido de lugar social como indicamos acima. Sequer começa por aí.

Desde o Vaticano II essa expressão vem sendo utilizada num sentido bem distinto do que ela tem na tradição teológica. Tem-se falado muitas vezes do *mundo*, da *Igreja*, da *liturgia*, da *vida de santidade* e também do *pobre* como "lugar teológico". E normalmente em referência à obra de Melchor Cano, como se fosse uma ampliação e/ou atualização da mesma.[12] E aqui está o problema e uma das razões de certas incompreensões e até injustiças. Falamos de *uma* das razões porque curiosamente as reações, resistências e conflitos se dão praticamente com relação à afirmação do *pobre* como "lugar teológico", embora, na perspectiva de Cano, como adverte Max Seckler, tampouco se possa falar da *atualidade*, da *Igreja* ou da *liturgia* como lugar teológico.[13]

---

[11] Id. Los pobres, "lugar teológico" en América Latina, cit., pp. 151s.

[12] Cf. SCHILLEBEECKX, Edward. *Revelação e teologia*. São Paulo: Paulinas, 1968, pp. 189-192; WICKS, Jared. Lugares teológicos. In: LATOURELLE, René; FISICHELLA, Rino (dir). *Dicionário de Teologia Fundamental*. Petrópolis/Aparecida: Vozes/Santuário, 1994, pp. 551-552; Id. *Introdução ao método teológico*. São Paulo: Loyola, 1999, pp. 18-22; TABORDA, Francisco. *O memorial da páscoa do Senhor*. São Paulo: Loyola, 2009, pp. 31-37; SUSIN, Luiz Carlos. O privilégio e o perigo do "lugar teológico" dos pobres na Igreja, cit.; id. Os pobres como "lugar teológico": uma questão hermenêutica crucial de nosso tempo, cit.

[13] Cf. SECKLER, Max. Die ekklesiologische Bedeutung des Systems der "loci theologici": Erkenntnistheoretische Katholizität und strukturale Weisheit. In: WALTER Baier (hrsg.). *Weisheit Gottes, Weisheit der Welt: Festschrift für Joseph Kardinal Ratzinger zum 60. Geburtstag. Band I*. St. Ottilien: EOS Verlag, 1987, pp. 37-65, aqui p. 44, nota 12.

Certamente se pode ampliar o número das "fontes" ou dos "domicílios" dos argumentos teológicos. O próprio Cano recorda, ao determinar os dez lugares teológicos, que alguns reduziriam e outros aumentariam esse número. Mas não dá maior relevância a essa questão. O importante, para seu propósito, é que "não se enumere nenhum lugar supérfluo nem tampouco se omita nenhum lugar necessário".[14]

E certamente também se pode dar à expressão "lugar teológico" um sentido diferente daquele que ela tem na obra de Cano, isto é, pode-se falar de "lugar teológico" como *comunidade eclesial*, como *ato litúrgico*, como *lugar social* etc. A história da teologia é farta de exemplos de mutação semântica, a começar pela expressão teologia. As expressões podem adquirir novo sentido ou mudar de sentido. Isso não é problema.

Mas é preciso deixar claro em que sentido se usa a expressão, sobretudo quando se trata de uma expressão polissêmica como é a expressão "lugar teológico". Em Melchor Cano ela significa *textos*, onde se podem encontrar argumentos para o discurso teológico. Uma espécie de "áreas de documentação", na expressão de Wicks.[15] Na perspectiva de Cano não tem sentido falar da *vida eclesial*, da *ação litúrgica* ou do *mundo dos pobres e marginalizados* como "lugar teológico"; o que não significa que a expressão não possa ser tomada nesse sentido. Em todo caso, é importante ter presente esses diferentes sentidos e deixar claro em que sentido tal expressão está sendo usada. E tanto por precisão teórica quanto para evitar incompreensões e conflito desnecessários.

B. "LUGAR TEOLÓGICO" COMO LUGAR SOCIAL DOS POBRES E MARGINALIZADOS

A discussão sobre a problemática e a determinação do lugar social da teologia são relativamente recentes e foram desenvolvidas, sobretudo,

---

[14] CANO, Melchor, op. cit., p. 9.
[15] WICKS, Jared. *Introdução ao método teológico*, cit., p. 20.

no seio da teologia da libertação, em seus mais diversos enfoques e em suas mais diversas formulações.[16]

Desde o princípio, os teólogos da libertação se deram conta tanto da importância do lugar social no fazer teológico quanto do fato de o mundo dos pobres e marginalizados constituir o lugar social fundamental da revelação, da fé e da teologia cristãs. Para o primeiro aspecto (importância do lugar social no fazer teológico), foi decisivo o contato com as lutas populares e com as ciências sociais, históricas, antropológicas, hermenêuticas etc. Já o segundo aspecto (mundo dos pobres e marginalizados como lugar social da teologia) se deu fundamentalmente através da teologia bíblica e de sua função canônica no conjunto da teologia. Progressivamente, eles foram se confrontando com essa problemática do lugar social da teologia, seja explicitando com a ajuda das ciências sócio-históricas o lugar ou os lugares que ela *vem ocupando* ao longo da história, seja determinando teologicamente o lugar que ela *deve ocupar*. Duas tarefas distintas, mas que se implicam e se remetem mutuamente.

Por um lado, é preciso se confrontar criticamente com a história da teologia, explicitando o lugar social que ela *vem ocupando*. E, aqui, é fundamental a pergunta do "para que e para quem" da teologia, isto é, a pergunta do "a quem serve" e "para que, de fato, serve" determinada

---

[16] Cf. BOFF, Leonardo. *Jesus Cristo libertador: ensaio de cristologia crítica para o nosso tempo.* Petrópolis: Vozes, 1991, pp.15-37; id. *A fé na periferia do mundo.* Petrópolis: Vozes, 1991; id. Do lugar do pobre. Petrópolis: Vozes, 1997; BOFF, Clodovis. *Teologia e prática: Teologia do político e suas mediações.* Petrópolis: Vozes, 1993, pp. 281-303; ELLACURÍA, Ignacio. Los pobres, "lugar teológico" en América Latina. In: *Escritos Teológicos I*, cit., pp. 139-161; id. La Iglesia que nace del pueblo por el Espíritu. In: *Escritos Teológicos II*, cit., pp. 343-355; id. El auténtico lugar social de la Iglesia. In: *Escritos Teológicos II*, cit., pp. 439-451; SOBRINO, Jon. *Jesus, O Libertador: a história de Jesus de Nazaré*, cit., 1996, pp. 42-61; SUSIN, Luis Carlos. O privilégio e o perigo do "lugar teológico" dos pobres na Igreja. In: VIGIL, José Maria (org.). *Descer da cruz os pobres: cristologia da libertação.* São Paulo: Paulinas, 2007, pp. 322-329; id. Os pobres como "lugar teológico": uma questão hermenêutica crucial de nosso tempo. In: SOTER (org.). *Deus e vida: desafios, alternativas e o futuro da América Latina e do Caribe.* São Paulo: Paulinas, pp. 151-180; AQUINO JÚNIOR, Francisco. *A teologia como intelecção do reinado de Deus*, cit., pp. 265-318; id. Sobre o conceito "lugar teológico". *REB* 278 (2010), pp. 451-453; id. Lugar social da teologia. *Perspectiva Teológica* 125 (2013), pp. 127-145; COSTADOAT, Jorge. La historia como "lugar teológico" en la teologia latino-americana de la liberación. *Perspectiva Teológica* 47 (2015), pp. 179-202.

teologia.[17] Não se trata de julgar o passado com critérios atuais, até porque essa tarefa abrange também as mais diversas teologias produzidas no presente. Trata-se, simplesmente, do esforço de identificar o lugar social das diversas teologias (passadas e presentes) com as quais nos confrontamos. E por uma dupla razão. Primeiro, por uma questão de criticidade e lucidez teóricas. Se toda teologia se produz sempre a partir de e em referência a um determinado lugar social, é importante e necessário identificar esse lugar social para que ela possa ser melhor compreendida em suas afirmações, em seus objetivos e em suas mediações prático-teóricas. Segundo, por uma razão estritamente teológica: analisar sua legitimidade e seu fundamento teológicos. É que a história da Igreja e, concretamente, a história da teologia não pode ser reduzida a um elenco de acontecimentos, autores e teorias. O teológico de uma abordagem da história da Igreja e, nela, da história da teologia consiste na análise e interpretação desses acontecimentos, autores e teorias, a partir e em vista da salvação ou da realização do reinado de Deus.[18] E para isso não basta identificar o lugar social de uma teologia qualquer. É preciso confrontá-lo com o lugar social da história da salvação, tal como se deu em Israel e, particularmente, na práxis de Jesus Cristo.

Por outro lado, é preciso determinar o lugar social que a teologia *deve ocupar*. Essa tarefa é necessária tanto para se poder levar a cabo uma abordagem teológica da história da Igreja e, nela, da história da teologia, quanto para se desenvolver uma teologia autenticamente cristã. Mas, se a identificação do lugar social de uma teologia qualquer se faz, sobretudo, com a ajuda das ciências sócio-históricas e de sua "suspeita ideológica" (a quem ou a que interesses sociais *servem de fato*), a determinação de seu lugar social é uma tarefa estritamente teológica (a quem ou a que interesses *devem servir*). Feita a partir de e em referência ao acontecimento histórico que funciona como fundamento, "cânon" e critério tanto para a práxis eclesial quanto para seu momento mais propriamente intelectivo, isto é, a teologia: a história de Israel e, nela, a

---

[17] ELLACURÍA, Ignacio. Hacia una fundamentación del método teológico latinoamericano. In: *Escritos teológicos I*, cit., pp. 187-218, aqui p. 214.

[18] Cf. id. Iglesia y realidad histórica. In: *Escritos teológicos II*, cit., pp. 501-515.

práxis de Jesus Cristo.[19] É a partir daqui que se pode e se deve justificar ou criticar teologicamente o lugar social de uma teologia qualquer: do passado ou do presente; de um determinado teólogo ou do magistério episcopal. É a partir daqui que se evita o relativismo teológico, na medida em que a discussão do lugar social da teologia é feita a partir de um critério objetivo e, ademais, historicamente verificável, para além de todo subjetivismo e de todo idealismo. E é a partir daqui que a teologia deixa de ser instrumento ideológico das mais diversas formas de opressão e dominação e exerce de modo consequente a função profética que lhe compete na sociedade, enquanto momento consciente e reflexo da salvação ou do reinado de Deus neste mundo.

A problemática do lugar social da teologia é, certamente, o aspecto mais complexo e mais conflitivo, mas também o mais bíblico, mais profético e mais eficaz da teologia da libertação. É mais complexo e mais conflitivo porque toca em interesses bem concretos e desmascara a instrumentalização ideológica da teológica. Não se deve esquecer que a teologia foi e continua sendo usada para legitimar as mais diferentes formas de injustiça: econômica, social, política, cultural, étnico-racial, religiosa, de gênero, sexual, ecológica etc. É mais bíblico porque recupera a característica mais marcante da ação de Deus e da relação com ele na história de Israel e na práxis de Jesus de Nazaré: o direito e a justiça aos pobres e oprimidos. Mais profética e mais eficaz porque se confronta com situações históricas concretas atuais de injustiça e opressão e favorece teórica e praticamente processos históricos concretos atuais de libertação.

A objeção mais comum a essa discussão é que ela comprometeria a universalidade da salvação. O curioso é que normalmente quem faz esse tipo de objeção, o faz, explicita ou implicitamente, a partir e em função das classes ou dos setores dominantes da sociedade; o que mais uma vez revela como toda teologia, consciente ou inconscientemente, é feita a

---

[19] Cf. SIVATTE, Rafael. *Dios camina con los pobres: Introducción al Antiguo y Nuevo Testamento*. San Salvador: UCA, 2008; DUPONT, J.; GEORGE, A. et al. *A pobreza evangélica*. São Paulo: Paulinas, 1976; PIXLEY, Jorge; BOFF, Clodovis. *Opção pelos pobres*. Petrópolis: Vozes, 1987; FABRIS, Rinaldo. *A opção pelos pobres na Bíblia*. São Paulo: Paulinas, 1991.

partir de algum lugar social. Não existe teologia socialmente neutra. De uma forma ou de outra, termina favorecendo determinados interesses sociais e desfavorecendo outros interesses sociais. Em todo caso, convém recordar que: 1) o lugar social da teologia está determinado pelo lugar social da revelação e da fé que, de acordo com a Sagrada Escritura, não é outro senão os pobres e marginalizados e seus processos de libertação; e que 2) esse lugar social dos pobres e marginalizados não compromete a universalidade da salvação, mas apenas determina o "a partir de onde" (pobres e oprimidos) e o "como" (processos de libertação) de sua realização histórica: é para todos (universalidade), mas se realiza a partir dos pobres e marginalizados e seus processos de libertação (parcialidade).[20]

Isso explica o interesse da Igreja por conhecer melhor o mundo dos pobres e marginalizados e, em vista disso, seu diálogo crítico com as mais diferentes ciências que se ocupam com o conhecimento dessa realidade. Isso exige da Igreja, particularmente das pessoas que se dedicam à reflexão teológica, esforço e empenho na explicitação e desenvolvimento teológicos do vínculo ou nexo constitutivo da fé cristã com os pobres e marginalizados. E exige também um compromisso firme e inegociável com eles e seus processos de libertação, sinal de sua fidelidade ao Deus que em Jesus Cristo se identifica com os pobres e marginalizados. São os conteúdos dos próximos capítulos: "O mundo dos pobres e marginalizados"; "A fé cristã e os pobres e marginalizados"; "O compromisso cristão com os pobres e marginalizados".

---

[20] Cf. TABORDA, Francisco. *Cristianismo e ideologia. Ensaios teológicos.* São Paulo: Loyola, 1984, pp. 91-98.

Parte 2

O mundo dos pobres e marginalizados

Tendo retomado e justificado no capítulo anterior o movimento complexo e conflitivo de deslocamento da Igreja para o "mundo" (Concílio Vaticano II) e para as "periferias do mundo" (Igreja Latino-americana), vamos tratar, agora, desse mundo que constitui *o* lugar ou, em todo caso, *um* lugar fundamental da teologia cristã: o mundo dos pobres e marginalizados. Sem essa abordagem, a reflexão teológico-pastoral a ser desenvolvida nos capítulos seguintes se torna abstrata, infecunda e irrelevante.

O mundo dos pobres e marginalizados é um mundo complexo e ambíguo que resiste às evidências do "já sabido", à tentação elitista do academicismo e aos reducionismos estruturalistas ou subjetivistas, economicistas ou culturalistas. Seu conhecimento exige interação entre diferentes formas de saber e esforço de análise e compressão pluridimensional, inter e transdisciplinar. Esse mundo não é tão evidente nem seu conhecimento tão simples como pode parecer à primeira vista. Daí a importância e a necessidade das diversas ciências, sem que isso implique uma postura academicista ou cientificista, com a consequente desvalorização do saber popular. Além do mais, nenhuma abordagem e nenhuma ciência (economia, sociologia, política, antropologia, história etc.) esgotam o conhecimento desse mundo. Daí a importância e a necessidade da inter e da transdisciplinariedade em seu conhecimento.

Não temos a pretensão ou ilusão de apresentar aqui sequer um esboço sistemático abrangente das abordagens e dos estudos desenvolvidos nos últimos tempos sobre o mundo dos pobres e marginalizados. Isso extrapola tanto a nossa capacidade quanto os limites e os objetivos deste trabalho. Queremos simplesmente indicar a problemática e a complexidade desse mundo e de sua compreensão, a começar pela dificuldade conceitual de sua nomeação ou indicação. Em vista disso, chamaremos atenção para a pluralidade e diversidade que constituem o mundo dos pobres e marginalizados; consideraremos a realidade de pobreza e marginalização em que eles vivem, bem como as causas que produzem e que os levam a essa situação; e, por fim, indicaremos algumas das principais características da situação de pobreza e marginalização de nosso atual momento histórico.

Capítulo 1

Dificuldade conceitual

É preciso começar reconhecendo a dificuldade de encontrar uma expressão adequada para indicar ou nomear esse mundo a que temos nos referido como *periferias* ou *mundo dos pobres e marginalizados*. Dificuldade que diz respeito ao conhecimento humano enquanto tal (sempre limitado, inesgotável), mas que se torna ainda mais problemática em se tratando do mundo dos pobres (complexidade própria). Ela se manifesta tanto nas discussões sobre as expressões "pobre" e "pobreza" e nos vários sentidos a elas atribuídos, quanto na diversidade de palavras utilizadas para se referir ou indicar esse mundo. Mas ela remete, em última instância, à complexidade e à ambiguidade desse mundo que rompe todos os reducionismos e as simplificações e não se deixa apreender adequadamente por nenhum conceito. De modo que a *problemática conceitual* é, aqui, indício ou indicativo de uma *problemática real*.

Já o Documento de Medellín distingue três sentidos de pobreza: 1) "A *pobreza como carência* dos bens deste mundo, necessários para uma vida digna", que é "um mal em si" denunciado pelos profetas "como contrária à vontade do Senhor e, muitas vezes, como fruto da injustiça e do pecado dos homens"; 2) "A *pobreza espiritual*, que é o tema dos pobres de Javé" e diz respeito à "atitude de abertura para Deus, a disponibilidade de quem tudo espera do Senhor"; 3) "A *pobreza como compromisso*, assumida voluntariamente e por amor à condição dos necessitados deste mundo, para testemunhar o mal que ela representa e a liberdade espiritual frente aos bens do Reino".[1]

Gustavo Gutiérrez, como Medellín, identifica na tradição bíblica três significados de pobreza: "estado escandaloso", "infância espiritual" e "compromisso de solidariedade e protesto".[2] E sempre insiste na "complexidade do mundo do pobre",[3] seja indicando uma diversidade de sujeitos: "povos dominados", "classes exploradas", "raças desprezadas", "culturas marginalizadas", "ausentes da história", "mulheres marginalizadas", "insignificante", "outro" etc., seja advertindo que a "pobreza significa morte" e "morte provocada", mas também "uma maneira de sentir e de conhecer, de raciocinar, de fazer amigos, de amar, de crer, sofrer, celebrar e de orar".[4]

Clodovis Boff, por sua vez, fala dos pobres como um "fenômeno coletivo", como "resultado de um processo conflitivo" e como os que "reclamam um projeto social alternativo". E distingue três tipos de pobres: "*pobres socioeconômicos*, compreendendo os marginalizados e explorados"; "*pobres socioculturais*, entre os quais se distinguem as mulheres, os negros e os índios"; e os "*novos pobres* dos centros mais desenvolvidos, que são em particular os drogados e os aposentados". Mas advertindo que não se trata de mera justaposição. Embora as diversas formas de "pobreza" tenham "sua consistência própria, irredutível ao econômico [...], na realidade concreta, elas se encontram globalmente articuladas com a pobreza econômica" que constitui "a determinação fundamental, a contradição principal e a luta prioritária".[5]

E Jon Sobrino, apoiando-se nos estudos bíblicos, identifica duas características fundamentais dos pobres enquanto destinatários do Reino de Deus: "De um lado, pobres são os que gemem sob algum tipo de

---

[1] CELAM. *Conclusões de Medellín*. São Paulo: Paulinas, 1987, pp. 144s.
[2] Cf. GUTIÉRREZ, Gustavo. *Teologia da libertação: perspectivas*. São Paulo: Loyola, 2000, pp. 350-363.
[3] Cf. ibid., pp. 16-22; id. *Beber no próprio poço: itinerário espiritual de um povo*. Petrópolis: Vozes, 1984, pp. 138-140; id. *A verdade vos libertará: confrontos*. São Paulo: Loyola, 2000, pp. 24-25; id. *A densidade do presente*. São Paulo: Loyola, pp. 103-107.
[4] Id. *A verdade vos libertará: confrontos*, cit., pp. 24s.
[5] BOFF, Clodovis; PIXLEY, Jorge. *Opção pelos pobres*. Petrópolis: Vozes, 1987, pp. 19-33.

necessidade básica [...], aqueles para quem viver é uma carga duríssima. Em linguagem atual poderia ser dito que são os pobres *econômicos*, no sentido de que o *oikos* [...] está em grave perigo, e com isso lhe é negado o mínimo de vida. Por outro lado, pobres são os desprezados pela sociedade vigente [...], são os marginalizados. Poderia ser dito que são os pobres *sociológicos*, no sentido de que lhes é negado o ser *socius* [...] e, com isso, o mínimo de dignidade".[6] Em síntese: são "econômico-sociologicamente pobres" e são "dialeticamente pobres".[7]

Por fim, o Documento de Aparecida, como bem observa Pedro Ribeiro de Oliveira, fala de pobres e de pobreza tanto no "sentido corrente da palavra, ou seja, como insuficiência de bens materiais", quanto num sentido bastante amplo, a ponto de terminar incluindo todas as pessoas: "seriam tantas e tão diversificadas as novas formas de pobreza que praticamente ninguém poderia ser deixado fora dela, já que em pelo menos algum sentido todos podemos ser considerados 'pobres'". Isso acabaria esvaziando o sentido primário e fundamental de pobreza.[8]

No contexto da teologia europeia, teólogos tão diferentes como Claude Geffré (França), Raniero Catalamessa (Itália) e Walter Kasper (Alemanha) se confrontam com a centralidade dos pobres na fé cristã e distinguem diferentes tipos/sentidos de pobreza.

Geffré, tratando da "evangelização dos pobres como critério de autenticidade da missão da Igreja", adverte que a Igreja é enviada a todas as pessoas e não somente aos pobres e que "o conceito de *pobreza*, no Evangelho, designa estado de *dependência* que vai da pobreza econômica, social e física até a pobreza psíquica, moral e religiosa". Por isso, nem se deve "limitar a 'pobreza' ao seu sentido religioso", nem se deve "entender a 'pobreza' unicamente no sentido econômico e físico". Ela "designa a escravidão e a desumanização do homem em todas as suas dimensões". Nesse sentido, "os homens das 'sociedades da abundância' que experimentam a morte de Deus e que sofrem de

---

6   SOBRINO, Jon. *Jesus, o Libertador: a história de Jesus de Nazaré*. Petrópolis: Vozes, 1996, pp. 125s
7   Ibid., p. 127.
8   OLIVEIRA, Pedro Ribeiro de (org.). *Opção pelos pobres no século XXI*. São Paulo: Paulinas, 2011, pp. 10s.

uma espécie de hebetude espiritual, por causa [...] do lucro, do sexo, da droga e do álcool, são *também* pobres que esperam a palavra libertadora do Evangelho".[9]

Catalamessa distingue dois tipos de pobreza: "uma material e outra espiritual". E em cada uma delas distingue "uma ruim e uma má": *pobreza material negativa* ("condição social padecida"), *pobreza material positiva* ("ideal evangélico"), *pobreza espiritual negativa* ("ausência dos bens do espírito: pobreza dos ricos"), *pobreza espiritual positiva* ("humildade e confiança em Deus: riqueza dos pobres").[10]

Kasper distingue quatro classes de pobreza: "pobreza física ou econômica" (alimento, água, moradia, trabalho saúde etc.), "pobreza cultural" (analfabetismo, formação, oportunidades etc.), "pobreza relacional" (solidão, introversão, isolamento, encarceramento etc.) e "pobreza espiritual" (desorientação, vazio interior, desesperança, confusão moral e espiritual etc.). E adverte que "a diversidade e a pluridimensionalidade das situações de pobreza exigem uma resposta pluridimensional", reconhecendo, contudo, que "só se a vida e a sobrevivência física estiverem asseguradas é que será possível obviar também a pobreza cultural, social e espiritual".[11]

E o Papa Francisco, como vimos no capítulo anterior, fala indistintamente de *pobres, pobrezas* e *periferias* – sempre no plural! – para se referir aos "mais frágeis da terra" (EG 209), a serviço de quem deve estar a Igreja de Jesus. De fato, Francisco dá a essas expressões um sentido bastante amplo, mas não tão amplo a ponto de cinicamente incluir-nos a todos, como se todos fôssemos pobres.

Toda essa discussão põe-nos diante da complexidade do mundo dos pobres e marginalizados. Está em jogo, antes de tudo, a *negação das condições materiais básicas de sobrevivência* – base ou fundamento da vida humana. É o sentido primário e fundamental das expressões

---

[9] GEFFRÉ, Claude. *Como fazer teologia hoje: hermenêutica teológica.* São Paulo: Paulinas, 1989, pp. 313s.

[10] Cf. CATALAMESSA, Raniero. *A pobreza.* São Paulo: Loyola, 1997.

[11] Cf. KASPER, Walter. *A misericórdia: condição fundamental do Evangelho e chave da vida cristã.* São Paulo: Loyola, 2015, pp. 178s.

DIFICULDADE CONCEITUAL

pobre e pobreza ou, melhor, empobrecido e empobrecimento. Essa é a forma mais radical de negação da vida. Por seu caráter primário e fundamental, não pode ser relativizada nem espiritualizada. Mas há também muitas *outras formas de injustiça, opressão, marginalização e sofrimento* que extrapolam o âmbito estritamente econômico-material da vida. Tratam-se das questões de gênero, étnico-raciais, ambientais, religiosas, existenciais etc. Questões que se impuseram, sobretudo, a partir dos anos 1980 com a proliferação e a consolidação de movimentos feministas, indígenas, negros, ecológicos, inter-religiosos, LGBTT etc.

É isso que faz com que muitas vezes se recorra a uma dupla expressão para indicar ou nomear esse mundo, como fazemos aqui nos termos de *mundo dos pobres e marginalizados*. Com as expressões *pobres e pobreza* nos referimos especificamente à problemática da negação das condições materiais básicas de sobrevivência, sem nenhuma metaforização ou espiritualização. Pobres são aqueles que carecem ou a quem são negados os bens materiais necessários para a vida: alimento, moradia, saúde, educação, trabalho, lazer etc. Já com as expressões *marginalizados e marginalização* nos referimos às diversas formas de injustiça, opressão e sofrimento em nossa sociedade: gênero, sexo, raça, cultura, idade, deficiência, encarceramento etc. Por mais que normalmente estejam vinculadas à situação de pobreza ou de carência-negação de bens materiais, não se reduzem a isso nem se dão simplesmente por isso. Daí por que seu conhecimento não pode se dar apenas através das ciências que estudam os processos de produção e distribuição de bens e riquezas, bem como das relações de produção. Mas também através das ciências antropológicas e hermenêuticas. Marginalizados são os que estão à margem ou excluídos ou ocupam um lugar/posição inferior na sociedade: negro, mulher, índio, homossexual, idoso, pessoa com deficiência etc.

Estamos, portanto, diante de um mundo plural e complexo constituído por múltiplos sujeitos (homens, mulheres, negros, índios, homossexuais, idosos etc.) com muitas dimensões que são irredutíveis umas às outras: econômica, política, cultural, racial, de gênero, existencial etc. As formas e as causas de injustiça, opressão e sofrimento são diversas e irredutíveis. Mas nem estão todas no mesmo nível nem, na prática, são completamente independentes umas das outras.

Há formas de opressão mais radical que outras. Embora as mulheres sejam marginalizadas por serem mulheres (gênero) e os negros sejam marginalizados por serem negros (raça), por exemplo, há uma diferença muito grande entre uma mulher rica e uma mulher pobre,[12] entre um negro rico e um negro pobre (classe). Não se trata de nenhum reducionismo economicista. Trata-se simplesmente de reconhecer que há aspectos ou fatores mais determinantes que outros. A negação das condições materiais básicas de sobrevivência é a forma mais radical de negação da vida.

Além do mais, é bom não esquecer que, normalmente, essas diferentes formas de opressão, injustiça e sofrimento estão mais articuladas com a dimensão econômico-material da vida do que pode parecer.[13] Há, em geral, um processo cumulativo de injustiças e sofrimentos: pobre-mulher-negro-homossexual-idoso-deficiente etc. Entre os pobres, as mulheres, os negros, os homossexuais, os idosos etc. são os que mais sofrem. E não há dúvida de que entre as mulheres, os negros e os homossexuais, os pobres (mulher-negro-homossexual) são as maiores vítimas.

De modo que nem se pode reduzir o *mundo dos pobres e marginalizados* à uma *questão econômico-material*, nem se pode relativizar e diluir essa dimensão ante às *questões de gênero, étnico-racial, sexual, geracional, existencial* etc., nem sequer se pode tomar essas diversas questões como completamente independentes e meramente justapostas umas às outras. Daí por que preferimos indicar ou nomear esse mundo em termos de *pobres* (econômico-material) e *marginalizados* (gênero, sexo, etnia, raça, idade, deficiência, saber, etc.) em sua irredutibilidade e em sua inseparabilidade.

---

[12] Cf. TOLEDO, Cecília. *Mulheres: o gênero nos une, a classe nos divide.* São Paulo: Cadernos Marxistas, 2001.

[13] Cf. SAFFIOTI, Heleieth. *A mulher na sociedade de classes: mito e realidade.* São Paulo: Expressão Popular, 2013.

Capítulo 2

Os rostos dos pobres
e marginalizados

É preciso insistir, para além de toda abstração conceitual ou estatística, que o mundo dos pobres e marginalizados é um mundo constituído por pessoas concretas, com rostos concretos, com histórias concretas...

A tradição ocidental, com seu dualismo mais ou menos radical entre matéria e espírito, com suas categorias abstratas e, nos tempos modernos, com sua matematização da vida (cálculos, índices, estatísticas etc.), acabou levando a uma desvalorização da "dimensão visceral do sofrimento, a sua marca visível de experiência vivida na carne". Desenvolveu um "processo de descorporalização por via de classificação e organização", no qual "os nossos sentidos foram dessensibilizados para a experiência direta do sofrimento dos outros".[1] E não raras vezes termina reduzindo os pobres e marginalizados a conceitos, classificações e estatísticas *sem carne* que, por sua abstração e frieza, não nos tocam, não nos comovem nem nos comprometem.

Segundo Boaventura de Sousa Santos, nem mesmo os autores que mais insistiram na importância do *corpo* como Nietzsche, Foucault e

---

[1] SANTOS, Boaventura de Sousa. *Se Deus fosse um ativista dos Direitos Humanos*. São Paulo: Cortez, 2014, pp. 125.

Lévinas, dentre outros, escaparam completamente desse processo de "descorporalização". Tampouco as religiões e suas teologias ficaram imunes a ele. No entanto, há, aqui, uma ambiguidade que termina abrindo caminho para um reencontro com a *carne*. Por um lado, as religiões "levaram ao extremo a repulsa da carne como lugar do prazer". Mas, por outro lado, "incitaram os crentes a assistir os corpos dos seus próximos sem outra mediação para além da compaixão". E, assim, diz o autor, "permitiram um acesso denso, direto e intenso à carne em sofrimento"; um "acesso prático" que "concede prioridade absoluta à intervenção, em detrimento da compreensão". As religiões "permitiram a criação de uma ética de cuidado e de envolvimento baseada nas reações viscerais da intersubjetividade entre o eu e o próximo, ligações [...] que são constituídas por sensibilidades e disponibilidades". Certamente, esse "imediatismo do sofrimento" tem um risco enorme de "despolitização". Mas tem o mérito incalculável de reencontrar a "carne em sofrimento", para além de toda abstração conceitual ou estatística.[2]

No caso concreto das teologias da libertação, isso permitiu progressivamente o encontro com as "múltiplas dimensões do sofrimento humano injusto" (social, econômica, sexual, étnico-racial, cultural, religiosa etc.)[3] e a potencialização do "sujeito humano simultaneamente enquanto indivíduo concreto e ser coletivo"[4] frente a teorias que "convergem para desacreditar a resistência individual e coletiva contra a injustiça e a opressão".[5] E, assim, superando o risco de "despolitização", uma articulação "entre a ligação visceral de um gesto assistencial, de um cuidado incondicional, e a luta política contra as causas do sofrimento como parte da tarefa inacabada da divindade".[6]

Não por acaso, as conferências do episcopado latino-americano, ao analisar a situação de pobreza no/do continente e suas causas, costumam falar, desde Puebla, das "feições" ou dos "rostos" concretos dos

---

[2] Ibid., pp. 125s.
[3] Cf. ibid., pp. 115-124.
[4] Cf. ibid., pp.113-115.
[5] Ibid., pp. 113s.
[6] Ibid., p. 127.

pobres em quem devemos reconhecer o "rosto" ou as "feições" do próprio Cristo. De modo que a *carne* ou o *rosto* concreto dos pobres não fica diluído ou abstraído em conceitos, estatísticas ou estruturas.

O capítulo II do Documento de Puebla (1979), intitulado "Visão sociocultural da realidade latino-americana", reconhece "como o mais devastador e humilhante flagelo a situação de pobreza desumana em que vivem milhões de latino-americanos" (Puebla 29); percebe que "esta pobreza não é uma etapa casual, mas sim o produto de determinadas situações e estruturas econômicas, sociais e políticas, embora haja também outras causas da miséria" (Puebla 30); e vê, à luz fé, "como um escândalo e uma contradição com o ser cristão, a brecha crescente entre ricos e pobres", discernindo aí "uma situação de pecado social, cuja gravidade é tanto maior quanto se dá em países que se dizem católicos e que têm capacidade de mudar" (Puebla 28). E prossegue: "Essa situação de extrema pobreza generalizada adquire, na vida real, feições concretíssimas, nas quais deveríamos reconhecer as feições sofredoras de Cristo, o Senhor que nos questiona e interpela" (Puebla 31): crianças, jovens, indígenas e afro-americanos, camponeses, operários, subempregados e desempregados, marginalizados e amontoados das nossas cidades, anciãos etc. (Puebla 32-39). E o texto não apenas indica, mas descreve algumas características desses sujeitos.

O Documento de Santo Domingo (1992), por sua vez, dedica o II capítulo ao tema da "Promoção humana". Ao tratar dos "novos sinais dos tempos no campo da promoção humana", aborda a problemática "empobrecimento e solidariedade". Depois de fundamentar a "opção evangélica e preferencial pelos pobres, firme e irrevogável, mas não exclusiva nem excludente", retoma o desafio de "descobrir nos rostos sofredores dos pobres o rosto do Senhor": "rostos desfigurados pela fome, consequência da inflação, da dívida externa e das injustiças sociais"; "rostos desiludidos pelos políticos"; "rostos humilhados por causa de sua própria cultura"; "rostos aterrorizados pela violência diária e indiscriminada"; "rostos angustiados dos menores abandonados"; "rostos sofridos das mulheres humilhadas e desprezadas"; "rostos cansados dos migrantes"; "rostos envelhecidos pelo tempo e pelo trabalho"; também "os que se encontram em carência espiritual, moral, social e cultural" (Santo Domingo 178). E, ao indicar algumas linhas pastorais, afirma que é preciso "privilegiar o serviço fraterno aos mais pobres entre os pobres [...]: deficientes, enfermos, idosos solitários, crianças abandonadas, presos, aidéticos etc." (Santo Domingo 180).

E o Documento de Aparecida (2007), em sua terceira parte, confronta-se no capítulo VIII, intitulado "Reino de Deus e promoção da dignidade humana", com o desafio de "uma renovada pastoral social para a promoção humana integral". Ao insistir na necessidade de "fortalecer uma pastoral social estruturada, orgânica e integral, que se faça presente nas novas realidades de exclusão e marginalização em que vivem os grupos mais vulneráveis, onde a vida está mais ameaçada" (DAp 401), passa a falar dos "novos rostos pobres" ou dos "rostos dos novos excluídos" produzidos pela globalização: "os migrantes, as vítimas da violência, os deslocados e refugiados, as vítimas do tráfico de pessoas e sequestros, os desaparecidos, os enfermos de HIV e de enfermidades endêmicas, os toxicodependentes, idosos, meninos e meninas que são vítimas da prostituição, pornografia e violência ou trabalho infantil, mulheres maltratadas, vítimas da exclusão e do tráfico para a exploração sexual, pessoas com capacidades diferentes, grandes grupos de desempregados, os excluídos pelo analfabetismo tecnológico, as pessoas que vivem na rua das grandes cidades, os indígenas e afro-americanos, os agricultores sem terra e os mineiros" (DAp 402).

Também o Papa Francisco, proveniente dessa tradição e particularmente sensível às pessoas em situação de sofrimento, tem insistido na necessidade de "prestar atenção e debruçar-nos sobre as novas formas de pobreza e fragilidade, nas quais somos chamados a reconhecer Cristo sofredor": sem abrigo, toxicodependentes, refugiados, povos indígenas, idosos, migrantes (EG 210), vítimas do tráfico (EG 211), mulheres (EG 212), nascituros (EG 213), criação (EG 215), bem como na importância da proximidade física dos pobres e no empenho em socorrê-los em suas necessidades (EG 199): É preciso tocar e abraçar a "carne sofredora de Cristo".[7]

---

[7] Cf. *Palavras do Papa Francisco no Brasil*. São Paulo: Paulinas, 2013, pp. 39-33.

Como podemos verificar, os textos indicados falam indistintamente de *pobres* (econômico-material) e *marginalizados* (gênero, sexo, etnia, raça, idade, deficiência, saber etc.) e apresentam "rostos" antigos e novos de pobres e marginalizados. E o rosário ou a ladainha poder-se-ia estender muito mais: as vítimas do agronegócio (famílias expropriadas; mão de obra barata; trabalhadores, famílias e comunidades expostos ao uso intensivo e abusivo de agrotóxicos; privatizações de bens naturais; "acidentes naturais"; injustiça ambiental etc.); as vítimas da especulação imobiliária nas cidades; as vítimas da droga e do tráfico (crianças, adolescentes e jovens; famílias; comunidades); o extermínio da juventude pobre e negra; as vítimas da homofobia (gays, lésbicas, travestis, transexuais); população em situação de rua e catadores de material reciclável; a população encarcerada – em sua grande maioria jovem e negra etc.

Toda essa insistência nos *rostos* concretos dos pobres e marginalizados provém da "ligação visceral" de muitos crentes, comunidades, movimentos e pastorais com a "carne em sofrimento". Além de nos comprometer, isso nos ajuda a compreender melhor a complexidade do mundo dos pobres e marginalizados e nos torna mais sensíveis às novas formas e expressões de pobreza e marginalização, bem como às suas causas e aos esforços e às lutas por sua superação.

Capítulo 3

A realidade de pobreza e marginalização

S em dúvida nenhuma, a "ligação visceral" com a "carne em sofrimento" nos compromete com os pobres e marginalizados concretos e nos permite compreender melhor sua realidade. Vincula-nos visceralmente a eles e oferece-nos um acesso privilegiado para seu conhecimento. Mas existe o risco de encurtar nossa visão e capacidade de análise da própria situação de pobreza e marginalização, particularmente no que diz respeito às suas causas mais profundas. O que repercute também nas formas de enfrentamento e superação dessa situação. É o risco do "imediatismo do sofrimento"; risco presente, sobretudo, nas pessoas e grupos mais diretamente envolvidos com os pobres e marginalizados. Ele nos envolve e absolve de tal maneira que dificulta tomar a "distância" necessária para uma visão mais global e o "tempo" necessário para uma análise mais profunda da situação.

Sem isso, podemos estar muito comprometidos com os pobres e marginalizados em sua pobreza e marginalização e em seu sofrimento. Mas corremos seriamente o risco de não sermos eficazes em nosso compromisso com eles ou até mesmo de contribuirmos com a manutenção dessa situação ao não identificarmos e enfrentarmos eficazmente as causas que a produzem. É o risco de sermos absolvidos pelos sintomas e paliativos, urgentes e necessários, mas insuficientes. Se não chegarmos às raízes, não enfrentaremos eficazmente os sintomas. E isso exige esforço de análise da situação e definição de estratégias de enfrentamento.

É aqui que entra a contribuição das mais diferentes ciências que se dedicam ao estudo das situações de pobreza e marginalização social: sociologia, política, economia, história, antropologia, ciências da religião, fenomenologia etc. Essa contribuição têm sido de fundamental importância tanto para a análise e compreensão do mundo dos pobres e marginalizados quanto para a definição e análise das estratégias de resistência, enfrentamento e superação das diversas formas de pobreza e marginalização social.

O diálogo crítico e criativo com essas ciências tem permitido às teologias da libertação adquirir uma compreensão mais ampla e objetiva do mundo dos pobres e marginalizados e evitar o risco de "despolitização" do sofrimento, sem perder, contudo, a "ligação visceral" com a "carne em sofrimento" ou com os "rostos" concretos dos pobres e marginalizados. Pelo contrário, transformando essa "ligação visceral" num acesso privilegiado para o conhecimento e a transformação desse mundo.

Todo esse processo tem levado à percepção progressiva do mundo dos pobres e marginalizados como uma realidade coletiva, complexa, produzida, subjetiva, política e espiritual. Vejamos rapidamente cada uma dessas características:

A. REALIDADE COLETIVA

A realidade de pobreza e marginalização se apresenta antes de tudo como um *fato coletivo*.[1] Não se trata apenas da situação de uma ou de algumas pessoas isoladas ou mesmo da situação de alguns grupos minoritários. Mas da situação concreta de grandes setores da população ou, em muitos casos, da grande maioria da população. Isso se pode constatar facilmente nas diversas regiões de nossos países. E essa percepção mais imediata vem sendo comprovada e ampliada por estudos científicos que analisam e quantificam a realidade de pobreza e marginalização.

---

[1] Cf. BOFF, Clodovis; PIXLEY, Jorge, op. cit., pp. 19ss; SANSON, Cesar. O pobre coletivo: o Sul no mercado globalizado. In: OLIVEIRA, Pedro Ribeiro de, op. cit., pp. 103-119.

O Documento de Medellín, ao tratar da justiça, começa com uma constatação que será decisiva para a pastoral e a teologia latino-americanas: "Existem muitos estudos sobre a situação do homem latino-americano [...]. Em todos eles se descreve a miséria que marginaliza *grandes grupos humanos* em nossos povos. Essa miséria, como *fato coletivo*, é qualificada de injustiça que clama aos céus" (Justiça, I). Temos, aqui, uma das afirmações mais decisivas de Medellín, no que diz respeito à análise da realidade de pobreza e marginalização: um "fato coletivo" e uma "injustiça".

Essa percepção do caráter coletivo da realidade de pobreza e marginalização aparece numa diversidade enorme de expressões utilizadas tanto em encontros pastorais quanto em documentos do magistério pastoral e em textos de diferentes teólogos: pobre*s* e marginalizado*s*, mulhere*s*, negro*s*, índio*s* – sempre no plural; multidões, milhões, classes oprimidas e marginalizadas, povos, massas, maiorias populares etc. E repercute decisivamente no modo de enfrentamento dessa situação: um fato coletivo de dimensões e proporções tão amplas não pode ser enfrentado com ações meramente individuais; exige uma ação social capaz de intervir na própria estruturação da sociedade. Não por acaso, Medellín fala de "estruturas injustas" (Justiça I) e da necessidade de "novas e renovadas estruturas" (Justiça, II), o que se conquista "por uma ação dinâmica de conscientização e de organização dos setores populares" (Paz 2, II).

B. REALIDADE COMPLEXA

Além de uma realidade *coletiva*, o mundo dos pobres e marginalizados é uma realidade muito *complexa*. Ela envolve uma diversidade enorme de sujeitos (camponeses, operários, índios, mulheres, negros, homossexuais, pessoas com deficiência, idosos etc.) e diz respeito às mais diversas dimensões da vida humana (econômica, política, gênero, sexo, etnia, raça, cultura, religião etc.).

Embora sempre tenha havido certa percepção dessa complexidade na Igreja latino-americana, como se pode ver na indicação dos diversos "rostos" dos pobres e marginalizados que fizemos no item anterior, é verdade que nem sempre ela foi suficientemente considerada. De fato, nos anos 1970 e 1980 a discussão estava muito centrada nas questões sociais, políticas e econômicas, a ponto de a teologia da libertação ser acusada de reduzir tudo à política e à economia. A partir dos anos 1980 e, sobretudo, nos anos 1990, foram emergindo e se impondo com toda força as questões de gênero, étnico-raciais, ecológicas, inter-religiosas e, mais recentemente, as questões ligadas à diversidade sexual e à problemática existencial do sentido da vida.

Todo esse processo de ampliação do horizonte da libertação foi alargando o leque das mediações teóricas e práticas. Já não bastam as ciências e as lutas socioeconômicas. É preciso voltar-se também para o âmbito da cultura, recorrendo às ciências histórico-antropológicas, hermenêuticas etc., e fortalecendo as lutas por igualdade de gênero, etnia, raça etc.,[2] como têm demonstrado e insistido as teologias feministas,[3] negras,[4] indígenas,[5] ecológicas,[6] gays[7] etc. e os estudos e as

---

[2] Cf. GUTIÉRREZ, Gustavo. Olhar longe: introdução à nova edição. In: *Teologia da Libertação: perspectivas*, cit., pp. 16-22; CODINA, Victor. *Creio no Espírito Santo: pneumatologia narrativa*. São Paulo: Paulinas, 1997, pp. 161-186; id. La tercera ilustración. In: *Una Iglesia nazarena: Teología desde los insignificantes*. Santander: Sal Terrae, 2010, pp. 163-186; ZWETSCH, Roberto (org.). *Conviver: ensaios para uma teologia intercultural latino-americana*. São Leopoldo: Sinodal/Est, 2016.

[3] Cf. FIORENZA, Elisabeth Schüssler. *As origens cristãs a partir da mulher: uma nova hermenêutica*. São Paulo: Paulinas, 1992; AQUINO, Maria Pilar de. *A teologia, a Igreja e a mulher na América Latina*. São Paulo: Paulinas, 1997; SOTER (org.). *Gênero e Teologia: interpelações e perspectivas*. São Paulo: Paulinas/Loyola, 2003.

[4] Cf. SILVA, Antônio Aparecido. Caminhos e contextos da teologia afro-americana. In: *O mar se abriu: trinta anos de teologia na América Latina*. São Paulo: Loyola, 2000, pp. 11-38; id. Elementos e pressupostos da reflexão teológica a partir das comunidades negras – Brasil. In: SOTER; AMERÍNDIA. *Caminhos da Igreja na América Latina e no Caribe: novos desafios*. São Paulo: Paulinas, 2006, pp. 391-412; id. (org.). *Existe um pensar teológico negro?* São Paulo: Paulinas, 1998.

[5] Cf. CIMI; AELAPI. *A terra sem males em construção: IV Encontro Continental de Teologia Indígena*. Belém: Mensageiro, 2002; HERNÁNDEZ, Eleazar López. La teología india en la globalización actual. In: SUSIN, Luiz Carlos (org.). *O mar se abriu*, cit., pp. 109-114; SILLER, Clodomiro. Metodologia da teologia índia. In: SUSIN, Luiz Carlos. *Sarça ardente: teologia na América Latina: prospectivas*. São Paulo: Paulinas, 2000, pp. 287-296.

[6] Cf. BOFF, Leonardo. *Ecologia: grito da terra, grito dos pobres: dignidade e direitos da mãe terra*. Petrópolis: Vozes, 2015; MURAD, Afonso (org.). *Ecoteologia: um mosaico*. São Paulo: Paulus, 2016; MURAD, Afonso; TAVARES, Sinivaldo Silva (org.). *Cuidar da casa comum: chaves de leitura teológicas e pastorais da Laudato Si'*. São Paulo: Paulinas, 2016.

[7] Cf. MUSSKOPF, André S. *Uma brecha no armário: proposta para uma teologia gay*. São Leopoldo/São Paulo: Fonte Editorial/CEBI, 2015; id. *Via(da)gens teológicas: itinerários para uma teologia queer no Brasil*. São Paulo: Fonte Editorial, 2012.

teorias pós-colonialistas das últimas décadas.[8] Mas é preciso também ficar atento para que isso não leve a uma relativização da materialidade da vida. Certamente a vida humana não se reduz ao âmbito econômico-material. Mas, sem as condições materiais básicas de sobrevivência, ela é simplesmente impossível. Não por acaso se toma comumente o aspecto socioeconômico como o *analogatum princeps* ou como a expressão por antonomásia do mundo dos pobres e marginalizados, sem que isso necessariamente negue ou resvale em outras dimensões da vida como gênero, raça, etnia etc.[9]

C. Realidade produzida

A realidade de pobreza e marginalização não é um fato natural nem meramente individual, mas uma realidade *produzida* socialmente. Ela é fruto de relações sociais extremamente injustas e desiguais que levam a uma concentração dos bens e riquezas produzidos e que estabelecem relações de dominação determinadas por sexo, raça, etnia, cultura etc.

Nesse sentido, mais que de pobres e marginais, devemos falar de empobrecidos e marginalizados. O que implica uma compreensão de pobreza e marginalização como realidades relacionais ou dialéticas.[10] Só se pode falar de pobre em relação a rico. Se todas as pessoas vivessem em condições precárias por escassez geral de bens, haveria carência de bens e níveis baixos de subsistência, mas não existiria propriamente pobreza. Esta só se dá na medida em que há uma repartição desigual

---

[8] Cf. CASTRO-GÓMES, Santiago; GROSFOGEL, Ramón (ed.). *El giro decolonial. Reflexiones para una diversidade epistémica más allá del capitalismo global.* Bogotá: Siglo del Hombre/Universidad Central/Instituto de Estudios Sociales Contemporáneos/Pontifícia Universidad Javeriana/Instituto Pensar, 2007; ALMEIDA, Júlia; MIGLIEVICH-Ribeiro, Adelia; GOMES, Heloisa Toller (org.). *Crítica pós-colonial: panorama de leituras contemporâneas.* Rio de Janeiro: Letras, 2013.

[9] Cf. ELLACURÍA, Ignacio. Pobres. In: *Escritos teológicos II.* San Salvador: UCA, 2000, pp. 171-192, aqui p. 174; BOFF, Clodovis; PIXLEY, Jorge, op. cit., pp. 27-30.

[10] Cf. BOFF, Clodovis; PIXLEY, Jorge, op. cit., pp. 21-23; ELLACURÍA, Ignacio. Pobres, cit., p. 174s; id. Los pobres, "lugar teológico" en América Latina. In: *Escritos teológicos I.* San Salvador: UCA, 2000, pp. 139-161, aqui pp. 142s.

dos bens existentes, de modo que uns poucos se apropriam de muito e, assim, expropriam, direta ou indiretamente, os demais do que necessitam e daquilo que têm direito. Da mesma forma, só se pode falar de marginalizados (os que estão à margem ou numa situação de inferioridade e subordinação), em relação aos que estão no centro ou numa situação de superioridade e dominação. É por isso que a luta contra a pobreza e a marginalização é necessariamente uma luta contra a riqueza e as diversas formas de dominação.

Embora esse caráter relacional ou dialético da pobreza tenha sido analisado e enfatizado por Marx e pela tradição marxista e a Igreja latino-americana tenha se apropriado criticamente dessas análises e tenha se enriquecido com elas, isso não é algo absolutamente novo na tradição cristã nem é absolutamente necessário recorrer a categorias marxistas para sua explicitação e fundamentação. A contraposição entre riqueza e pobreza e a denúncia dos ricos e de seu enriquecimento à custa do salário não pago aos trabalhadores tanto na tradição bíblica quanto nos padres da Igreja mostram "quão tradicional, quão arriscado e profundo é o conceito dialético de pobres que hoje se quer eludir com o pretexto de que leva a uma luta de classes".[11]

D. Realidade subjetiva

O fato de ser uma realidade *coletiva, complexa* e *produzida*, não nega que a pobreza e a marginalização sejam também uma realidade *subjetiva*, isto é, uma realidade vivida subjetivamente por uma diversidade de sujeitos. Pobreza e marginalização significam, sem dúvida, "morte produzida", mas significam também um "modo de viver".[12] Os empobrecidos e marginalizados não são apenas vítimas passivas de uma situação objetiva de pobreza e marginalização; são também sujeitos ativos em uma situação de pobreza e marginalização vivida subjetivamente.

---

[11] ELLACURÍA, Ignacio. Pobres, cit., p. 175.
[12] Cf. GUTIÉRREZ, Gustavo. *A verdade vos libertará: confrontos*, cit., pp. 24s; id. Olhar longe: introdução à nova edição, cit., p. 17; COMBLIN, José. A Igreja e o mundo dos excluídos. *Vida Pastoral* 211 (2000), pp. 11-18.

Essa dimensão subjetiva da pobreza e marginalização nem sempre foi devidamente reconhecida e valorizada. E não raras vezes foi tratada como coisa de pequeno burguês, como se os empobrecidos e marginalizados não tivessem sentimentos, emoções, desejos, dramas existenciais etc. Mas ela se impôs com toda força no final do século XX,[13] no contexto da crise de civilização que se abateu sob o Ocidente,[14] da explosão de movimentos religiosos (neo)pentecostais[15] e da emergência de novos sujeitos históricos, particularmente os movimentos feministas e LGBTT.

Sem dúvida, a ênfase excessiva na dimensão subjetiva da vida pode degenerar num individualismo terrível que leva sempre a priorizar os interesses e as necessidades individuais e imediatos, em detrimento das necessidades e dos interesses coletivos. E quando isso acontece no mundo dos pobres e marginalizados, tem consequências ainda mais trágicas, na medida em que fragiliza as formas coletivas de resistência e de luta pela transformação da realidade.[16] Mas isso não nos pode tornar insensíveis aos dramas existenciais das pessoas com seus desejos e suas frustrações. Nem nos deve impedir de perceber que as resistências e as lutas têm sempre uma dimensão subjetiva, ligada ao próprio modo como experimentamos e reagimos à pobreza e à marginalização. Não se luta contra o que faz bem e é fonte de sentido; nem se luta pelo que não faz bem nem faz sentido. O fazer-bem e o fazer-sentido são elementos constitutivos e determinantes da vida humana em geral e dos processos de resistência e luta, em particular.

E. Realidade política

O mundo dos pobres e marginalizados, por sua dimensão quantitativa e por sua situação limite de pobreza e marginalização, constitui

---

[13] Cf. SOUSA, Luis Alberto Gomes. Encontros e desencontros dos cristãos latino-americanos. *Comunicações do ISER* 39 (1990), pp. 43-51, especialmente pp. 48-51; LIBANIO, João Batista. *As lógicas da cidade: O impacto sobre a fé e sob o impacto da fé*. São Paulo: Loyola, 2001, pp. 73s.

[14] Cf. BOFF, Clodovis. *O livro do sentido: crise e busca de sentido hoje (parte crítico-analítica)*. São Paulo: Paulus, 2014. v. 1.

[15] Cf. CODINA, Víctor. *Não estingais o Espírito (1Ts 5,19): iniciação à pneumatologia*. São Paulo: Paulinas, 2010, pp. 145-147.

[16] Cf. COMBLIN, José. Do presente ao futuro: A teologia na presente perspectiva. In: SUSIN, Luiz Carlos. *Sarça ardente. Teologia na América Latina: prospectivas*. São Paulo: Paulinas, pp. 537-547.

uma "força política" e pode desempenhar um "papel político decisivo" na sociedade:[17] a pobreza e a marginalidade "consciente e ativamente assumida representa [...] uma força fundamental de mudança social e uma referência imprescindível para a reestruturação da sociedade".[18]

Por um lado, os pobres e marginalizados constituem uma força social importante, seja pelo número: são muitos, são milhares, são a maioria, seja pela forma como vivem a pobreza e a marginalização: não apenas a padecem, mas a padecem como algo injusto ou, em todo caso, como algo mau; e como algo que têm que enfrentar de alguma forma (acomodando-se à situação, dando um jeitinho, construindo alternativas, organizando-se politicamente etc.). É a moralidade fundamental da vida humana que diz respeito ao *ter que fazer a vida* e ao *modo como deve fazer a vida*. E é nesse *fazer a vida* nas situações limites em que se encontram que os pobres e marginalizados se constituem como "força social" e *podem* desempenhar um "papel político decisivo" na transformação da sociedade. Nesse sentido, tem-se falado muito na América Latina de "irrupção dos pobres"[19] e da "força histórica dos pobres".[20]

Por outro lado, nesse *ter que fazer a vida*, a pobreza e a marginalização são a referência objetiva negativa (o que precisa ser superado) e positiva (o que precisa ser feito) para o *modo como devem fazer a vida* e para a reestruturação da sociedade. Os pobres e marginalizados, em sua situação de pobreza e marginalização, tornam-se, assim, os "orientadores objetivos" e a medida objetiva do que deve ser feito: "O critério decisivo para julgar o comportamento das pessoas – e *a fortiori* dos que detêm o poder – é atender às reais necessidades da pessoa humana";[21] "A situação em que vivem os pobres é critério para medir a bondade, a justiça e a moralidade, enfim, a efetivação da ordem democrática. Os pobres são os juízes da vida democrática de uma nação".[22]

---

[17] Cf. BOFF, Clodovis; PIXLEY, Jorge, op. cit., pp. 23s; ELLACURÍA, Ignacio. Pobres, cit., p. 175; id. Los pobres, "lugar teológico" en América Latina, cit., pp. 143s.

[18] ELLACURÍA, Ignacio. Los pobres, "lugar teológico" en América Latina, cit., p. 143.

[19] Cf. GUTIÉRREZ, Gustavo. *A verdade vos libertará: confrontos*, cit., p. 22; id. Olhar longe: introdução à nova edição, cit., p. 15.

[20] Cf. id. *A força histórica dos pobres*. Petrópolis: Vozes, 1981.

[21] CNBB. *Igreja: comunhão e missão na evangelização dos povos, no mundo do trabalho e na cultura*. Doc. 40. São Paulo: Paulinas, 1990, n. 206.

[22] CNBB. *Exigências éticas da ordem democrática*. Doc. 42. São Paulo: Paulinas, 1889, n. 72.

F. Realidade espiritual

Por fim, a realidade de pobreza e marginalização, além de ser uma realidade coletiva, complexa, produzida, subjetiva e política, é uma *realidade espiritual*, tanto num *sentido antropológico* mais amplo (moralidade fundamental da vida humana) quanto num *sentido religioso* mais específico, ligado a diversas tradições religiosas, de modo particular à tradição cristã (Deus).

Num sentido antropológico mais amplo, espiritual tem a ver com a moralidade fundamental da vida humana, isto é, com a *abertura radical* que a caracteriza e com a *tarefa irrecusável* de fazer-se a si mesma. Diz respeito ao *dinamismo vital*, isto é, à vitalidade, ao caráter ativo, ao instinto, à força, à energia, aos impulsos, às motivações, às paixões, aos projetos, aos sonhos etc. que fazem da realidade humana uma realidade viva/ativa, uma realidade aberta, transcendente, dinâmica, inacabada, em realização. Para além de todo materialismo, imediatismo e determinismo, aqui está a fonte da resistência e da força de transformação dos pobres e marginalizados.

Num sentido religioso mais específico, espiritual tem a ver com *Deus* enquanto fonte ou princípio do dinamismo vital, isto é, trata do dinamismo vital (biológico, psíquico e espiritual), para além de toda autossuficiência e de todo imanentismo. É Deus que, mediante seu Espírito, dá vida e faz agir; é ele que impulsiona e orienta a ação segundo a justiça, de modo a conservar e promover a vida, sobretudo dos fracos e oprimidos; é ele que mantém a vida das pessoas e a história dos povos permanentemente abertas, em constante transcendência, impedindo que qualquer acontecimento ou situação tenha a última palavra; por fim, é ele que nos faz superar todos os limites, inclusive a morte, mantendo viva nossa esperança contra todas as evidências e mesmo contra toda a esperança: "a esperança é a última que morre" e "se morrer, ressuscita", lembra Pedro Casaldáliga.

O *espiritual* é paradoxalmente *fonte* e *expressão* da vitalidade e do dinamismo que caracterizam o mundo dos pobres e marginalizados, bem como da resistência à situação de pobreza e marginalização a que estão submetidos.

Capítulo 4

As causas da pobreza e marginalização

A pobreza e a marginalização não são fatos isolados em nosso mundo. Não é apenas problema de alguns indivíduos que, por mera casualidade, circunstância ou "decisão" pessoal, encontram-se nessa situação. Certamente isso também existe: doença, catástrofe, crise familiar, desilusão amorosa, dependência química, comodismo etc. Mas isso vale para alguns casos isolados. Não explica o fenômeno massivo da pobreza e marginalização sociais em nosso mundo.

Em última instância, esse fenômeno é fruto do modo mesmo de estruturação e organização da sociedade. Ele faz com que os bens e riquezas produzidos estejam concentrados nas mãos de uns poucos; faz com que amplos setores da sociedade sejam marginalizados em razão de sua cultura, de sua raça, de seu sexo, de sua orientação sexual, de sua idade, de sua deficiência física ou mental, de seus delitos etc.; e reduz a natureza a mero recurso econômico para acumulação ilimitada de riquezas, causando grandes desequilíbrios socioambientais e comprometendo inclusive o futuro da vida no planeta. Daí a necessidade de compreendermos minimamente o processo de estruturação e organização social de nossa vida (sociedade) e a importância de levarmos a sério os mecanismos sociais que produzem essa situação (estruturas).

A. SOCIEDADE

Não vamos entrar aqui na discussão acerca da gênese da sociedade e de seu processo de estruturação, uma discussão importante e complexa na filosofia e nas ciências sociais.[1] Partimos diretamente do fato de que nascemos e vivemos em uma sociedade concreta, organizada de uma forma bem determinada, e de que essa sociedade, organizada dessa forma, condiciona e determina em grande medida, para o bem e/ou para o mal, a vida de todas as pessoas. Somos seres sociais e nossa vida é muito mais condicionada e determinada pela sociedade do que parece à primeira vista.

Certamente, essa sociedade foi organizada dessa forma por pessoas e grupos muito concretos. Não é fruto do acaso nem é um dado natural. Não há nenhum determinismo aqui. Mas, uma vez organizada dessa forma, ela adquire certa autonomia em relação às pessoas e aos grupos concretos e passa a condicionar, possibilitando ou impossibilitando, a vida das pessoas e dos grupos.

Essa foi a grande descoberta das ciências sociais no século XIX. Houve e há muita discussão em torno da compreensão da sociedade e da relação entre a sociedade e os indivíduos. Mas uma coisa é certa: a sociedade não é a mera soma dos indivíduos. Ela tem certa autonomia em relação aos indivíduos e interfere diretamente na vida das pessoas: ninguém escolhe nascer rico ou pobre; não é natural que a mulher seja subordinada ao homem (até na estrutura gramatical da língua), que o negro seja inferior ao branco (nas piadas, nos postos de trabalho, nos salários etc.), que determinadas pessoas e profissões sejam superiores a outras (médico x gari, catador x empresário etc.); que o Estado garanta toda infraestrutura de saneamento, transporte, segurança etc. nos bairros de classe média-alta e não nas favelas e periferias; que use o dinheiro público para construir infraestrutura para as empresas do agronegócio e destine apenas "bolsas" para a agricultura camponesa etc. Tudo isso é fruto do modo concreto como nossa sociedade está organizada.

---

[1] Cf. GONZÁLEZ, Antonio. Filosofía de la sociedad. In: *Introducción a la práctica de la filosofía: texto de iniciación*. San Salvador: UCA, 2005, pp. 237-291; SELL, Carlos Eduardo. *Sociologia clássica: Marx, Durkheim e Weber*. Petrópolis: Vozes, 2012.

De fato, nossa vida é muito mais condicionada e determinada pelas estruturas da sociedade do que parece. A forma como nos cumprimentamos uns aos outros (tu, você, senhor, excelência, majestade, eminência etc.), o ser homem ou mulher, as relações de poder, a produção e distribuição de bens e riquezas, a relação com o meio ambiente, por exemplo, são, em grande parte, regulamentados e controlados socialmente. E de muitas formas: costumes, valores, regras, normas, leis, instituições, aparato policial etc. Nossa vida se desenvolve sempre em uma determinada sociedade organizada de uma determinada forma. E quanto mais essa sociedade cresce e se complexifica, tanto mais cresce a interferência de seus mecanismos de organização e estruturação sociais na vida das pessoas e dos diversos grupos sociais.

B. ESTRUTURAS DA SOCIEDADE

Quando falamos de sociedade e de estruturas da sociedade, falamos da organização e estruturação de nossa vida coletiva, seja no que diz respeito à produção e distribuição de bens e riquezas (economia); seja no que diz respeito às relações de poder em geral e à organização política da sociedade em particular (relações sociais e organização política); seja, ainda, no que diz respeito às mais diversas formas de justificação e legitimação dos interesses pessoais e grupais, bem como da manutenção ou transformação da ordem social vigente (cultura). Noutras palavras, falamos do conjunto de mecanismos que ordenam e regulamentam nossa vida coletiva: costumes, mentalidades, regras, normas, leis e instituições (econômicas, familiares, sexuais, sociais, educativas, religiosas, políticas, jurídicas, coercitivas etc.). Tudo isso condiciona e regulamenta a vida das pessoas e dos grupos. Para o bem e/ou mal.

É verdade que na maioria das vezes não nos damos conta desses mecanismos de organização e regulamentação sociais. Por isso mesmo a discussão acerca das estruturas da sociedade parece uma discussão abstrata e distante. É difícil tocar e agarrar as estruturas da sociedade. Mas não é difícil perceber, por exemplo, que alguns têm todas as condições e facilidades para produzir e/ou acumular riquezas, bem como para defender seus interesses, enquanto a grande maioria da população não dispõe dessas condições e facilidades; que os pobres pagam proporcionalmente mais imposto que os ricos; que o Estado financia a atividade econômica dos empresários e banqueiros (infraestrutura, subsídios fiscais, taxa de juros etc.); que garante toda infraestrutura urbana nos bairros de classe média-alta e não nas favelas e periferias; que certas profissões são bem reconhecidas e remuneradas e outras não; que muitas pessoas são oprimidas e marginalizadas por causa de sua cultura, de seu sexo, de sua orientação sexual, de sua idade etc.; que as leis são feitas pela elite para proteger seus interesses e que a "justiça" normalmente está do seu lado etc. E tudo isso se deve em grande medida ao modo concreto como nossa sociedade está organizada, bem como aos mecanismos ou instrumentos de organização, regulamentação e controle de nossa vida coletiva.

Desse modo, a pobreza e a marginalização não são mera casualidade, fatalidade ou questão pessoal, mas fruto de um modo injusto e desigual de organização de nossa vida coletiva. Sua superação passa necessariamente pela transformação dessa forma de organização da sociedade.

Capítulo 5

Momento histórico atual

A percepção e compreensão do caráter estrutural da pobreza e da marginalização estão na origem da nova forma de enfrentamento eclesial dessa problemática na América Latina desde o final dos anos 1960 com a conferência de Medellín. Não podemos ficar só nos sintomas e paliativos. Temos que ir à raiz do problema, isto é, temos que enfrentar as causas que produzem essa situação. Essa é a novidade e atualidade permanentes de Medellín e do dinamismo eclesial por ela desencadeado.

Mas não basta dizer que essa situação é produzida por um determinado sistema ou por uma determinada forma de estruturação de nossa vida coletiva. É preciso compreender a cada momento como esse sistema ou essa sociedade vai se materializando: suas novas configurações, seus novos mecanismos. Sem isso, o discurso sobre a necessidade de enfrentamento do sistema se torna excessivamente abstrato e formal, quando não irreal.

Daí a necessidade constante de análise da sociedade. Não podemos ficar presos a análises, teorias e conceitos desenvolvidos em décadas passadas, por mais corretos, adequados e fecundos que tenham sido em um determinado momento histórico e por mais que mantenham certa atualidade. É preciso a cada momento fazer um esforço para captar e compreender as peculiaridades e os mecanismos atuais de configuração da sociedade ou do sistema que produz pobreza e marginalização, bem como as novas formas de enfrentamento dessa situação.[1]

Nesse sentido, indicaremos, sem maiores desenvolvimentos, o que consideramos as principais características da sociedade atual no que diz respeito aos mecanismos de produção de pobreza e marginalização, bem como aos novos desafios e às novas formas de enfrentamento da pobreza e marginalização: globalização neoliberal, urbanismo de mercado, crise ecológica, crise de sentido, novos sujeitos e novas lutas.

A. Globalização neoliberal

Um dos fatores mais determinantes, senão o fator mais determinante da atual configuração da sociedade, é a *nova forma de organização da economia* chamada *globalização neoliberal.*[2] *Neoliberal,* por se tratar de uma retomada e adaptação das velhas teorias liberais dos séculos XVIII e XIX, em que o mercado aparece como o único mecanismo eficiente e legítimo de regulamentação da economia. *Globalização,* por se tratar de uma estruturação do capitalismo em nível mundial, o que significa na prática que os Estados nacionais perdem cada vez mais poder de intervenção na economia e se submetem cada vez mais aos interesses e às regras do mercado.

"Quando falamos de globalização, em termos precisos e concretos, estamos nos referindo ao processo de unificação dos mercados e à homogeneização da economia mundial, segundo o modelo capitalista de desenvolvimento."[3] É muito importante insistir nisso porque a expressão é ambígua e enganosa. Ela "faz crer que caminhamos para um mundo único, quando, na verdade, e no momento atual, acarreta

---

[1] Cf. GONZÁLEZ, Antonio. Orden mundial y liberación. *ECA* 549 (1994), pp. 629-652.

[2] Cf. OLIVEIRA, Manfredo Araújo de. *Desafios éticos da globalização.* São Paulo: Paulinas, 2001; id. O dilema do Estado Nacional no contexto da globalização. In: LESBAUPIN, Ivo; PINHEIRO, José Ernanne. *Democracia, Igreja e cidadania.* São Paulo: Paulinas, 2010, pp. 121-169; GONZÁLEZ, Antonio. *Reinado de Dios e imperio: Ensayo de teologia social.* Santander: Sal Terrae, 2003, pp. 19-84.

[3] IRIARTE, Gregorio. A globalização neoliberal: absolutização do mercado que tudo coloniza. In: SOTER, AMERÍNDIA (org.). *Caminhos da Igreja na América Latina e no Caribe: novos desafios.* São Paulo: Paulinas, 2006, pp. 21-39, aqui p. 21.

inevitavelmente uma contrapartida: a exclusão de uma parte da humanidade do circuito econômico e dos chamados benefícios da civilização contemporânea. Uma assimetria que se torna cada vez mais evidente".[4]

Sem dúvida, o desenvolvimento científico-tecnológico que possibilitou a globalização neoliberal é uma conquista da humanidade e abre enormes possibilidades para a vida humana. Mas sua apropriação e instrumentalização, pela lógica do mercado capitalista, além de excluir a maior parte da humanidade de seus benefícios, levou a uma ampliação e a um aprofundamento das formas de dominação da humanidade e do conjunto da natureza, mediante um processo intenso de racionalização (técnico-científica) e globalização (mercado mundial).

Além do mais, é verdade que a globalização não se restringe à economia, mas perpassa e interfere no conjunto da vida humana: das práticas cotidianas (alimentação, relação, comunicação, lazer etc.) aos novos padrões culturais (saber, técnica, valores, verdade etc.) e à própria organização política da sociedade (relação política x economia). Tudo isso, normalmente, segundo a lógica do mercado, provocando "uma mercantilização da vida social como um todo, fazendo com que o lucro se transforme no grande mecanismo de mediação de todas as relações sociais".[5]

Na verdade, a globalização neoliberal significou, fundamentalmente, uma nova forma de *acumulação do capital*, mediada (1) pela revolução tecnológica, que fez da ciência e da técnica o eixo central do processo de produção e acumulação do capital, e (2) pela reestruturação política dos estados nacionais, subordinados aos interesses dos grandes grupos econômicos internacionais.

a) Revolução tecnológica

A "tecnologia de informação"[6] tornou possível a "automação flexível" do processo produtivo e uma aceleração e ampliação do "mercado

---

4 GUTIÉRREZ, Gustavo. *A densidade do presente*, cit., p. 107.
5 OLIVEIRA, Manfredo Araújo de. Os desafios da ética contemporânea. In: *Ética, direito e democracia*. São Paulo: Paulus, 2010, pp. 9-38, aqui p. 14.
6 Id. *Desafios éticos da globalização*, cit., p. 172.

financeiro", sempre mais independente da economia real. De ambas as formas, um crescimento exacerbado de acumulação do capital.[7]

Com a automatização do processo produtivo (integração, controle e dinamização da produção mediante sistema computadorizado)[8] deu-se um crescimento enorme da produtividade do trabalho, provocando mudanças radicais na relação capital-trabalho e exacerbando a competitividade no plano internacional. Por um lado, à medida que a ciência e, consequentemente, o trabalho criativo e intelectual se tornam a "força produtiva" por excelência, o trabalho perde sua centralidade no processo produtivo e o desemprego se torna um problema estrutural, uma vez que a produtividade não está mais vinculada ao uso da mão de obra.[9] Por outro lado, o aumento da produtividade e a disputa por mercado fazem crescer a competitividade entre as empresas, forçando-as a diminuir cada vez mais os custos da produção (sobretudo na mão de obra) e conduzindo-as à formação de grupos empresariais e de blocos econômicos e, assim, a um recrudescimento da concentração e centralização da economia mundial.[10]

E com a aceleração e ampliação do mercado financeiro, mais lucrativo que o mercado produtivo, a movimentação de capitais vai cada vez mais se distanciando e se desvinculando da economia real, e "a valorização do dinheiro torna-se o grande objetivo e o mecanismo fundamental de regência de toda vida econômica, social e política".[11] Se no início da década de 1970 a relação de proporção entre os investimentos no mercado financeiro e no mercado produtivo era de 10% x 90%, respectivamente; hoje é exatamente o contrário: 90% (mercado financeiro) x 10%

---

[7] Cf. HINKELAMMERT, Franz. A globalização como ideologia encobridora que desfigura e justifica os males da realidade atual. *Concílium* 37 (2001), pp. 686-696, aqui pp. 552ss; GIDDENS, Anthony. *Der Dritte Weg: Die Erneuerung der sozialen Demokratie*. Frankfurt am Main: Suhrkamp, 1999, pp. 41ss; RAMMINGER, Michael. Christliche Existenz heute: Die andere Globalisierung. In: ITP – INSTITUT FÜR THEOLOGIE UND POLITIK (Hg.). *In Bewegung denken: Politich-theologische Anstösse für eine Globalisierung von unten*. Münster: ITP-Kompass, 2003, pp. 12-15.

[8] OLIVEIRA, Manfredo Araújo de. *Desafios éticos da globalização*, cit., p. 171, nota p. 14.

[9] Ibid., pp. 228-241.

[10] Cf. RAMMINGER, Michael, op. cit., p. 12.

[11] OLIVEIRA, Manfredo Araújo de, op. cit., p. 131.

(mercado produtivo).[12] Nesse contexto, os bancos centrais se tornaram verdadeiros "governos paralelos não eleitos".[13]

b) Reestruturação dos estados nacionais

Tudo isso foi acompanhado por um processo de reestruturação política dos Estados nacionais, cada vez mais subordinados aos interesses dos grandes grupos econômicos e com um poder de intervenção na economia cada vez mais limitado.[14] A palavra de ordem passa a ser *flexibilização*, o que significa, na prática, ausência de controle da economia por parte dos Estados nacionais e adequação desses Estados aos interesses econômicos internacionais. Esse processo, além de comprometer a autonomia dos Estados nacionais, tem sérias implicações éticas. Ele produz uma inversão radical da relação política-economia: em vez de a economia ser regulada pela política (a partir de fins politicamente definidos), é a política que passa a ser regulada pela economia (a partir dos interesses financeiros dos grandes grupos econômicos). Noutras palavras, o Estado é instrumentalizado pelos grandes grupos econômicos e a sociedade se torna vítima e refém de seus interesses econômicos. E, aqui, não há mais espaço para a ética, uma vez que o mercado passa a ser completamente "independente" da política (no sentido de não ser controlado, mas apenas viabilizado por ela) e se constitui como o único critério possível e legítimo de regulamentação da vida coletiva.

O resultado mais imediato desse processo para os países pobres foi o desmonte do quase inexistente estado social, com a consequente privatização de empresas estatais e serviços sociais estratégicos, o aumento do desemprego, o fim das barreiras comerciais – provocando a falência das pequenas e médias empresas, incapazes de concorrer com as grandes empresas internacionais – e a progressiva monetarização da economia. Tudo de acordo com as políticas de ajuste econômico (e seus

---

[12] Cf. RAMMINGER, Michael, op. cit., p. 13.
[13] OLIVEIRA, Manfredo Araújo de, op. cit., p. 90.
[14] Cf. id. O dilema do Estado Nacional no contexto da globalização, cit., pp. 123ss; LESBAUPIN, Ivo. O neoliberalismo e o processo social. SOTER; AMERÍNDIA (org.). *Caminhos da Igreja na América Latina e no Caribe: novos desafios*, cit., pp. 55-64.

respectivos projetos econômicos), traçadas e impostas pelas instituições financeiras internacionais. É a versão "moderna" e global do antigo liberalismo econômico.

Mas se, com relação aos países pobres, pode-se e deve-se falar de liberalização da economia ou, como se fala normalmente, de uma economia neoliberal, o mesmo não se pode dizer da economia mundial. A impressão liberal ou neoliberal dos mercados financeiros desfaz-se completamente em se tratando dos mercados de trabalho e dos mercados de bens e serviços. Aí, quando as vantagens de mão de obra qualificada ou de domínio técnico-científico não são suficientes para garantir o controle e a posse das riquezas, impera protecionismo estrito, nas suas várias modalidades: restrições da mobilidade da mão de obra, barreiras comerciais com relação a bens manufaturados (roupa, calçado) e produtos agrícolas, altíssimos subsídios agrícolas, proteção dos direitos de propriedade etc. Onde as vantagens comparativas poderiam beneficiar, de algum modo, países pobres, impera o protecionismo. Por isso, diz-se que "o chamado 'neoliberalismo' é muito pouco liberal: trata-se mais de um nacional-liberalismo".[15]

Sem falar que a inserção de países como o Brasil na economia mundial, sobretudo através da exportação de produtos primários (*commodities* agrícolas e minerais), além dos enormes impactos socioambientais, implica uma reprimarização da economia brasileira refletida claramente na pauta de exportação e se efetiva como uma inserção assimétrica (produtos com pouco valor agregado e poder inferior de competitividade) e subordinada (dependência do comércio exterior e do desenvolvimento industrial e tecnológico) no mercado global.

O fato é que a globalização neoliberal tem aumentado enormemente a diferença entre os países ricos e os países pobres e entre ricos e pobres no interior dos diversos países, inclusive dos países de primeiro mundo;[16] tem produzido novas formas de pobreza e marginalização no campo e

---

[15] GONZÁLEZ, Antonio. Orden mundial y liberación, op. cit., pp. 642.

[16] Cf. SEBASTIÁN, Luis de. Europa: Globalização e pobreza. *Concílium* 37 (2001), pp. 724-732; GUTIÉRREZ, Gustavo. *Onde dormirão os pobres?* São Paulo: Paulus, 2003, p. 29, nota 28; OLIVEIRA, Manfredo Araújo de. *Desafios éticos da globalização*, cit., pp. 99ss, especialmente as notas 76, 87 e 90.

Momento histórico atual

na cidade; e tem aprofundado em dimensões e proporções assustadoras o processo de destruição do ecossistema, colocando em risco a própria vida no planeta.

B. Urbanismo de mercado

Um dos lugares onde os efeitos perversos da globalização neoliberal se fazem sentir com mais força são os grandes centros urbanos.[17] E não só pelo caráter estrutural do desemprego que eles implicam e pela precarização das condições de trabalho, mediada, inclusive, pela chamada "flexibilização" da legislação trabalhista – um eufemismo para dizer revogação ou negação de direitos trabalhistas conquistados a duras penas pela classe trabalhadora. Mas também pela drástica redução do já precário e limitado Estado Social, legitimada pela ideologia do "estado mínimo" – mínimo, para as políticas sociais, claro. E, sobretudo, pelo agravamento da desigualdade e segregação territorial, provocadas pelo que a arquiteta e urbanista Raquel Rolnik chama de "processo de financeirização da produção da cidade", mediante privatização de serviços básicos (luz, água, moradia, transporte etc.) e especulação imobiliária. Nesse contexto, "a cidade e a política urbana foram sendo capturadas pelos interesses do setor imobiliário"; a "política urbana" passa a ser definida e controlada cada vez mais pelos "negócios urbanos".[18]

É verdade que a "desigualdade socioterritorial" no Brasil não começa na década de 1980 com a globalização neoliberal. Essa é a característica fundamental das cidades brasileiras desde suas origens. Mas ela adquire nesse contexto dimensões e proporções nunca vistas, com fortes impactos sociais e ambientais, dentre outros as chamadas "violência urbana" e "tragédia urbana". Isso exige uma abordagem do processo

---

[17] Cf. ROLNIK, Raquel. *O que é cidade*. São Paulo: Brasiliense, 2012; Id. A questão urbana no Brasil contemporâneo. In: RODRIGUES, Solange (org.). *Cebs e mundo urbano: perspectivas no pontificado de Francisco*. Rio de Janeiro: GraVida, 2016, pp. 15-23; MARICATO, Erminia. *O impasse da política urbana no Brasil*. Petrópolis: Vozes, 2011; id. *Brasil, cidades: alternativas para a crise urbana*. Petrópolis: Vozes, 2013; id. *Para entender a crise urbana*. São Paulo: Expressão Popular, 2015.

[18] ROLNIK, Raquel. A questão urbana no Brasil contemporâneo, cit., p. 19.

de urbanização do Brasil que considere: 1) tanto "as características de uma sociedade de raízes coloniais, que nunca rompeu com a assimetria em relação à dominação externa e [...] tampouco com a dominação [interna] fundada sobre o patrimonialismo e o privilégio", 2) quanto a "natureza do mercado imobiliário privado legal que deixa de fora mais da metade das populações urbanas". Aqui, interessa-nos apenas indicar alguns traços do processo histórico de urbanização do Brasil e sua configuração atual, particularmente no que diz respeito à produção e reprodução de pobreza e marginalização.

a) Processo de urbanização no Brasil

Segundo Raquel Rolnik, "a desigualdade socioterritorial é a característica da cidade brasileira".[19] E Erminia Maricaro fala da "característica espacialmente concentradora da urbanização no Brasil, bem como em toda a América Latina".[20]

O processo de urbanização da sociedade brasileira se desenvolve e se consolida na segunda metade do século XX, no contexto da industrialização do Brasil. De 1940 a 2000, a população urbana do Brasil passa de 26,3% para 81,2%.[21] Uma mudança radical na configuração da sociedade brasileira com impactos e consequências socioambientais enormes, particularmente no que diz respeito à construção da cidade.

É verdade que as cidades não estavam preparadas para acolher um contingente tão grande de pessoas em um período tão curto. Mas é verdade também que as políticas urbanas desenvolvidas nesse período não se deram numa perspectiva de inclusão socioterritorial, embora o PIB brasileiro nas décadas de 1940 a 1980 tenha alcançado índices de crescimento superiores a 7% ao ano – um dos maiores do mundo nesse período.[22] Fato é que "as pessoas que vieram do campo jamais foram 'incluídas' na vida urbana no sentido pleno. Foi um modelo que inclui sem incluir. Jamais a cidade disponibilizou terra, infraestrutura urbana,

---

[19] Ibid., p. 15.
[20] MARICATO, Erminia. *Brasil, cidades: alternativas para a crise urbana*, cit., p. 23.
[21] Ibid., p. 16.
[22] Ibid., p. 20.

moradia para quem chegou. O seu lugar foi construído pelos próprios chegantes [...]. Assim surgiram favelas, ocupações, loteamentos populares, acampamentos, assentamentos. Tudo isso NÃO é cidade".[23]

Esse modelo de urbanização vinha sendo gestado há décadas. Já no final do século XIX e início do século XX, um conjunto de reformas urbanas realizadas em diversas cidades brasileiras "lançaram as bases de um urbanismo moderno 'à moda' da periferia": construção de um conjunto de obras de "saneamento básico" e "embelezamento paisagístico", implementação das "bases legais para um mercado imobiliário de corte capitalista" e expulsão da população excluída desse processo "para os morros e as franjas da cidade". Trata-se de um modelo de urbanização que conjuga "saneamento ambiental, embelezamento e segregação territorial".[24]

Ele se mantém inalterado em sua lógica de "urbanização desigual", concentrando investimentos em regiões centrais, jogando a população mais pobre para regiões distantes e inadequadas a um desenvolvimento urbano racional e, o que é mais decisivo, sem enfrentar a questão fundiária urbana, isto é, a democratização do acesso à terra na cidade, que, segundo Maricato, é o "nó" da questão.[25] E se agrava com a crise econômica das décadas de 1980 e 1990, conhecidas como "década perdida" (do ponto de vista econômico),[26] e, sobretudo, com a subordinação do Estado à lógica da globalização neoliberal, particularmente no que diz respeito à privatização dos serviços sociais básicos (água, energia, transporte etc.) e à especulação imobiliária.[27]

Nesse contexto, a "política urbana" é cada vez mais controlada pelos "negócios urbanos". Não por acaso, as campanhas eleitorais são bancadas pelas grandes empresas. Os escândalos de corrupção envolvendo partidos, empresas e governos falam por si só... Tudo isso tem levado a um processo cada vez mais intenso de privatização da cidade.

---

[23] ROLNIK, Raquel. A questão urbana no Brasil contemporâneo, cit., p. 16.
[24] MARICATO, Erminia. Brasil, cidades: alternativas para a crise urbana, cit., p. 17.
[25] Ibid., pp. 85-191.
[26] Cf. ibid., pp. 29ss.
[27] Cf. MARICATO, Erminia. O impasse da política urbana no Brasil, cit., pp. 29-34; ROLNIK, Raquel. A questão urbana no Brasil contemporâneo, cit., pp. 19ss.

E não apenas no sentido clássico de "urbanização desigual", em que as políticas urbanas estão voltadas para as classes média e alta e as maiorias pobres são empurradas para as periferias e áreas de risco. Mas também no sentido de que o capital passa a determinar a política urbana em geral (planejamento e execução por parte de empresas do setor imobiliário) e a controlar espaços inteiros da cidade que são retirados da mediação política (condomínios e bairros fechados...). Essa subordinação ao mercado desobriga o Estado da necessidade de um planejamento urbano e o submete aos interesses das empresas do setor imobiliário. Nem mesmo os governos Lula e Dilma, não obstante suas importantes políticas sociais, conseguiram romper com essa lógica. Pelo contrário.[28] E as consequências disso para as populações mais pobres são trágicas.

b) Recrudescimento da desigualdade urbana

Certamente, pode-se dizer que a "desigualdade socioterritorial" é um "reflexo" da "desigualdade socioeconômica". E é verdade. Mas isso não é tudo. "As nossas cidades produzem e reproduzem a desigualdade socioeconômica. O modelo de construção das cidades é de uma cidade para poucos: é um modelo excludente."[29] Grande parte da população de nossas cidades é excluída de serviços básicos (moradia, saúde, transporte, saneamento, lazer etc.) ou os tem muito precariamente e vive em áreas distantes, sem infraestruturas adequadas ou mesmo em áreas de risco.

E isso se agrava nas décadas de 1980 e 1990, no contexto da crise econômica e da subordinação do Estado à globalização neoliberal. Nesse período, o ritmo de crescimento geral das metrópoles diminui, enquanto aumenta o ritmo de crescimento das periferias das metrópoles.[30] Estudo desenvolvido pelo Laboratório de Habitação e Assentamentos Humanos da Faculdade de Arquitetura e Urbanismo da USP apresenta dados estimativos da população que vive em favela em algumas cidades

---

[28] Cf. MARICATO, Erminia. *O impasse da política urbana no Brasil*, cit., pp. 34-88.
[29] ROLNIK, Raquel. A questão urbana no Brasil contemporâneo, cit., pp. 15s.
[30] MARICATO, Erminia. *Brasil, cidades: alternativas para a crise urbana*, cit., p. 25.

brasileiras no final da década de 1990. Embora os números não sejam precisos, são assustadores: Rio de Janeiro (20%), São Paulo (22%), Belo Horizonte (20%), Goiânia (13%), Salvador (30%), Recife (46%), Fortaleza (31%). Para não falar da problemática dos "loteamentos ilegais" que, em alguns casos, envolve mais da metade da população.[31] Isso leva Maricato a afirmar que "o processo de urbanização se apresenta como uma máquina de produzir favelas e agredir o meio ambiente".[32]

Nesse contexto, surgem e se consolidam três fenômenos tipicamente urbanos que caracterizam e expressam novas formas de pobreza e marginalização: "pobreza urbana", "violência urbana" e "tragédia urbana".[33]

1. É claro que a *pobreza urbana* não surge nos anos 1980. Como indicamos anteriormente, essa é uma das características de nossas cidades e de nosso processo de urbanização. Mas ela adquire, nesse período, proporções e dimensões nunca vistas. Se, em décadas anteriores, a pobreza era um fenômeno marcadamente rural, a partir dos anos 1980 ela se torna um fenômeno marcadamente urbano. "Pela primeira vez em sua história, o Brasil tem multidões, que assumem números inéditos, concentradas em vastas regiões – morros, alagados, várzeas ou mesmo planícies – marcadas por pobreza homogênea."[34] Além do enorme contingente de pessoas vivendo em favelas e áreas de risco, temos um crescimento assustador da quantidade de pessoas em situação de rua. Em 2015, só na cidade de São Paulo (sem contar a região metropolitana!), são quase 16 mil pessoas vivendo em situação de rua: uma "não cidade" na cidade...[35]

2. Também é claro que a violência nem é um fenômeno social recente nem é um fenômeno exclusivamente urbano. Mas ela adquire, a partir dos anos 1980, uma multiplicidade de formas e uma proporção

---

[31] Ibid., p. 38.
[32] Ibid., p. 39.
[33] Ibid., p. 22.
[34] Ibid., p. 22.
[35] Cf. FIPE – Fundação Instituto de Pesquisas Econômicas. Censo da População em Situação de Rua de São Paulo, 2015. Resultados. Disponível em: <http://www.prefeitura.sp.gov.br/cidade/secretarias/upload/assistencia_social/observatorio_social/2015/censo/FIPE_smads_CENSO_2015_coletivafinal.pdf>.

tão grande nas metrópoles que se configura como um fenômeno novo, tipicamente urbano, conhecido como *violência urbana*. Suas formas são diversas: furtos, tiroteios, homicídios, gangues, tráfico de droga, milícias, violência policial, agressão no trânsito, espancamento de moradores de rua, negros, mulheres e pessoas LGBTT etc. E seus índices são assustadores. No final dos anos 1990, enquanto a taxa nacional de homicídios (número de homicídio para cada 100 mil habitantes) era de 24,10, em São Paulo era de 59 e no Rio de Janeiro era de 56.[36] A violência é sem dúvida um fenômeno complexo e tem causas diversas. Em todo caso, não pode ser desvinculada da pobreza e desigualdade social e, no contexto das grandes cidades, da desigualdade socioterritorial. Há um vínculo muito estreito entre violência urbana e desigualdade espacial (terra, trabalho, transporte, saneamento, lazer etc.).[37]

3. Por fim, existe ainda o que se pode chamar de *tragédia urbana*, ligada a enchentes, desmoronamentos, congestionamento habitacional, abastecimento de água, falta de saneamento, produção e gestão dos resíduos sólidos, reincidência de epidemias etc. Mais uma vez, é claro que isso não surge a partir dos anos 1980: "Tem raízes muito firmes em cinco séculos de formação da sociedade brasileira, em especial a partir da privatização da terra (1850) e da emergência do trabalho livre (1888)", bem como na "característica espacialmente concentradora da urbanização".[38] E é claro que isso não atinge exclusivamente a população pobre. Mas não há dúvida de que isso adquiriu, a partir dos anos 1980, dimensões e proporções inéditas e que suas consequências trágicas são incomparavelmente superiores para as populações pobres concentradas nas periferias e em áreas de risco das grandes cidades. As chamadas tragédias ambientais urbanas têm muito pouco de "natural" e de "universal". Elas são fruto de uma urbanização desigual e injusta, produtora de verdadeiras "bombas socioecológicas".[39]

---

[36] Cf. MARICATO, Erminia. *Brasil, cidades: alternativas para a crise urbana*, cit., p. 31.
[37] Cf. ibid., pp. 31ss.
[38] Ibid., p. 23.
[39] Ibid., pp. 34, 36.

C. Crise ecológica

A problemática socioambiental está no centro das preocupações e dos debates atuais. Tornou-se uma das questões mais importantes e decisivas de nosso tempo. As catástrofes socioambientais, em ritmo e intensidade sempre mais crescentes, embora com consequências sociais profundamente desiguais entre pobres e ricos, explodiram como um alerta contra o modelo de desenvolvimento econômico baseado na exploração ilimitada da natureza e contra os padrões de consumo das elites no planeta. Isso tem levado à "consciência de que as relações ser humano x natureza e dos seres humanos entre si não só se tornaram problemáticas, como podem encaminhar a humanidade a um colapso ecológico-social, enquanto consequência possível do processo de tecnificação da existência que marcou o grande ideal baconiano da *civilização moderna*".[40]

O alerta vem sendo dado há tempos pelas principais vítimas dessa "civilização": trabalhadores, comunidades tradicionais, moradores das periferias e áreas de risco, comunidades atingidas pelo agro-hidro-negócio etc.; vítimas do processo produtivo (exploração, expropriação, exclusão etc.) e dos impactos ambientais desse mesmo processo (privatização e contaminação de bens naturais, efeitos das mudanças climáticas, "bombas socioecológicas" etc.). Mas ganha dimensão e projeção internacional com o famoso relatório do "Clube de Roma" sobre os *Limites do crescimento*, publicado em 1972.[41]

Desde então, essa problemática tem se tornado tema de pesquisas e debates, de fóruns e articulações, de cúpulas de organismos internacionais, inclusive das Nações Unidas, e um dos fatos políticos mais importantes no que diz respeito à sensibilização, mobilização e organização políticas da sociedade. Tudo isso tem possibilitado uma maior

---

[40] OLIVEIRA, Manfredo Araújo de. Ética e técnica. In: *Ética, Direito e Democracia*, cit., pp. 39-76, aqui pp. 51s.

[41] Cf. MEADOWS, Donella; MEADOWS, Dennis; BEHRENS II, William. *Limites do crescimento*. São Paulo: Perspectiva, 1973.

consciência e politização da problemática, tornando-a uma das questões mais relevantes e decisivas de nosso tempo.

Entre nós, na América Latina, a figura mais importante nesse processo de consciência e mobilização socioambiental é Leonardo Boff. Desde o início dos anos 1990 ele tem se dedicado a essa problemática e tem sido um elo importante de articulação da América Latina com o movimento ecológico mundial, participando, inclusive, da redação da "Carta da Terra", assumida oficialmente pela UNESCO em 2003. Sua contribuição mais específica e seu mérito maior nesse processo têm a ver com a percepção de que o grito da terra é inseparável do grito dos pobres e, vice-versa, que o grito dos pobres é inseparável do grito da terra. Noutras palavras, ele ajudou a construir uma compreensão de ecologia que articula o grito da terra com o grito dos pobres. Aliás, esse é o título de sua obra mais importante sobre a problemática socioambiental: *Ecologia: grito da terra, grito dos pobres.*[42]

Um marco importante no processo de consciência e mobilização socioambiental mundial foi a Encíclica *Laudato Si'* do Papa Francisco, sobre o cuidado da casa comum, em 2015.[43] E, tanto no que diz respeito à Igreja católico-romana[44] quanto no que diz respeito ao movimento ecumênico[45] e macroecumênico,[46] quanto, ainda, no que diz respeito ao movimento ecológico mundial.[47] Criticando toda forma de "antropocentrismo despótico" (LS 68) e de "biocentrismo" cínico (LS 118), Francisco propõe uma *ecologia integral*, que tem como um de seus eixos

---

[42] Cf. BOFF, Leonardo. *Ecologia: grito da terra, grito dos pobres*, cit.

[43] Cf. PAPA FRANCISCO. Carta encíclica *Laudato Si', sobre o cuidado da casa comum*. São Paulo: Paulinas, 2015; MURAD, Afonso; TAVARES, Sinivaldo Silva (org.). *Cuidar da casa comum: chaves de leitura teológicas e pastorais da Laudato Si'*, cit.

[44] Cf. BRIGHENTI, Agenor. A evolução do conceito de ecologia no Ensino Social da Igreja. Da *Rerum Novarum* à *Laudato Si'*. In: MURAD, Afonso; TAVARES, Sinivaldo Silva (org.), op. cit., pp. 52-64; OLIVEIRA, Pedro A. Ribeiro. A difícil integração humana na comunidade de vida da terra. In: MURAD, Afonso; TAVARES, Sinivaldo Silva (org.), op. cit., pp. 90-102.

[45] Cf. RIBEIRO, Claudio de Oliveira (org.). *Evangélicos e o Papa: olhares de lideranças evangélicas sobre a Encíclica* Laudato Si' *do Papa Francisco*. São Paulo: Reflexão, 2016.

[46] Cf. BARROS, Marcelo. A terra e o céu cheios de amor. A encíclica *Laudato Si'* e a espiritualidade macroecumênica. In: MURAD, Afonso; TAVARES, Sinivaldo Silva (org.), op. cit., pp. 103-114.

[47] Cf. *Revista Eco-21*, 224 (2015), pp. 1-25.

Momento histórico atual

fundamentais "a relação íntima entre os pobres e a fragilidade do planeta" (LS 16). Daí sua insistência em que "uma verdadeira abordagem ecológica sempre se torna uma abordagem social, que deve integrar a justiça nos debates sobre o meio ambiente, para ouvir tanto o clamor da terra como o clamor dos pobres" (LS 49, cf. 53, 117).

No contexto de nossa abordagem do momento histórico atual no que diz respeito aos mecanismos de produção de pobreza e marginalização, convém nos determos um pouco na descrição que Francisco faz dos principais sintomas da crise ecológica (cap. I), bem como na análise que ele faz da raiz humana dessa crise (cap. III).

a) Sintomas da crise

No primeiro capítulo da encíclica, intitulado "O que está acontecendo com a nossa casa", Francisco se propõe a fazer "uma resenha, certamente incompleta, das questões que hoje nos causam inquietação e já não se podem esconder debaixo do tapete": "poluição e mudanças climáticas" (LS 20-26), "a questão da água" (LS 27-31), "perda da biodiversidade" (LS 32-42), "deterioração da qualidade de vida humana e degradação social" (LS 43-47), "desigualdade planetária" (LS 48-52), "a fraqueza das reações" (LS 53-59) e "diversidade de opiniões" (LS 60-61).

A novidade, aqui, não está nem nos temas abordados nem nos dados indicados. Nisso, Francisco não faz senão recolher e sistematizar reflexões e dados acumulados por estudos, fóruns e movimentos socioambientais. A novidade de sua abordagem reside, antes, na insistência em mostrar como esses fatos repercutem tragicamente, sobretudo, na vida dos pobres – principais vítimas das catástrofes socioambientais: "a exposição aos poluentes atmosféricos produz uma vasta gama de efeitos sobre a saúde, particularmente dos mais pobres, e provoca milhões de mortes prematuras" (LS 20); "muitos pobres vivem em lugares particularmente afetados por fenômenos relacionados com o aquecimento, e seus meios de subsistência dependem fortemente das reservas naturais e dos chamados serviços do ecossistema, como a agricultura, a pesca e os recursos florestais" (LS 25); "entre os pobres são frequentes as doenças relacionadas com a água, incluindo as causadas por micro-organismos e substâncias químicas" (LS 29); "este mundo tem uma grave dívida social para com os pobres que não têm acesso à água potável" (LS 30); "o ambiente humano e o ambiente natural degradam-se em conjunto [...], a deterioração do meio ambiente e da sociedade afetam de modo especial os mais frágeis do planeta" (LS 48); "muitas vezes falta uma consciência clara dos problemas que afetam particularmente os excluídos", tratados nos debates políticos e econômicos internacionais "como um apêndice, como uma questão que se acrescenta quase por obrigação ou perifericamente, quando não são considerados meros danos colaterais", inclusive num certo discurso "verde" (LS 49); "A desigualdade não afeta apenas os indivíduos, mas países inteiros [...], há uma verdadeira 'dívida ecológica', particularmente entre o Norte e Sul, ligada a desequilíbrios comerciais com consequências no âmbito ecológico e com o uso desproporcional dos recursos naturais efetuados historicamente por alguns países" (LS 51); "a dívida externa dos países pobres transformou-se num instrumento de controle, mas não se dá o mesmo com a dívida ecológica" (LS 52); etc.

b) Raiz antropológica da crise

O capítulo terceiro da encíclica se propõe a abordar "A raiz humana da crise ecológica". Francisco começa afirmando que, "para nada serviria descrever os sintomas, se não reconhecêssemos a raiz humana da crise ecológica". E ela tem a ver, em última instância, com "um modo desordenado de conceber a vida e a ação do ser humano, que contradiz a realidade até ao ponto de arruiná-la". Sendo mais preciso: ela tem a ver com o "paradigma tecnocrático dominante" e com o "lugar que ocupa nele o ser humano e sua ação no mundo" (LS 101).[48]

O "problema fundamental", aqui, diz respeito ao "modo como realmente a humanidade assumiu a tecnologia e seu desenvolvimento" dentro de um paradigma racional "homogêneo e unidimensional", centrado numa "técnica de posse, domínio e transformação". Daí o nome "paradigma tecnocrático". Seu interesse é "extrair o máximo possível

---

[48] Cf. OLIVEIRA, Manfredo Araújo de. O paradigma tecnocrático. In: MURAD, Afonso; TAVARES, Sinivaldo Silva (org.), op. cit., pp. 129-145; OLIVEIRA, Pedro A. Ribeiro de. A difícil integração humana na comunidade de vida da terra. In: MURAD, Afonso; TAVARES, Sinivaldo Silva (org.), op. cit., pp. 90-102; LESBAUPIN, Ivo. A encíclica *Laudato Si'*: conclamação a construir outro paradigma de desenvolvimento. In: MURAD, Afonso; TAVARES, Sinivaldo Silva (org.), op. cit., pp. 146-156.

das coisas por imposição da mão humana, que tende a ignorar ou esquecer a realidade própria do que tem à sua frente". E "daqui se passa facilmente à ideia de um crescimento infinito ou ilimitado", fundado na "mentira da disponibilidade infinita dos bens do planeta, o que leva a 'espremê-lo' até o limite e para além do mesmo" (LS 106). Trata-se de "um paradigma de compreensão que condiciona a vida das pessoas e o funcionamento da sociedade": cria uma "trama" que condiciona "os estilos de vida" e orienta "as possibilidades sociais na linha dos interesses de determinados grupos de poder" (LS 107) e "tende a exercer seu domínio também sobre a economia e a política" (LS 109). Suas consequências ou seus sintomas, sobretudo para as populações pobres e marginalizadas, foram indicados no item anterior.

E esse "paradigma tecnocrático" está ligado a um "antropocentrismo" que "debilita o valor intrínseco do mundo" (LS 115) e vai minando "toda a referência a algo comum e qualquer tentativa de reforçar os laços sociais" (LS 116). Na verdade, "a falta de preocupação por medir os danos à natureza e o impacto ambiental das decisões é apenas o reflexo evidente do desinteresse em reconhecer a mensagem que a natureza traz inscrita nas suas próprias estruturas". Mas, "se o ser humano se declara autônomo da realidade e se constitui dominador absoluto, desmorona-se a própria base da sua existência" (LS 117). A crise ecológica se mostra, assim, em última instância, como uma crise antropológica. Sua superação não passa por nenhum tipo de "biocentrismo" que negue a dignidade fundamental do ser humano. Não se trata de substituir "antropocentrismo" por "biocentrismo". "Não se pode exigir do ser humano um compromisso para com o mundo, se ao mesmo tempo não se reconhecem e valorizam suas peculiares capacidades de conhecimento, vontade, liberdade e responsabilidade." Noutras palavras: "Não há ecologia sem uma adequada antropologia" (LS 118).

D. Crise de sentido

Nos itens anteriores, abordamos um conjunto de fatores que são determinantes de nosso momento histórico atual, particularmente no que diz respeito à produção de pobreza e marginalização: globalização neoliberal, urbanismo de mercado, crise ecológica. E o fizemos indicando tanto seus efeitos mais imediatos quanto suas causas mais profundas. Mas o problema não para por aí. É que esses fatores acabaram produzindo uma profunda crise de civilização que diz respeito ao próprio sentido da vida humana e dos processos de libertação. Suas consequências socioambientais trágicas e a sensação de impotência quanto às reais possibilidades de transformação da sociedade acabaram criando um ambiente de suspeita generalizada perante às grandes utopias, encurtando, assim, os horizontes da vida humana. Nossa época parece cada vez mais refém do presente e do imediatamente possível...

Nesse contexto, tornou-se comum falar de crise de sentido e de busca de sentido. E isso, inclusive, entre os setores pobres e marginalizados e suas organizações sociais. Não por acaso, falou-se tanto no fim dos anos 1980 de crise de militância, crise de utopia, crise de esperança. Não por acaso a temática mística e espiritualidade adquiriu tanta ênfase e os movimentos de cunho pentecostais explodiram com tanta força nesse período. E não por acaso, as lutas de afirmação de identidade ganharam tanta centralidade nos movimentos sociais e nos partidos e governos de centro-esquerda.

Entre nós, na América Latina, José Maria Vigil e Clodovis Boff, por caminhos diferentes e com enfoques e perspectivas diferentes, chamaram a atenção para essa problemática já na metade dos anos 1990.

a) José Maria Vigil

Em seu livro *Embora seja noite: a hora espiritual da América Latina nos anos 90*,[49] José Maria Vigil faz uma descrição da situação psíquico-espiritual da América Latina naquele período. E isso já aparece resumido no início da introdução da obra: "As mudanças sofridas na conjuntura mundial dos últimos anos presumiram uma mudança radical para as perspectivas populares. Todo horizonte de utopia parece ter vindo abaixo. A 'mudança de época' foi profunda demais para não

---

[49] VIGIL, José Maria. *Embora seja noite: a hora espiritual da América Latina nos anos 90*. São Paulo: Paulinas, 1997.

causar comoção na consciência, na esperança e até na saúde mental de grandes setores da população. Muitos militantes políticos ex-combatentes, líderes de base, políticos, educadores populares, agentes de pastoral, intelectuais... sentiram como as grandes convicções e utopias, que durante muitos anos se constituíram no solo firme sobre o qual construíram suas vidas [...] desaparecerem sob os pés. Não poucos [...] pagaram na própria pele com crises e transtornos éticos, psicológicos e psicossomáticos [...]. A 'hora psicológico-espiritual' que vive o Continente é complexa e delicada".[50]

O primeiro capítulo da obra está dedicado a uma narração da "hora espiritual da América Latina nos anos 90". Partindo da derrota eleitoral na Nicarágua em fevereiro de 1990 e de um conjunto de derrotas dos setores populares por todo o continente, ele vai descrevendo o que chama de pós-modernidade "no estilo latino-americano". Chega ou surge, entre nós, "não através de teorias ou importações do Primeiro Mundo, mas como produto crioulo que nasce aqui por reação a 'o que aconteceu'". Tem, portanto, uma "origem prática e histórica, não intelectual". E está ligada a um "processo de desencanto e de desengano" com a "capacidade da humanidade para dominar a história" ou, dito de forma mais concreta, de "superar a injustiça e a pobreza seculares". A sensação é de não haver saída. "A sociedade está convencida de não haver possibilidades de superar a situação: já se tentou muitos caminhos que resultaram infrutíferos, já fracassaram os melhores partidos, fomos castigados em nossa ousadia de nos rebelarmos contra a (des) ordem estabelecida, o clamor pela justiça foi sufocado com sangue, e as experiências libertadoras foram estranguladas". Parece que "todas as fórmulas resultaram inúteis".[51]

Nos dois capítulos seguintes, Vigil se esforça por compreender melhor essa situação com a ajuda da psicologia social e da teologia. No capítulo quarto, ele propõe uma "terapia para a esperança" em torno dos pensamentos, das emoções e da realidade histórica. E a conclusão,

---

[50] Ibid., p. 11.
[51] Ibid., pp. 46s.

como ele mesmo afirma, "resume, a partir do símbolo dos discípulos de Emaús, todo o conteúdo do livro".[52] O título é bastante indicativo do interesse e da perspectiva do autor: "De volta a Emaús, embora seja noite...". E isso está em profunda sintonia com o que diz Pedro Casaldáliga na apresentação do livro: "Embora continue sendo noite e sejam quais forem as noites que ainda nos esperam, porque caminhamos no tempo, podemos e devemos 'criar' utopicamente – bem como divinamente – e 'convier' co-humanamente (como já escatologicamente). Nem por humanidade nem por fé religiosa, poderemos aceitar algum dia a fatalidade como destino, ou a exclusão como programa social".[53]

b) Clodovis Boff

Na mesma época, Clodovis Boff publicou um texto intitulado *A teologia da libertação e a crise de nossa época*.[54] Começa explicitando o que considera o "espírito da coisa" da teologia da libertação. Reconhece que essa teologia vive uma "crise nas mediações, não nas raízes", e se tornou uma "teologia difusa" no conjunto da teologia. Chama atenção para o caráter global da crise que afeta a teologia da libertação. E passa, então, a tratar o que considera "a relevância epocal do 'misticismo'". É que, para ele, a crise que marca o mundo no fim do milênio "não se dá apenas no compromisso sociopolítico. Não é apenas crise da sociedade. É crise de civilização: crise de valores e de sentido". E, "se não se responder à pergunta do 'para que, finalmente?', a própria luta histórica por uma sociedade melhor é posta em causa e, faltando-lhe a esperança, perde sua força propulsiva". Nesse contexto, "a teologia tem pela frente não só a questão da miséria material, mas também a da miséria existencial e espiritual do mundo moderno". Mais. Para Boff, há um "deslocamento das relevâncias", no qual o "acento passa da libertação social para a do sentido espiritual da vida, de tal modo que esta se torna questão

---

[52] Ibid., p. 10.

[53] CASALDÁLIGA, Pedro. Noite e dia ao mesmo tempo. In: ibid., pp. 5-8, aqui p. 7.

[54] BOFF, Clodovis. A teologia da libertação e a crise de nossa época. In: BOFF, Leonardo – REGIDOR, José Ramos; BOFF, Clodovis. *A teologia da libertação: balanço e perspectivas*. São Paulo: Ática, 1996, pp. 98-113.

vital e prioritária". E adverte: "Não suceda que, enquanto os teólogos continuam indo para o social, boa parte dos jovens esteja voltando, em busca de 'outra coisa', de 'algo mais'".[55]

O tema reaparece na conferência que fez no congresso da SOTER em 2000, intitulada "Retorno à *arché* da teologia",[56] O texto está dividido em duas grandes partes: "a fé como princípio da teologia" e "a *arché* da teologia e as questões de nosso tempo" – a "questão da exclusão" e a "questão do sentido". Para Boff, a "questão do sentido" está "entre as mais graves de nosso tempo".[57] De fato, "existe hoje uma imensa 'busca de sentido', expressa sobretudo na procura febril e difusa de 'experiência religiosa'". Ela se constitui, em última instância, como reação ao *niilismo* que se materializa como "crise de esperança", mas "num sentido mais amplo e ao mesmo tempo mais profundo que simplesmente a crise de esperança histórica ou social". E isso obriga a teologia a se voltar para sua *arché*, "pois só uma fé, como experiência de encontro com o Mistério que se revela e se dá, responde satisfatoriamente à 'questão do sentido' por excelência".[58] Sem isso, o próprio compromisso libertador se esvai, pois, "se a vida em geral carece de sentido, por que razões teria um sentido qualquer a vida social e política?". Daí sua insistência no nexo estreito entre sentido e compromisso. Afinal, "quando há 'crise de sentido', há certamente também 'crise de militância'".[59]

Por fim, o tema é retomado e amplamente desenvolvido numa obra de fôlego de três grandes volumes, cujo primeiro volume (quase 600 páginas!) é intitulado *O livro do sentido: crise e busca de sentido hoje (parte crítico-analítica)*.[60] Não vamos fazer uma apresentação global da obra. Para nosso interesse, aqui, é suficiente indicar e ponderar três teses fundamentais que aparecem e, de certo modo, perpassam a obra.

---

[55] Ibid., pp. 108s.
[56] BOFF, Clodovis. Retorno à arché da teologia. In: SUSIN, Luiz Carlos (org.). *Sarça ardente. Teologia na América Latina: prospectivas.* São Paulo: Paulinas, 2000, pp. 145-187.
[57] Ibid., pp. 182.
[58] Ibid., pp. 183.
[59] Ibid., pp. 184.
[60] BOFF, Clodovis. *O livro do sentido: crise e busca de sentido hoje (parte crítico-analítica).* São Paulo: Paulus, 2014. v. 1.

Antes de tudo, a afirmação amplamente desenvolvida nos capítulos 2 e 3 e retomada em forma de tese na conclusão da obra de que o problema do sentido é a questão maior de nosso tempo: "O 'problema número um' da humanidade não se põe, decididamente, na ordem social ou próxima a ela, onde se situam os problemas econômicos [...] ou os problemas políticos [...] ou os problemas culturais [...] ou ainda os ecológicos [...]. A grande questão se põe, antes, na ordem existencial, e é aí que se situa precisamente a 'questão do sentido'. Essa questão é, por si mesma, a mais importante em si mesma [...]. Trata-se, pois, de uma questão primordial e universal, que está na base de todas as outras, como as evocadas acima, sendo-lhes, portanto, como que subjacente e transversal. Para dizer tudo, a questão do sentido tem suas raízes mais profundas na ontologia e sua visada mais alta na teologia".[61]

Em segundo lugar, a afirmação tantas vezes retomada e reafirmada de que esse é um problema muito mais das elites que do povo, embora repercuta também na vida do povo: "a crise de sentido atinge principalmente a elite educada, 'tipicamente moderna', devido à sua mentalidade fundamentalmente secularista"; "essa crise, de modo geral, não envolve o povo: o 'homem de rua' ou os 'simples'" que "dispõem de profundas 'reservas de sentido'". "Isso vale especialmente para os povos do Sul do mundo, que têm uma visão encantada da vida e não racionalista."[62] E vale concretamente para o povo brasileiro que, "apesar da pobreza, da insegurança e de outros problemas sociais [...] continua a amar a vida e vibrar com as coisas", que "se sente e se quer um povo feliz", que tem "um senso mágico da vida".[63] No entanto, adverte, "o povo sofre a influência das elites relativistas e niilistas, as quais detêm na sociedade a hegemonia cultural via academia e mídia".[64]

Em terceiro lugar, a insistência em que o problema do sentido é também um problema das classes populares. E não apenas pela influência que recebe das classes dominantes, mas por ser um problema

---

[61] Ibid., pp. 566s.
[62] Ibid., p. 111.
[63] Ibid., p. 135.
[64] Ibid., p. 112.

humano fundamental. "É um erro pensar que os pobres, porque não tematizam o sentido da vida, não sentem esse problema. É não ver que eles também têm um coração que sonha com a felicidade e deseja o infinito. Achar que os pobres não se envolvem com a questão do sentido é negar-lhes o estatuto de seres espirituais".[65] Mas o problema do sentido, como reconhece Boff, emerge e se faz sentir na vida dos pobres, em geral e de modo particular, no contexto de "situações-limite" ou da "dureza da vida" (sofrimento, fracassos, acidentes, morte, falta de pão e de paz, problemas econômicos, miséria etc.).[66] De modo que, sem tocar nessas situações-limite ou na dureza da vida, tampouco se enfrentará o problema do sentido na vida das classes populares. Pois, se é verdade que "nem só de pão vive o homem", também é verdade que sem pão ele não vive. Falar de sentido sem falar das condições materiais da vida ou tornando-as secundárias, termina sendo algo muito útil às elites: não só porque as conforta em seus dramas existenciais (o que é legítimo, correto e evangélico), mas porque o faz de modo que acaba legitimando seu projeto de dominação (nova forma de ideologização religiosa).

c) Nossa posição

É verdade que a *problemática do sentido* é uma questão fundamental e permanente na vida de todas as pessoas, pois diz respeito à "direção" e à "finalidade" últimas da vida humana.[67] Mas é no mínimo discutível que a *crise de sentido* seja o problema maior de nosso tempo (vida como um todo, sentido último, todas as pessoas),[68] a ponto de tornar secundárias as questões de ordem econômica, política, cultural e ambiental.[69] Afinal de contas, como bem reconhece Clodovis Boff, "essa problemática é efetivamente hoje a mais dramática, não para as grandes maiorias, mas apenas para as minorias secularistas",[70] mesmo que aquelas não deixem de sofrer influências destas.[71] Em todo caso,

---

[65] Ibid., p. 125.
[66] Cf. ibid., pp. 121, 124, 203, 204, 269, 571.
[67] Cf. ibid., pp. 11-62, 566.
[68] Cf. ibid., p. 137.
[69] Cf. ibid., pp. 136, 566s.
[70] Ibid., p. 567.
[71] Ibid., p. 112.

isso mostra "o quanto é relativo o processo niilista da cultura atual e o quão tangencialmente ele toca o povo em geral, especialmente os povos do Sul do mundo".[72] "O erro teórico-analítico (correspondendo, porém, a um acerto prático-ideológico) em que cai a *intelligentsia* consiste em generalizar a crise, extrapolando seu alcance."[73] E o próprio Clodovis Boff, ironicamente, termina caindo no mesmo erro, ainda que por razão contrária: para combater a mentalidade moderna secularista e antirreligiosa, termina superdimensionando e universalizando a crise de sentido que é própria de uma minoria (mesmo que influente) e relativizando os grandes problemas que atingem, sobretudo, as grandes maiorias.

É preciso, portanto, distinguir entre o *problema do sentido* (que é de todos e que é permanente) e a *crise radical de sentido ou o niilismo* (questão própria do mundo moderno e que atinge, sobretudo, as elites). E é preciso levar a sério o fato de que, em geral, a crise de sentido que atinge as maiorias populares está ligada às "situações difíceis" ou à "dureza da vida", e que seu enfrentamento é inseparável do enfrentamento das causas que produzem essas situações. Que a problemática do sentido não se reduza à materialidade da vida, não significa que seja algo completamente distinto nem muito menos independente dela. Uma abordagem idealista ou espiritualista do sentido (independente ou em contraposição à materialidade da vida) termina caindo num psicologismo existencialista alienante, quando não em uma nova forma de ideologia que ajuda a manter o *status quo* da sociedade. A questão do sentido da vida é inseparável da materialidade da vida, assim como, na vida humana, a materialidade da vida é inseparável da questão do sentido da vida.

E. Novos sujeitos, novas lutas, novos direitos

Mas o nosso tempo não é marcado apenas por um aumento quantitativo e qualitativo da pobreza e da marginalização. Ele é marcado também pela emergência de novos sujeitos sociais que, mediante processos diversos de mobilização e articulação, lutam pela conquista e

---

[72] Ibid., p. 136.
[73] Ibid., p. 112.

garantia de novos direitos. Isso tem alargado enormemente o horizonte da libertação e de seu processo histórico, ainda que aconteça muitas vezes de modo fragmentário e desarticulado de um projeto global alternativo de sociedade. E, aqui, reside, em boa medida, a força e a fraqueza desse processo de emergência de novos sujeitos e de novas lutas, bem como de conquista de novos direitos que caracterizam nosso tempo e que convém considerar com mais atenção.

a) Ampliação do horizonte e das lutas de libertação

Um fato que chama a atenção na América Latina, a partir do final dos anos 1980, é a emergência de uma diversidade cada vez maior de sujeitos sociais e, com isso, a complexificação e ampliação do horizonte e dos processos de libertação, e tanto no que diz respeito à luta por uma distribuição mais justa dos bens e riquezas da sociedade (terra, água, trabalho, moradia, saneamento etc.) quanto no que diz respeito à consciência e à luta por novos direitos (igualdade de gênero e raças, diversidade cultural e sexual, direitos da pessoa idosa e das pessoas com deficiência etc.). Quanto, ainda, no que diz respeito às formas de organização e mobilização (menos centralizadas e institucionalizadas, mais lúdicas e pontuais, mais específicas e menos globais etc.).[74]

Particular destaque merecem, aqui, o crescimento e a articulação de *movimentos camponeses* como o MST e a Via Campesina e, também, de *movimentos indígenas* como os que se deram em Chiapas no México e na Bolívia, que derrubaram três presidentes e acabaram elegendo um índio como presidente,[75] bem como no Brasil, com o processo de retomada de terra pelos povos indígenas em várias regiões do país.

Uma questão que exige um tratamento crítico especial e que não poderá ser feito aqui diz respeito aos governos (ditos!?) de esquerda ou populares em vários países da América Latina nos últimos anos: Venezuela, Bolívia, Equador, Brasil e, em parte, Argentina e Chile.

---

[74] Cf. MARICATO, Ermínia (et al.). *Cidades rebeldes: passe livre e as manifestações que tomaram as ruas do Brasil*. São Paulo: Boitempo, 2013; SAMPAIO JUNIOR, Plinio de Arruda (org.). *Jornadas de junho: a revolta popular em debate*. São Paulo: ICP, 2014.

[75] Cf. BASCOPÉ, Victor. *Espiritualidad originaria en el Pacha Andino: Aproximaciones teológicas*. Cochabamba: Verbo Divino, 2008, pp. 98-129.

Se até então os processos de organização e luta sociais se concentravam em torno de questões sociopolíticas e econômicas, articuladas a um projeto global alternativo de sociedade; a partir de agora, a questão se torna cada vez mais complexa. Além da emergência de novos sujeitos e movimentos na luta por direitos comuns no campo e na cidade (sem-terra, indígenas, quilombolas, pescadores, ribeirinhos, socioambientais, sem-teto, periferias, transporte público, trabalho, segurança, lazer etc.), começa a emergir também processos de mobilização e lutas em torno de direitos específicos (gênero, étnico-raciais, ambientais, religiosos, sexuais, deficiência, trabalho doméstico e de catação de material reciclável, animais[76] etc.). E isso de modo mais ou menos articulado a questões de ordem socioeconômica e a um projeto global alternativo de sociedade.

Esse processo teve um duplo efeito positivo. Por um lado, fez perceber que a injustiça e a dominação não se restringem a questões de ordem estritamente econômica. Elas se materializam também nas relações de gênero, na discriminação étnico-racial e sexual, na exploração do meio ambiente, na marginalização e exploração de pessoas idosas ou com deficiência etc. Por outro lado, alargou enormemente o horizonte e os processos de libertação que não se podem restringir a lutas por distribuição mais justa de bens e riquezas, por mais necessário e fundamental que isso seja.

Mas acabou tendo também um efeito negativo. É que os processos de afirmação de identidade e de luta por direitos específicos se fazem não raras vezes relativizando ou mesmo sacrificando o desafio de construção da sociedade ou da luta por direitos comuns. Assim é que muitos grupos feministas, LGBTT, ambientalistas, por exemplo, concentram-se de tal modo em suas legítimas reivindicações (relações de gênero, diversidade sexual, defesa de áreas ambientais ou de animais etc.) que terminam, na prática, tornando-se indiferentes à situação de pobreza e miséria em que vivem grandes setores da população, desobrigando-se da luta pela garantia de direitos fundamentais para toda a população: ter-

---

[76] Cf. SUSIN, Luiz Carlos; ZAMPIERI, Gilmar. *A vida dos outros: ética e Teologia da Libertação animal*. São Paulo: Paulinas, 2015.

ra, água, alimento, moradia, saúde, transporte, saneamento, educação, lazer etc. E, assim, a luta por uma sociedade mais justa vai se diluindo na luta pela afirmação de direitos específicos...

b) Desafio de um projeto global alternativo de sociedade

Certamente a emergência de novos sujeitos sociais e a luta e conquista de novos direitos são fatos extremamente importantes e relevantes no processo de construção de uma sociedade mais justa e igualitária. E é preciso avançar nesse processo, tanto no sentido de consolidar essas conquistas quanto no sentido de aprofundá-las e universalizá-las; quanto, ainda, no sentido da conquista de novos direitos por outros setores marginalizados da sociedade. Mas isso não pode fazer perder de vista o desafio e a tarefa da conquista de direitos fundamentais para toda a população. A luta por direitos específicos deve estar articulada à luta por direitos comuns, e não substituí-la. Sobre isso, alertaram, dentre outros, José Comblin (no contexto da teologia latino-americana) e Vladimir Safatle (no contexto mais amplo da esquerda).

1. No painel final do Congresso da SOTER de 2000, que teve como tema "Teologia na América Latina: prospectivas", José Comblin começa falando de uma mudança no sentido da palavra teologia na América Latina nos últimos tempos. Se "outrora se dava à palavra teologia o sentido de reflexão e discurso crítico sobre a prática, sobretudo social, do povo cristão", hoje ela parece significar "qualquer discurso religioso", voltando-se, assim, a seu sentido etimológico de "palavra sobre Deus".[77] Com isso, "corre-se o perigo de ver desaparecer a reflexão crítica sobre a prática cristã", e isso tanto no que diz respeito à *prática cristã* como assunto da teologia quanto no que diz respeito à *criticidade* que caracteriza a teologia. "Tem-se a impressão de que há uma penetração insensível ou inconsciente das preocupações, do modo de pensar e dos modos de expressão da cultura norte-americana atual, toda imbuída de individualismo." Nessa perspectiva, o que prevalece é sempre "o discurso

---

[77] COMBLIN, José. A teologia na presente perspectiva. In: SUSIN, Luiz Carlos. *Sarça ardente. Teologia na América Latina: prospectivas*, cit., pp. 537-547, aqui p. 537.

de afirmação de identidade" ou os "discursos de defesa de direitos", e "a vida social fica dominada por essa necessidade de salvar a própria identidade, a identidade do grupo".

Esse "discurso de identidade", diz ele, tem também sua expressão religioso-teológica: "cada grupo quer fazer sua teologia e defender os direitos de sua teologia no mercado de todos os discursos teológicos, no grande mercado religioso".[78] E "diante de tal multiplicidade de discursos, a sociedade real desaparece". Sua conclusão não poderia ser outra: "Tem-se, às vezes, a impressão de que essa tarefa de fazer uma verdadeira sociedade solidária, uma sociedade de comunhão e participação [assumida pela teologia da libertação em suas primeiras décadas], ficou obnubilada pela afirmação de identidade. Em vez de buscar o seu lugar na construção da sociedade, cada grupo fica fixado em sua própria afirmação".[79] O próprio congresso da SOTER parece marcado por esse novo ambiente. E Comblin indica dois sinais ou indícios disso: a) "no congresso de teologia de Belo Horizonte de julho de 2000 parece que nunca foi pronunciada a palavra socialismo. Pode ser por puro acaso, mas pode ser sinal significativo de certos silêncios mais globais"; b) "outro sinal que preocupa é a falta de uma crítica da fase anterior", pois "a experiência do passado deve iluminar as lutas do futuro".[80] Dá a impressão de que a construção de uma nova sociedade vai sendo diluída e se restringindo à afirmação de identidade e de direitos de grupos marginalizados.

2. No livro *A esquerda que não teme dizer seu nome*,[81] Vladimir Safatle insiste na "necessidade da esquerda de sair de um cômodo e depressivo fatalismo"[82] e oferece "uma cartografia inicial de questões que podem orientar o pensamento na definição da pauta de uma esquerda renovada".[83]

---

[78] Ibid., p. 538.
[79] Ibid., p. 539.
[80] Ibid., p. 540.
[81] SAFATLE, Vladimir. *A esquerda que não teme dizer seu nome*. São Paulo: Três Estrelas, 2014.
[82] Ibid., p. 84
[83] Ibid., p. 83.

Ele parte da tese tão difundida nos últimos tempos de "esgotamento do pensamento de esquerda".[84] Afirma que essa tese "é utilizada para fornecer a impressão de que nenhuma ruptura radical está na pauta do campo político ou, para ser mais claro, de que não há mais nada a esperar da política, a não ser discussões sobre a melhor maneira de administrar o modelo socioeconômico hegemônico nas sociedades ocidentais". Noutras palavras: "não se trata mais de pensar a modificação dos padrões de partilha de poder, de distribuição de riquezas e de reconhecimento social. Trata-se de uma questão de gestão de modelos que se reconhecem como defeituosos, mas que ao mesmo tempo se afirmam como os únicos possíveis".[85]

Nesse contexto, insiste na necessidade de a esquerda "mostrar que tal esvaziamento deliberado do campo político é feito para nos resignarmos ao pior" e "insistir na existência de questões eminentemente políticas que devem voltar a frequentar o debate social".[86] Para Safatle, duas posições fundamentais e inegociáveis devem caracterizar um pensamento de esquerda, tanto no que diz respeito à determinação dos *problemas* a serem enfrentados quanto no que diz respeito às *estratégias* de enfrentamento dos problemas: a "defesa radical do igualitarismo"[87] e a "soberania popular".[88]

No que diz respeito à "defesa radical do igualitarismo", talvez seja "a posição atual mais decisiva do pensamento de esquerda". Por "igualitarismo", Safatle entende duas coisas: "que a luta contra a desigualdade social e econômica é a principal luta política" e "que a esquerda deve ser 'indiferente às diferenças'".[89]

Safatle constata que "os anos 70 e 80 foram palco da constituição de políticas que, em alguns casos, visavam constituir a estrutura institucional daqueles que exigiam o reconhecimento da diferença no campo sexual, racial, de gênero etc.".[90] Reconhece que isso "teve sua

---

[84] Ibid., p. 11.
[85] Ibid., pp. 14s.
[86] Ibid., p. 15.
[87] Ibid., pp. 20-36.
[88] Ibid., pp. 38-59.
[89] Ibid., p. 21.
[90] Ibid., p. 27.

importância por dar maior visibilidade a alguns setores mais vulneráveis da sociedade (como negros, mulheres e homossexuais)". Mas essa "transformação de conflitos sociais em conflitos culturais", no contexto europeu em que as "classes pobres" são compostas em sua grande maioria por "imigrantes árabes e africanos", acabou se tornando um instrumento útil à direita em sua "política brutal de estigmatização e exclusão política travestida de choque de civilizações".[91]

O que a princípio era "uma forma de universalizar direitos para grupos sociais marginalizados" ou significava a "constituição de uma universalidade verdadeiramente existente na vida social",[92] levou a "atomizar a sociedade por meio de uma lógica estanque de reconhecimento das diferenças que funciona, basicamente, no plano cultural e ignora os planos político e econômico".[93] Nesse contexto, Safatle defende a "urgência da esquerda em colocar novamente suas lutas sob a bandeira da igualdade radical e da universalidade, abandonando qualquer tipo de veleidade comunitarista ou de entificação da diferença". Para ele, "nossas sociedades devem ser completamente indiferentes às diferenças, sejam elas religiosas, sexuais, de gênero, raça ou nacionalidade, pois o que nos faz sujeitos políticos está para além dessas diferenças";[94] "Nação e Estado devem ser, assim, absolutamente indiferentes à diferença, no sentido de aceitá-las todas e esvaziar a afirmação da diferença de qualquer conteúdo político".[95]

3. Estamos de acordo com Safatle ao constatar que a esquerda ou, mais precisamente, os grupos hegemônicos de esquerda abandonaram a bandeira clássica e mais fundamental do "igualitarismo radical"; bem como com sua tese de que essa bandeira, juntamente com a bandeira da "soberania popular", constitui o "inegociável" da esquerda e que a esquerda deve "colocar novamente suas lutas sob a bandeira da igualdade radical e da universalidade". Mas parece-nos bastante problemático e mesmo inaceitável a tese de que a esquerda, a sociedade e o Estado

---

[91] Ibid., p. 28.
[92] Ibid., p. 34.
[93] Ibid., p. 35.
[94] Ibid., p. 43.
[95] Ibid., p. 31.

devem ser absolutamente "indiferentes às diferenças". Que esta não seja a questão mais fundamental e decisiva na sociedade e que seu enfrentamento não deva estar desvinculado do enfrentamento da desigualdade socioeconômica não significam que se possa ser "indiferente" a ela.

Na medida em que as diferenças se tornam ocasião e causa de desigualdade e marginalização, elas devem ser enfrentadas social e politicamente. Não é o bastante simplesmente *aceitar* as diferenças.[96] É preciso *afirmá-las e defendê-las* politicamente. Se é verdade que "a grande invenção da esquerda foi o universalismo e o internacionalismo";[97] também é verdade que não há verdadeiro universalismo quando setores da sociedade são marginalizados em razão de diferenças sexuais, étnico-raciais etc. Isso não se opõe à tese do "universalismo" nem substitui a tese do "igualitarismo radical". Mas, antes, alarga o horizonte e os processos de libertação.

4. E, de fato, o enfrentamento e a afirmação políticos dessas diferenças, não obstante as ambiguidades e os riscos que carregam, têm alargado enormemente o horizonte e as mediações prático-teóricas da libertação e se constituído como ensaio e esboço de um projeto alternativo de sociedade. Nesse contexto, tem-se falado muito de um novo socialismo, de um socialismo para o século XXI, de ecosocialismo, de socialismo ecofeminista, de socialismo latino-americano.[98] Um socialismo que não se pode restringir às questões econômicas e sociopolíticas, mas que deve integrar também as perspectivas de gênero, étnico-raciais, ambientais, religiosas etc. E isso diz respeito tanto ao horizonte utópico (para onde?) quanto às suas mediações históricas (como? por onde? como quê?), e deve ser vivido e exercitado no cotidiano de nossas vidas e de nossas lutas e organizações.

---

[96] Cf. ibid., p. 31.

[97] Ibid., p. 35.

[98] Cf. LÖWY, Michel. *Ecologia e socialismo*. São Paulo: Cortês, 2005; SANTOS, Boaventura de Sousa. Socialismo do século 21. *Folha de S.Paulo*, 7 de junho de 2007; VIGIL, José Maria; CASALDÁLIGA, Pedro. *Latino-Americana Mundial 2009. Para um socialismo novo: a utopia continua*. São Paulo: Ave Maria, 2009; BARROS, Marcelo. *Para onde vai Nuestra América. Espiritualidade socialista para o século XXI*. São Bernardo do Campo: Nhanduti, 2011; KATZ, Claudio. *Neoliberalismo, neodesenvolvimentismo, socialismo*. São Paulo: Expressão Popular, 2016, pp. 283-379.

Parte 3

A fé cristã e os pobres e marginalizados

Tendo tratado do movimento teológico-pastoral de "saída para as periferias do mundo" desencadeado pelo Concílio Vaticano II e pela Igreja da América Latina, bem como de sua retomada pelo Papa Francisco (Parte I); e tendo esboçado minimamente a complexidade do mundo dos pobres e marginalizados, particularmente em sua configuração atual (Parte II); vamos tratar, nesta terceira parte, do vínculo da fé cristã com os pobres e marginalizados.

Mais que saber se há algum vínculo entre a fé cristã e os pobres e marginalizados, o que parece evidente ou pelo menos nunca é negado de modo taxativo, interessa-nos, sobretudo, explicitar a natureza ou o status desse vínculo: trata-se apenas de algo exterior e secundário, portanto, não constitutivo e/ou meramente consecutivo da fé ou, antes e mais radicalmente, de um "vínculo indissolúvel", para usar a formulação do Papa Francisco (EG 48)?

A questão não é banal nem supérflua, pois a importância e o lugar que os pobres e marginalizados têm na fé cristã dependem, em boa medida, da compreensão que se tenha desse vínculo: essencial x secundário; constitutivo x consecutivo. É claro que se esse vínculo for algo meramente *secundário e consecutivo*, por mais importante que seja, seu descuido ou mesmo sua ausência não comprometeria radical e essencialmente a fé; uma pessoa/comunidade não deixaria de ser cristã por não se comprometer com os pobres e marginalizados e, de fato, há muitas pessoas/comunidades "cristãs" que não levam isso a sério e nem por isso deixam de ser consideradas cristãs. Pelo contrário, se esse vínculo for considerado algo *essencial e constitutivo*, seu descuido e, sobretudo, sua ausência comprometeriam radicalmente a vivência da fé; nesse caso, não se poderia considerar cristã uma pessoa/comunidade que não se comprometa, de alguma forma, com os pobres e marginalizados, pois, na medida em que isso é constitutivo da fé, sua negação seria negação da própria fé.

Mas, uma vez que a fé diz respeito em última instância à "relação" com Deus – relação de entrega, confiança, obediência e fidelidade –, a problemática do vínculo da fé com os pobres e marginalizados remete e diz respeito em última instância ao vínculo mesmo de Deus com os pobres e marginalizados. E, de novo, é preciso ver se esse vínculo é algo meramente *secundário e consecutivo* que não toca no mistério mesmo de Deus, de modo que Deus poderia ser pensado sem isso; ou se é algo *essencial e constitutivo* que toca e diz respeito ao mistério mesmo de Deus, a ponto de não se poder falar de Deus independentemente de seu vínculo com os pobres e marginalizados. É importante deixar claro que, quando falamos de Deus, aqui, não falamos de uma experiência e uma ideia (religiosa ou filosófica) qualquer de Deus, mas do Deus cristão, revelado na história de Israel e definitivamente em Jesus de Nazaré, portanto, de um Deus muito concreto: o Deus de Jesus Cristo.

Por isso mesmo, começaremos nossa abordagem do tema tratando da problemática "Deus e os pobres e marginalizados" e das controvérsias teológicas em torno dessa questão. Em seguida, desenvolveremos a problemática a partir da revelação e da fé cristãs e mostraremos como ela é determinante do mistério da Igreja, constituindo-se como uma nota eclesial fundamental. E concluiremos explicitando o caráter e a função escatológicos dos pobres e marginalizados, enquanto critério e medida do reinado de Deus neste mundo.

Capítulo 1

A problemática "Deus e os pobres e marginalizados"

Na medida em que a fé diz respeito fundamentalmente à atitude de entrega, confiança, obediência e fidelidade a Deus e ao dinamismo vital que essa atitude desencadeia, alimenta, conduz e configura, nenhuma questão de fé pode ser pensada de modo radical e consequente sem referência a Deus. Mas não se pode esquecer que o Deus a quem a fé remete e/ou se refere é sempre um Deus muito concreto, com quem se estabelece uma relação muito concreta. E só nessa relação ele é experimentado, conhecido e, de alguma forma, nomeado. Se não se pode pensar a fé sem referência a Deus, também não se pode pensar Deus sem referência à fé.

É claro que Deus não se esgota em nenhuma experiência concreta (transcende toda e qualquer experiência). Mas é claro também que as experiências concretas de Deus são determinantes das compreensões e das imagens que se têm dele (transcende *na* experiência). Assim, quando na fé cristã falamos de Deus, não falamos de um deus qualquer, de uma ideia qualquer de Deus, religiosa ou filosófica, mas falamos muito concretamente do Deus de Israel e de nosso Senhor Jesus Cristo. O que sabemos e o que dizemos de Deus estão possibilitados e condicionados por essa experiência concreta.

Precisamos atentar bastante para essa questão porque a expressão "Deus" não é uma expressão unívoca. Há muitas compreensões e imagens de "Deus", vinculadas a diferentes experiências e tradições religiosas, filosofias e cosmovisões. Isso faz com que essa expressão não remeta sempre, necessária e exatamente, à mesma realidade e exige que se explicite a que nos referimos quando dizemos "Deus".

Certamente, poder-se-ia dizer que há algo em comum entre essas diversas compreensões e imagens de "Deus" e que, portanto, de alguma forma e em alguma medida, todas elas remetem à mesma realidade, ainda que se destaque alguma de suas dimensões e/ou características. Mas isso se faz sempre a partir de alguma experiência e/ou compreensão concreta de "Deus". Toda fala sobre Deus pressupõe e implica uma determinada compreensão de Deus que, por sua vez, pressupõe e/ou implica uma determinada experiência/relação com ele; relação que possibilita e condiciona, em boa medida, positiva e/ou negativamente, essa compreensão e essa fala sobre Deus. De modo que, ao falarmos de Deus, não podemos dar por pressuposto que todos entendam a mesma coisa e temos que explicitar a que nos referimos quando dizemos Deus.

Isso é particularmente importante para a problemática "Deus e os pobres e marginalizados". É verdade que as mais diversas tradições religiosas desenvolvem e cultivam uma sensibilidade e um cuidado todo especial para com as pessoas em situação de vulnerabilidade, sofrimento, injustiça; e fazem isso não apesar de sua experiência religiosa, mas precisamente a partir e como expressão de sua experiência religiosa. E é verdade também que, em geral, as mais diversas reflexões filosóficas sobre Deus tiram consequências éticas dessas reflexões para a ação humana, particularmente no que diz respeito às situações de vulnerabilidade e sofrimento humanos. Não por acaso, o problema do mal ocupa um lugar muito importante na filosofia, chegando mesmo a constituir uma de suas pedras de tropeço. Mas isso indica apenas que há alguma relação entre Deus e os pobres e marginalizados. Não diz que relação é essa: se é uma relação essencial e constitutiva ou se é apenas uma relação secundária e consecutiva.

A determinação do tipo de relação depende da compreensão que se tenha de Deus.

Por isso mesmo, vale insistir, ao falarmos da problemática "Deus e os pobres e marginalizados" no Cristianismo, nos referimos a uma experiência muito concreta de Deus que, por mais que tenha em comum com outras experiências, compreensões e linguagens sobre Deus, não se identifica sem mais com elas nem se deixa explicar sem mais por elas. E, por mais que tenha que interagir e dialogar com essas experiências, compreensões e linguagens e possa e deva se enriquecer com elas, faz isso sempre a partir e na tradição de Jesus de Nazaré. A vida concreta de Jesus de Nazaré é, no Cristianismo, o lugar e o critério definitivos para se falar de Deus e da relação com ele e, consequentemente, para se falar da relação entre Deus e os pobres e marginalizados.

Na perspectiva cristã não se pode prescindir da vida de Jesus de Nazaré para falar de Deus e de sua relação com os pobres e marginalizados, o que significa que não se pode tomar, sem mais, como cristã qualquer compreensão ou imagem religiosa ou filosófica de Deus e de sua relação com os pobres e marginalizados.

Boa parte dos conflitos em torno da problemática "Deus e os pobres e marginalizados" está ligada a um conflito de compreensões e imagens de Deus. Isso se dá especialmente na tensão entre a compreensão bíblica de Deus (judaico-cristã) e a compreensão filosófica de Deus (greco-helenista), ligada ao processo de expansão e desenvolvimento do Cristianismo no ambiente cultural greco-helenista.

Não por acaso, Claude Geffré, falando da situação atual do discurso sobre Deus, afirma que a teologia cristã "oscila entre duas orientações": "Deus compreendido em continuidade com o Absoluto do pensamento filosófico e das grandes religiões, ou Deus compreendido a partir de sua manifestação em Jesus de Nazaré. Poderíamos quase falar de combate entre Jesus e Deus. O destino histórico do Cristianismo é justamente o de estar exposto a duas tentações: a de comprometer a identidade irredutível do Deus de Jesus, sacrificando-a ao Deus do teísmo, e a de tomar tão a sério a manifestação de Deus em Jesus que o estatuto da transcendência pessoal de Deus se torne incerto e o diálogo com as outras grandes religiões monoteístas se torne problemático".[1]

A questão é complexa e não se deve ceder à tentação simplista de oposição radical e/ou identificação radical entre essas duas orientações. Não se deve esquecer que, além de vital para o desenvolvimento e a expansão do Cristianismo, essa expressão greco-helenista da fé e da teologia cristãs é uma das, senão a mais importante experiência de inculturação ao longo da história. Em todo caso, por mais necessário e importante que tenha sido esse processo, tem também suas ambiguidades, particularmente no que diz respeito à compreensão de Deus e da relação com ele e, nesse contexto, à questão específica da relação com os pobres e marginalizados – para não falar dos riscos de absolutização dessa expressão do Cristianismo e de seu fechamento a outras configurações e expressões culturais... Embora com perspectivas e interesses diferentes, vários teólogos têm chamado atenção para as ambiguidades e os limites desse processo na/para a fé e a teologia cristãs.

– Em seus estudos sobre *Os profetas*, o judeu Abrahan Heschel mostrou como, diferentemente de concepções filosóficas e religiosas apáticas de Deus, o *pathos* é "uma categoria primordial do entendimento profético de Deus". Para os profetas, diz ele, "Deus não se revela numa qualidade de absoluto abstrato, mas numa relação pessoal e íntima com o mundo [...]. Os eventos e as ações humanas despertam nele alegria ou tristeza, prazer ou ira [...]. Esta noção de que Deus pode ser afetado intimamente, que possui não apenas inteligência e vontade, mas também *pathos*, define basicamente a consciência profética de Deus".[2]

– Jürgen Moltmann, em sua obra *O Deus crucificado*, reconhece e assume explicitamente a contribuição de Heschel no enfrentamento de

---

[1] GEFFRÉ, Claude. *Como fazer teologia hoje: hermenêutica teológica*. São Paulo: Paulinas, 1989, pp. 146s. É precisamente nesse contexto que o conceito "revelação" adquire centralidade na teologia cristã. Ele foi utilizado pela teologia da Idade Média e do Iluminismo incipiente "para delimitar o conhecimento especificamente cristão de Deus em relação ao conhecimento racional acessível a todos e dar-lhes ênfase própria [...] A teologia falou de 'revelação' sempre apenas em contraposição à 'razão' humana" (MOLTMANN, Jürgen. *Experiências de reflexão teológica: caminhos e formas da teologia cristã*. São Leopoldo: UNISINOS, 2004, p. 61).

[2] HESHEL, Abraham. *Los profetas II. Concepciones históricas y teológicas*. Buenos Aires: Paidos, p. 119.

uma concepção filosófico-religiosa de "Deus incapaz de sofrer" (*teologia apática*) e na retomada da concepção bíblica do "Deus que sofre" (*teologia pática*), com suas respectivas antropologias apática ou simpática (homem na "situação de Deus": *homo apatheticus* x *homo sympatheticus*).[3] Afirma, inclusive, que "antes que 'o Deus que sofre' se tornasse o tema da teologia cristã no presente, a teologia judaica já estava discutindo esse assunto" e que a teologia cristã deve "apreender com essa nova exegese judaica da história de Deus no Antigo Testamento e no sofrimento presente do povo judeu".[4] E em sua obra *A Igreja no poder do Espírito*, ao falar da Igreja na história trinitária de Deus, fala da "história de Deus com o mundo". Nesse contexto, afirma: "Precisamos abandonar os axiomas filosóficos acerca da natureza de Deus. Deus não é imutável no sentido de que ele não se poderia abrir, em liberdade, para a história mutável com sua criação. Deus não é impassível no sentido de que ele não estaria passível, na liberdade de seu amor, acerca do sofrimento devido à rejeição pelos seres humanos e devido à autodestruição de sua criação. Deus não é invulnerável no sentido de que ele não se poderia abrir para a dor na cruz. Deus não é perfeito no sentido de que ele, no desejo de seu amor, não queria ser imperfeito se estivesse sem sua criação".[5]

– Tratando da historicidade da salvação cristã, Ignacio Ellacuría afirma que "durante séculos a filosofia helenista, platônica e aristotélica foi o marco teórico escolhido para interpretar toda a realidade, também a realidade das relações de Deus com o homem e do homem com Deus". Nesse contexto, diz ele, "a salvação ficava profundamente desistoricizada com graves consequências tanto para a práxis histórica quanto para a interpretação e eficácia da fé cristã". E conclui criticamente: "o molde filosófico do pensamento grego pôde mais que a matéria moldada nele. Na passagem do que era uma experiência fundamentalmente biográfica

---

[3]   Cf. MOLTMANN, Jürgen. *O Deus crucificado: a cruz de Cristo como base e crítica da teologia cristã*. Santo André: Academia Cristã, 2011, pp. 343-349.

[4]   Ibid., p. 339.

[5]   Id. *A Igreja no poder do Espírito Santo: uma contribuição à eclesiologia messiânica*. Santo André: Academia Cristã, 2013, p. 93.

e histórica, com sua própria interpretação teórica, para uma formulação metafísica, a historicidade tinha ficado diluída em benefício de uma essencialidade estática".[6]

– Também Gerhard Ludwig Müller, em sua *Dogmática católica*, tratando do caráter científico da teologia, chama atenção para o risco de "desprezo da dimensão histórico-salvífica" da revelação, particularmente a partir da configuração da teologia como ciência no sentido aristotélico: "Com a adoção do conceito aristotélico de ciência, surgiu um profundo problema estrutural para a teologia. Segundo a concepção aristotélica, somente as coisas imutáveis e necessárias podem ser objeto da reflexão científica, não os acontecimentos singulares e contingentes. Por isso, a história não alcança a dignidade de objeto da ciência. Uma vez que a revelação como objeto da teologia é inseparável de sua forma contingente e histórica, a reconstrução sistemática da razão teológica como uma forma da contemplação supratemporal e estática da essência supratemporal da realidade da revelação levaria, em longo prazo, a um desprezo da dimensão histórico-salvífica".[7]

– José Comblin, em sua obra póstuma *O Espírito Santo e a tradição de Jesus*, ao falar dos problemas da teologia que se desenvolve a partir do século XIII, fala de sua relação com a filosofia: "Ao adotar a filosofia como fundamento, a teologia mudava a estrutura da revelação. Em lugar de partir de Jesus partia de um conceito de Deus alheio, estranho, cósmico e ia objetivar a realidade de Deus, colocado como uma categoria numa escala de ser, como ser supremo [...]. Essa filosofia dava como objeto do pensamento o ser. A categoria ser ficava como metodologia [...]. Mas na Bíblia não se dá valor ao ser, mas ao agir. O que faz o objeto da reflexão é o agir, as mudanças, as novidades. Nenhuma das categorias filosóficas é adequada. Elas deixam de lado o que Jesus disse e fez". É que "a filosofia grega não considera a história como objeto de conhecimento, porque a história fala de realidades que aconteceram uma

---

[6] ELLACURÍA, Ignacio. Historia de la salvación. In: *Escritos Teológicos I*. San: Salvador, 2000, pp. 597-628, aqui p. 597.

[7] MÜLLER, Gerhard Ludwig. *Dogmática católica: teoria e prática da teologia*. Petrópolis: Vozes, 2015, p. 34.

vez e a filosofia fala do universal e permanente". Sem falar que essa filosofia "pratica a dedução", levando a teologia a criar um sistema teórico que mistura "realidades reveladas na Bíblia com puras consequências" e, no fim das contas, "torna a Igreja prisioneira" desse sistema.[8]

– Em seu livro sobre *A misericórdia*, Walter Kasper chega à "assombrosa" e "alarmante" constatação de que, embora a misericórdia seja um tema teológico fundamental na medida em que toca na "essência" mesma de Deus,[9] "só ocupa, no melhor dos casos, um lugar marginal nos dicionários enciclopédicos e nos manuais de teologia dogmática", inclusive em seu tratado sobre Deus: *O Deus de Jesus Cristo*.[10] A razão disso, diz Kasper, "manifesta-se quando se observa que, nos manuais, são os atributos divinos que resultam da essência metafísica de Deus enquanto ser subsistente (*ipsum esse subsistens*) os que ocupam o primeiro plano: simplicidade, infinitude, eternidade, onipresença, onisciência, onipotência etc.". Na raiz do problema, portanto, está em jogo nada menos que "o ponto de partida metafísico tradicional da doutrina de Deus". E, embora não haja aqui uma negação radical dessa filosofia, há, sem dúvida, o reconhecimento da necessidade de se "ocupar de sua legitimidade e de seus limites"[11] para apreender e expressar adequadamente o Deus da Revelação.

– Raniero Cantalamessa, em sua reflexão denominada *A pobreza*, ao tratar da relação Cristo-pobreza, chama atenção para o que considera uma "diferença de acento no modo de São João e São Paulo apresentarem o mistério da encarnação. São João ressalta o *fato* em si, o aspecto ontológico do acontecimento: 'O Verbo se fez carne'. São Paulo salienta o *modo* da encarnação, seu aspecto existencial: 'Fez-se pobre; assumiu a forma de servo'". E afirma que "os padres preocuparam-se em salientar sobretudo a primeira realidade, o aspecto ontológico da encarnação, porque a isso os impelia a sua cultura bem como as heresias de seu tempo [...]. Para eles, a questão verdadeiramente importante acerca da natureza

---

[8] COMBLIN, José. *O Espírito Santo e a tradição de Jesus. Obra póstuma*. São Bernardo do Campo: Nhanduti, 2012, pp. 187s.
[9] Cf. KASPER, Walter. *A misericórdia: Condição fundamental do Evangelho e chave da vida cristã*. São Paulo: Loyola, 2015, pp. 21, 24, 32, 70, 90, 107, 114, 117, 120, 125.
[10] Ibid., pp. 22s.
[11] Ibid., p. 24.

humana de Cristo era saber se era completa ou incompleta, isto é, dotada ou não de carne, alma e vontade humanas. Não que não se preocupassem com a pobreza e humildade de Cristo, mas essas coisas não entravam na definição de sua pessoa e de seu mistério, a não ser em mínimas proporções. Não diziam respeito, para empregar seu modo de falar, à substância ou à essência, mas unicamente aos acidentes, à atividade, à sua existência; não ao fundamento da salvação, mas só ao seu desenvolvimento". Hoje, entretanto, conclui, "estamos em condição de situar a pobreza não na periferia, mas no próprio cerne do mistério cristão".[12]

– Por fim, Jon Sobrino, no segundo volume de sua cristologia, *A fé em Jesus Cristo*, em um excurso sobre "o Cristianismo no mundo greco-romano", mostra como esse fato gerou uma mudança profunda em relação ao Novo Testamento, tanto no "modo teórico de pensar" quanto na "autocompreensão religiosa do Cristianismo como totalidade". Isso implicará, dentre outras coisas, um afastamento progressivo do que ele chama de "princípio realidade" e num progressivo desaparecimento e/ou distorção do "conceito de Reino de Deus",[13] com consequências enormes para a problemática "Deus e os pobres e marginalizados". Convém destacar, aqui, as considerações que ele faz sobre os limites da categoria "natureza" na cristologia, particularmente no que diz respeito à "des-historização de Cristo". É que "o conceito de 'natureza' introduz na reflexão o perene, fixista, imutável, universal, e faz ignorar ou menosprezar o histórico, o mutável, contingente, práxico, parcial".[14] E "um universalismo baseado na natureza eterna das coisas não permitirá fazer central o concreto da vida e morte de Jesus – nem as razões para ela. Dessa forma se perde sua relação constitutiva com o Reino de Deus e a parcialidade do mesmo Deus para com os pobres. A opção pelos pobres, como realidade essencial que identifica Deus e Jesus, é estranha ao pensamento teológico do mundo grego, não só por ser 'pelos pobres', mas por ser 'opção'".[15]

---

[12] CANTALAMESSA, Raniero. *A pobreza*. São Paulo: Loyola, 1997, pp. 43s.

[13] SOBRINO, Jon. *A fé em Jesus Cristo: ensaio a partir das vítimas*. Petrópolis: Vozes, 2000, pp. 358-381.

[14] Ibid., p. 362.

[15] Ibid., p. 363.

A PROBLEMÁTICA "DEUS E OS POBRES E MARGINALIZADOS"

Todas essas considerações, feitas por teólogos tão diferentes, com perspectivas e interesses tão distintos, apontam, de alguma forma, para as diferenças e tensões entre a compreensão bíblica de Deus (histórica, concreta, parcial etc.) e a compreensão greco-helenista de Deus (perene, abstrata, universal etc.), destacando limites desta em relação à aquela. Certamente, pode-se criticar essas considerações, pode-se fazer ponderações, pode-se, inclusive, mostrar limites e ambiguidades na compreensão bíblica de Deus e de seu enriquecimento pela compreensão greco-helenista. Mas nada disso nega as diferenças e as tensões entre elas nem os riscos de perda ou comprometimento de aspectos fundamentais da compreensão bíblica de Deus numa compreensão greco-helenista, particularmente no que diz respeito à historicidade e parcialidade pelos pobres e marginalizados da revelação e da fé cristãs.

Por isso mesmo, não podemos tratar da problemática "Deus e os pobres e marginalizados" de modo abstrato, prescindido das diferentes abordagens e compreensões de Deus. Conforme já indicamos antes e desenvolveremos a seguir, parte das controvérsias em torno dessa questão tem a ver, em última instância, com diferentes abordagens e compreensões de Deus e/ou com justaposição ou sobreposição de diferentes teologias.

Simplificando e caricaturizando um pouco a problemática, não se pode identificar sem mais o Deus bíblico (partidário dos pobres e marginalizados) com o Deus das filosofias greco-helenistas (absoluto, imparcial). E, por mais que a reflexão filosófica sobre Deus tenha sido influenciada e reconfigurada pelo Cristianismo, permitindo sua assunção no desenvolvimento da inteligência da fé, há sempre uma tensão entre essas diferentes abordagens e compreensões de Deus. Essa tensão pode ser assumida e desenvolvida em termos de contraposição (filosofia x teologia) ou de enriquecimento e maior concretização/determinação (filosofia-teologia). Em todo caso, tratando-se de teologia cristã, o critério e a medida permanente serão sempre a vida concreta de Jesus de Nazaré confessado como o Cristo de Deus.

143

Capítulo 2

Controvérsias teológicas sobre a "opção pelos pobres"

Já tratamos no primeiro capítulo das controvérsias que se deram em torno do deslocamento da Igreja para o mundo (Concílio Vaticano II) e, sobretudo, para as periferias do mundo (Igreja latino-americana). E nesse contexto, claro, tocamos nas controvérsias em torno da opção pelos pobres. Vamos retomar a discussão, mas concentrando-nos em seu aspecto estritamente teológico, isto é, na problemática "Deus e os pobres e marginalizados", formulada em termos de "opção pelos pobres", a partir de onde se pode abordar e desenvolver de modo consequente a problemática da relação da fé cristã com os pobres e marginalizados.

As discussões e controvérsias teológicas, aqui, dão-se em torno de duas questões fundamentais: a *universalidade* da salvação e a *transcendência* de Deus. A "opção pelos pobres" pareceria ou poderia comprometer esses aspectos essenciais da revelação e da fé cristãs. Consideremos melhor cada uma dessas questões.

A. Universalidade da salvação

Uma das objeções mais comuns e bastante difusas – muitas vezes de modo bem sutil – contra a "opção pelos pobres" é que ela comprometeria a universalidade do amor de Deus e sua salvação. Para isso, apela-se a uma determinada compreensão de Deus e de seu agir: "imparcial", "justo", "ama e trata igualmente a todos", "não faz distinção de pessoas", "não olha para situação de classe, raça, sexo", "não exclui ninguém", "não tem preferência nem toma partido" etc. Nessa perspectiva, falar de parcialidade de Deus ou de sua "opção pelos pobres" seria ou acabaria levando a uma ideologização da teologia, isto é, uma instrumentalização da teologia por determinados grupos ou interesses sociais. Isso negaria ou comprometeria a universalidade do amor de Deus que ama indistinta e igualmente todos os seres humanos independentemente de classe, raça, sexo etc. e, consequentemente, a universalidade do amor cristão que também deve amar de igual modo todos os seres humanos, independentemente de sua situação de classe, raça, sexo etc. E, no fim das contas, terminaria negando ou comprometendo a universalidade da salvação que é oferecida a todos indistintamente.

A crítica é pesada porque toca em aspectos fundamentais da revelação e da fé cristãs. Mas, se examinarmos bem, veremos que, pelo menos do ponto de vista da revelação e da fé cristãs, ela não se sustenta e, não raras vezes, é formulada a partir e em função dos interesses dos grupos dominantes da sociedade.

Antes de tudo, é importante observar que normalmente quem faz esse tipo de objeção, o faz, explícita ou implicitamente, para dizer que Deus ama igualmente os ricos e poderosos. Nega a parcialidade de Deus pelos pobres em função da afirmação do amor de Deus pelos ricos e poderosos. A crítica é feita, portanto, a partir e em função dos setores dominantes da sociedade, o que revela sua parcialidade – não pelos pobres e marginalizados, mas pelos setores dominantes da sociedade. Isso aparece de modo mais sutil e abstrato no discurso de que Deus ama indistintamente a todos e quer a salvação de todos e que não tem preferência nem toma partido de ninguém (negação da parcialidade de Deus). E aparece de modo mais explícito e mesmo descarado no discurso cínico de que o maior pobre é o rico, de que a riqueza é dom/bênção de Deus e na defesa e legitimação da "ordem" que favorece os interesses dos grupos dominantes, bem como na reação a tudo que põe em risco essa ordem e esses interesses (parcialidade pelas elites). É só observar quem normalmente critica a opção pelos pobres, a quem essas pessoas estão mais direta e afetivamente vinculadas, que interesses elas defendem e que posição elas tomam ante os conflitos na sociedade, para ver que sua teologia não é tão imparcial e universal como parece ou pretende.

Mas o mais decisivo aqui é o fato de que o Deus cristão é o Deus que se revelou na história de Israel e definitivamente na vida de Jesus de Nazaré. E que esse Deus não se revelou de modo abstrato e imparcial, mas, por mais escandaloso que isso seja, revelou-se como um Deus partidário dos pobres marginalizados (cf. Ex 3,7-15; Jd 9,11), a ponto de se identificar com eles (cf. Mt 25,31-46). De modo que, na perspectiva cristã, não se pode falar de um Deus universal no sentido de que não é parcial pelos pobres ou que é imparcial. Na verdade, a universalidade de seu amor e de seu desígnio salvífico, se se quer falar assim, é historicizada/mediada por sua parcialidade pelos pobres e marginalizados. É uma universalidade parcial. Essa parcialidade não nega nem compromete a universalidade de seu amor e de sua ação salvífica, mas determina o "a partir de onde" (pobres e marginalizados) e o "como" (processos de libertação) de sua realização história: é para todos (universalidade), mas se realiza a partir dos pobres e marginalizados e de seus processos de libertação (parcialidade).

É que, num contexto de desigualdade ou assimetria, não há verdadeira universalidade (também teológica!), senão mediada por meio da parcialidade pelo mais fraco. Onde há dois pesos, tem que haver duas medidas. A pretensão de uma universalidade que paira sobre as desigualdades e os conflitos é sempre, direta ou indiretamente, uma forma de parcialidade pelo mais forte. Como afirma Francisco Taborda, "querer ser absolutamente universal é iludir-se e adotar o partido do mais forte. Numa situação de assimetria, para que se estabeleça a simetria, é preciso privilegiar o mais fraco. A parcialidade pelo fraco é mediação para a universalidade",[1] como se pode comprovar na vida e missão de Jesus de Nazaré: "O amor preferencial ao pobre foi a marca distintiva de sua palavra e de sua ação. A parcialidade não constituiu obstáculo à universalidade

---

[1] TABORDA, Francisco. *Cristianismo e ideologia. Ensaios teológicos.* São Paulo: Loyola, 1984, p. 98.

de sua missão, já que o homem universal é mera abstração. Amou, pois, parcialmente os pobres e desde esse amor se dirigiu a todos".[2] E se Jesus de Nazaré é a revelação plena e definitiva de Deus – mesmo que não esgote o mistério de Deus nem comprometa sua transcendência –, sua parcialidade pelos pobres e marginalizados diz respeito ao mistério mesmo de Deus. Em Jesus de Nazaré, Deus se mostrou como um Deus parcial pelos pobres e marginalizados. Essa é uma de suas características fundamentais. De modo que, pelo menos do ponto de vista cristão, não se pode falar de Deus prescindindo dessa parcialidade.

B. TRANSCENDÊNCIA DE DEUS

Outra questão polêmica acerca da opção pelos pobres tem a ver com o risco de comprometimento da transcendência de Deus. É mais uma variante das controvérsias em torno do deslocamento da Igreja latino-americana para as periferias a que nos referimos no primeiro capítulo. A importância e centralidade dadas à parcialidade de Deus pelos pobres poderiam levar a um imanentismo que comprometeria a transcendência de Deus e, no fim das contas, acabaria substituindo Deus pelos pobres, transformando a "teologia" em "pobrologia".

É a crítica feita por Clodovis Boff à atual teologia da libertação no contexto de suas discussões sobre o estatuto epistemológico dessa teologia. De antemão, é preciso afirmar e insistir que ele não nega a opção pelos pobres na revelação, na fé e na teologia cristãs. O tom polemicista e mesmo apelativo de suas críticas e discussões poderia levar a pensar que ele nega a opção pelos pobres. Não é verdade. Sua crítica é de ordem epistemológica; diz respeito ao problema do fundamento da teologia. Não por acaso, é formulada num artigo intitulado "Teologia da Libertação e volta ao fundamento".[3]

Ele afirma que "a Teologia da Libertação partiu bem, mas, devido à sua ambiguidade epistemológica, acabou se desencaminhando: colocou os pobres no lugar de Cristo. Dessa inversão de fundo resultou um

---

[2]   Ibid.

[3]   Cf. BOFF, Clodovis. Teologia da libertação e volta ao fundamento. *REB* 268 (2007), pp. 1001-1022.

segundo equívoco: instrumentalização da fé 'para' a libertação"[4] e comprometimento da "transcendência da fé".[5] No desenvolvimento dessa tese, afirma que a "atual TdL" confere primado epistemológico aos pobres;[6] embora aceite que "seja a fé no Deus revelado o princípio dessa teologia", na prática, "esse princípio não opera aí pra valer". Para ele, "este é o nó do problema". Haveria aqui "uma 'inversão' de primado *epistemológico*. Não é mais Deus, mas o pobre, o primeiro princípio operativo dessa teologia [...]. E isso é grave, para não dizer fatal".[7] No artigo em que reage às críticas que foram feitas à sua posição, Clodovis Boff chega a falar em tom apelativo de transformação da teologia em "pobrologia".[8]

A discussão sobre essa crítica é complexa, pois envolve vários aspectos que, embora se impliquem mutuamente, são irredutíveis uns aos outros. Do ponto de vista estritamente epistemológico, poderíamos discutir tanto a concepção de saber ou conhecimento quanto a concepção de Deus pressupostas na crítica, como já indicamos em outro lugar.[9] Aqui, interessa-nos considerar apenas a concepção de Deus que está por trás dessa crítica.

Clodovis Boff reconhece que os teólogos da libertação não negam que "o Deus de Jesus Cristo" é o princípio da teologia,[10] não rejeitam "a primazia de Deus e da fé" na teologia,[11] aceitam que "seja a fé no Deus revelado o princípio primeiro da teologia".[12] No entanto, diz ele, na prática, "a TdL é toda feita na 'ótica do pobre'";[13] "a 'opção pelos pobres' seria seu eixo ou centro epistemológico", seu "ponto de partida".[14]

---

[4]   Ibid., p. 1001.

[5]   Ibid., p. 1005.

[6]   Cf. ibid., p. 1002.

[7]   Ibid., p. 1004.

[8]   BOFF, Clodovis. Volta ao Fundamento: Réplica. *REB* 272 (2008), pp. 892-927, aqui p. 901.

[9]   Cf. AQUINO JÚNIOR, Francisco de. O caráter práxico da teologia: abordagem epistemológica. *Perspectiva Teológica* 119 (2011), pp. 83-102; id. Clodovis Boff e o método da teologia da libertação: uma aproximação crítica. In: *Teoria teológica – práxis teologal: sobre o método da teologia da libertação*. São Paulo: Paulinas, 2012, pp. 51-68, aqui 63-68; id. A teologia como *intellectus amoris*: a propósito da crítica de Clodovis Boff a Jon Sobrino, cit., pp. 69-102, aqui pp. 92-101.

[10]   BOFF, Clodovis. Teologia da libertação e volta ao fundamento, cit., p. 1002.

[11]   Ibid., p. 1003.

[12]   Ibid., p. 1004.

[13]   Ibid., p. 1003.

[14]   Ibid., p. 1002.

E nisso consistiria para ele a "ambiguidade epistemológica" ou mesmo a "inversão" de princípios acerca do fundamento dessa teologia.

O que Boff parece não perceber é que a parcialidade pelos pobres que caracteriza e determina radicalmente a teologia da libertação (está na raiz, atua como princípio) é uma *parcialidade teológica* que diz respeito ao mistério mesmo de Deus tal como ele se revelou na história de Israel e definitivamente na vida de Jesus de Nazaré. E parece não perceber porque parte de uma concepção filosófica de Deus (aristotélico-tomista) que é incompatível ou pelo menos tem muita dificuldade de assumir teoricamente a parcialidade de Deus pelos pobres (revelação judaico-cristã). Daí seu drama epistemológico: não pode negar pura e simplesmente essa parcialidade porque isso significaria negar a revelação de Deus em Israel e em Jesus Cristo. Mas não consegue articular de modo consequente sua concepção filosófica de Deus com essa característica fundamental do Deus da revelação. E fica fazendo malabarismos silogísticos entre um "primeiro" (absolutez) e um "segundo" (parcialidade) num esforço sempre fracassado de "relacionar" o que não passa de "relatos" (absoluto x parcial) que, em si mesmos, não se implicam essencialmente. Seu drama epistemológico tem a ver, portanto, com a necessidade e a dificuldade de falar de um absoluto (reflexão filosófica) que é em si mesmo parcial (revelação bíblica).

No contexto da celebração dos trinta anos de teologia na América Latina, falando de suas "buscas e descobertas em metodologia teológica", concretamente da "importância decisiva da relação prática com a prática", Clodovis Boff levanta uma questão que é muito elucidativa de sua postura na problemática que estamos tratando: "Pergunto-me se a 'experiência do pobre' pertence à experiência *originária* da teologia e da fé em geral. A 'experiência do Deus revelado' sem dúvida o é. Mas o é também a 'experiência do pobre'? Certamente o é em termos dessa elaboração particular que chamamos "teologia da libertação". Mas isso vale para qualquer teologia? Deus não vem sempre em primeiro lugar, inclusive em sua absolutez, mesmo se não deixa de aparecer como o libertador dos pobres, como mostra a revelação na sarça ardente? Mas, justamente nesse caso, o pobre não vem necessariamente em seguida?

150

A dialética entre o primeiro e o segundo mandamento não vale aqui também? Dizer que as duas coisas vêm juntas só alude ao problema, mas não o resolve. *Inclino-me a pensar que, do ponto de vista da fé, a 'experiência do pobre' é derivada, não originária, e que só ganha todo o seu valor teológico a partir de algo anterior: Deus revelado, o qual opta, sim, pelo pobre* (grifo nosso)".[15]

Acontece que não se pode falar do "Deus revelado" independentemente de sua parcialidade pelos pobres e marginalizados. O Deus da revelação é um Deus parcial, um Deus que se revela tomando partido pelos pobres e marginalizados. Essa parcialidade aparece como uma de suas características essenciais. De modo que, pelo menos do ponto de vista da revelação bíblica, não se pode falar de um Deus em si ou de uma "absolutez" de Deus anterior à sua parcialidade pelos pobres. Não há, aqui, um Deus que vem *primeiro* em sua absolutez e só *depois* opta pelos pobres. Esse pode ser o Deus de Aristóteles ou das especulações e teorias metafísicas (não por acaso ele se remete tanto a Aristóteles...), mas não o Deus da revelação judaico-cristã que é, em si mesmo, essencialmente, um Deus parcial.

O problema aqui é que Clodovis Boff passa automaticamente de uma concepção filosófica de Deus para a concepção teológico-cristã de Deus, identificando o Deus da revelação com o Deus dos filósofos e comprometendo a especificidade da revelação judaico-cristã. Não se trata de nenhuma contraposição simplista entre filosofia e teologia, entre o Deus dos filósofos e o Deus da revelação. Certamente, os teólogos devem dialogar com os filósofos e suas filosofias e até mesmo devem filosofar na teologia, mas o critério e a medida em teologia cristã serão sempre a revelação de Deus em Israel e definitivamente em Jesus Cristo. Nesse sentido, é claro que podemos falar da "absolutez" de Deus, como fazem os filósofos, sabendo que, na perspectiva cristã, trata-se sempre de uma absolutez parcial. Embora a parcialidade pelos pobres e marginalizados não esgote o mistério do Deus cristão, é uma de suas

---

[15] BOFF, Clodovis. Como vejo a teologia latino-americana trinta anos depois. In: SUSIN, Luiz Carlos (org.). *O mar se abriu: trinta anos de teologia na América Latina*. São Paulo: Loyola, 2000, pp. 79-95, aqui p. 89.

características essenciais, a ponto de não se poder falar dele (nem de suas demais características ou notas) independente e/ou anteriormente a essa parcialidade: é um Deus parcial; sua absolutez é uma absolutez parcial etc. Isso faz da teologia cristã uma teologia essencial e principialmente parcial, sem que isto signifique "ambiguidade" ou "inversão" de princípios, comprometendo seu estatuto epistemológico.

A não distinção entre essas diferentes abordagens e concepções de Deus (filosófica – teológico-cristã), bem como a ausência de uma adequada articulação entre essas diferentes abordagens e concepções teológicas,[16] acabou transformando o que poderia ser uma discussão fecunda num debate de surdos ou numa polêmica estéril.

Em todo caso, é importante insistir no fato de que (1) na perspectiva cristã não se pode falar de Deus, senão a partir de sua revelação em Israel e definitivamente em Jesus Cristo, de que (2) nessa revelação ele se mostrou um Deus parcial pelos pobres e marginalizados e, consequentemente, (3) a relação com ele ou a fé tem uma dimensão ou um caráter essencial de parcialidade pelos pobres e marginalizados. Afirmar, como faz Clodovis Boff, que, "para aquele que 'era de condição divina' (Fl 2,6), a *quenose* máxima é o fazer-se 'carne humana', mesmo que, por hipótese, fosse sob a *forma de um César*"[17] (grifo nosso), é relativizar e subordinar completamente a revelação (radical e essencialmente incompatível com a "forma de um César") a determinadas especulações e teorias filosóficas, isto, sim, constituindo-se como verdadeira "inversão" de princípios na teologia que já não seria mais a revelação, mas determinada especulação e/ou raciocínio filosófico.

Tudo isso exige de nós e nos remete a uma consideração mais atenta sobre a revelação e a fé cristãs, particularmente no que diz respeito ao vínculo com os pobres e marginalizados.

---

[16] Sobre a problemática da relação filosofia-teologia, cf. OLIVEIRA, Manfredo Araújo de. Filosofia da religião e teologia. In: *A filosofia na crise da modernidade*. São Paulo: Loyola, 1993, pp. 183-195; Teologias e ciências. In: *A religião na sociedade urbana e pluralista*. São Paulo: Paulus, 2013, pp. 237-267; Se, como e com que pressupostos chega a filosofia ao tema "Deus": a proposta da metafísica primordial. *Síntese* 134 (2015), pp. 475-501; PUNTEL, Lorenz. *Ser e Deus: um enfoque sistemático em confronto com M. Heidegger, E. Levinás e J. L. Marion*. São Leopoldo: Unisinos, 2011, pp. 246-261.

[17] BOFF, Clodovis. Volta ao Fundamento: réplica, cit., p. 922.

Capítulo 3
Revelação-fé cristã e os pobres e marginalizados

Precisamos considerar com mais atenção a importância e o lugar dos pobres e marginalizados na revelação e na fé cristãs. Isso não é algo claro e evidente nem muito menos tranquilo. Pelo contrário. Não podemos dar por suposto e por evidente a realidade de Deus e sua relação com os pobres e marginalizados, nem podemos tomar como cristão qualquer discurso ou compreensão sobre Deus. Por mais que a teologia cristã seja uma teologia contextual e enquanto tal esteja sempre referida à realidade concreta em que a fé é vivida e pensada, remete sempre, em última instância, à *revelação* de Deus em Israel e, definitivamente, em Jesus Cristo e à *fé* que essa mesma revelação possibilita e dinamiza. Só a partir dessa história concreta de Deus com seu povo (revelação-fé), pode-se falar cristãmente de Deus, da fé e de sua relação com os pobres e marginalizados.

A. REVELAÇÃO CRISTÃ

A teologia cristã está possibilitada e condicionada pela experiência de Deus em Israel e, definitivamente, na vida de Jesus de Nazaré. Essa experiência é a referência, a norma e o critério últimos e definitivos do que, cristãmente falando, sabemos e podemos dizer sobre Deus e sobre a relação com ele. O discurso cristão sobre Deus é, portanto, inseparável de sua presença/ação na história de Israel e na vida de Jesus de Nazaré. A tal ponto, que ele será nomeado não como Deus simplesmente, mas como o *Deus de Israel* e definitivamente como o *Pai de Jesus Cristo*.[1]

E *esse Deus* (não qualquer Deus!) se mostra e se dá a conhecer como um Deus *presente e atuante na história* (por mais transcendente que seja: transcende *na* história e não *da* história) e *partidário dos pobres e marginalizados*: pobre, órfão, viúva, estrangeiro... (por mais universal que seja em seu amor e em seu desígnio salvífico). De modo que nenhum discurso sobre Deus e/ou sobre a experiência de Deus que prescinda e menos ainda que se contraponha à sua atuação histórica e parcial pelos pobres e marginalizados pode ser tido como cristão em sentido estrito.

É preciso insistir no fato – e toda insistência, aqui, será pouca – de que o Deus que constitui o fundamento último da fé e da teologia cristãs não é um princípio absoluto-universal-imparcial-abstrato, lógico-racional ou como queira, mas, bem concretamente, o Deus que se revelou em Israel (*Deus de Israel*) e, definitivamente, em Jesus de Nazaré (*Pai de Jesus Cristo*). Esse Deus, vale insistir, não se revelou sem mais como o ser onipotente, onipresente e onisciente das metafísicas clássicas, mas, antes de tudo, como *salvador dos pobres e marginalizados*. Tampouco sua revelação consistiu fundamentalmente na entrega de verdades sobre ele, mas, antes, em *ação salvífica*.

Por um lado, "Deus não se manifestou primariamente nem como a verdade do mundo nem como o fundamento de toda verdade e de todo conhecimento", mas, antes de tudo, "como um Deus salvador, como fundamento da saúde e da liberdade do homem. Ou, dito de um modo mais preciso, Deus não se manifestou apenas *como* salvador, mas,

---

[1]   Cf. GUTIÉRREZ, Gustavo. *O Deus da vida*. São Paulo: Loyola, 1992; MUÑOZ, Ronaldo. *O Deus dos cristãos*. Petrópolis: Vozes, 1989; id. Dios Padre. In: ELLACURÍA, Ignacio; SOBRINO, Jon. *Mysterium Liberationis. Conceptos fundamentales de Teología de la Liberación II*. San Salvador: UCA, 1994, pp. 531-549; id. *Trindade de Deus Amor oferecido em Jesus, o Cristo*. São Paulo: Paulinas, 2002.

primordialmente, *enquanto* salvador, *no ato mesmo de salvar*. Esta é a experiência fundamental que nos transmite a Escritura".[2]

No Antigo Testamento, Deus liberta o povo da escravidão e no contexto dessa libertação dá-se a conhecer: "na ação mesma de salvar a seu povo Deus diz quem ele é e o diz justamente salvando".[3] A revelação do nome de Deus (Ex 3,14) é inseparável do Êxodo e, por isso mesmo, deve ser lida a partir e em função do Êxodo. No Novo Testamento, por sua vez, a revelação de Deus é inseparável da ação salvadora de Jesus. Assim, por exemplo, quando os discípulos do Batista perguntam se Jesus é "aquele que deveria vir", ele responde: "Ide informar a João sobre o que vistes e ouvistes: cegos recuperam a visão, coxos caminham, leprosos ficam limpos, surdos ouvem, mortos ressuscitam, pobres recebem a boa notícia. E feliz aquele que não tropeça por minha causa" (Lc 7,22s). A "palavra" que Deus "comunicou" (At 10,36), diz Pedro, não é outra, senão "o que aconteceu por toda Judeia, começando pela Galileia" (At 10,37): "Deus ungiu com Espírito Santo e poder a Jesus de Nazaré, que passou fazendo o bem e curando todos os possuídos pelo diabo, porque Deus estava com ele" (At 10,38).

Por outro lado, enquanto salvador, o Deus bíblico se manifestou como um Deus partidário dos pobres e dos oprimidos (Jd 9,11), a ponto de se identificar com eles (Mt 25,31-46). Na verdade, como bem tem insistido Jon Sobrino, "a relação de Deus com os pobres deste mundo aparece como uma constante em sua revelação. Esta se mantém formalmente como resposta aos clamores dos pobres; e por isso, para conhecer a revelação de Deus é necessário conhecer a realidade dos pobres. Dito de outra forma: a relação Deus-pobres no Êxodo, nos profetas ou em Jesus não é apenas conjuntural e passageira, mas estrutural. Existe uma correlação transcendental entre revelação de Deus e clamor dos pobres e, por isto, embora a revelação de Deus não se reduza a responder ao

---

[2] GONZÁLEZ, Antonio. *Trinidad y liberación: La teología trinitaria considerada desde la perspectiva de la teología de la liberación*. San Salvador: UCA, 1994, p. 59.

[3] Ibid.

clamor dos pobres, cremos que sem introduzir essencialmente essa resposta não se compreende a revelação".[4]

A libertação dos pobres e oprimidos no Êxodo e na práxis de Jesus de Nazaré não é algo secundário ou periférico na revelação do Deus bíblico, mas algo constitutivo dessa revelação, algo que diz respeito ao Mistério mais profundo de Deus mesmo. Revelar-se no processo de libertação do Êxodo (e não no processo de dominação do Faraó) e na práxis libertadora de Jesus de Nazaré (e não na práxis de César) não é mero detalhe, acidente, casualidade ou roupagem, mas algo essencial, algo que tem a ver com o Mistério mesmo de Deus que não pode assumir a "forma" de um faraó ou de um César (tirano) sem se negar a si mesmo (Pai). O Deus bíblico é, portanto, *em si mesmo, essencialmente, constitutivamente*, um Deus partidário dos pobres e marginalizados.

Por mais que o mistério de Deus não se esgote em sua parcialidade pelos pobres e marginalizados, essa parcialidade é uma de suas características ou notas constitutivas – mesmo que isso seja um escândalo metafísico (para certas metafísicas avessas ou pouco afeitas à história/ historicidade e, sobretudo, à parcialidade...) e mesmo que muitas vezes tenha sido silenciado ou até comprometido ao longo da história (embora nunca negado de modo radical e sempre de novo retomado pelos santos e profetas e nos momentos e processos de renovação eclesial...). De modo que, pelo menos na perspectiva cristã, não se pode falar de Deus e de sua ação no mundo prescindindo nem muito menos se contrapondo à sua parcialidade pelos pobres e marginalizados. Negar ou relativizar essa parcialidade significa, na prática, negar ou relativizar a revelação em que Deus se mostra parcial pelos pobres e marginalizados.

É claro que, enquanto acontecimento histórico, a revelação é um processo vivo, dinâmico, aberto. E não só no que diz respeito à sua compreensão (sempre limitada...), mas, mais radicalmente, no que diz respeito à sua realização histórica (sempre atual...). É que Deus, Mistério inesgotável, continua agindo na história através de seu Espírito.

---

[4] SOBRINO, Jon. Teología en un mundo sufriente. La teología de la liberación como "intellectus amoris". In: *El principio-misericordia. Bajar de la cruz a los pueblos crucificados*. Santander: Sal Terrae, 1992, pp. 47-80, aqui p. 55.

A revelação não é algo meramente passado, mas algo muito atual. Consequentemente, a teologia não pode ser reduzida a uma espécie de arqueologia salvífica. Ela é inteligência da ação salvífica de Deus *hoje* através de seu Espírito. Daí a densidade teológica do presente,[5] dos atuais processos históricos.

Mas não se deve esquecer que o *Espírito de Deus*, presente e atuante na história, não é outro senão o *Espírito de Jesus Cristo*. Sua missão, como lembra o Evangelho de João, é ensinar e recordar tudo o que Jesus disse (Jo 14,26), dizer e explicar o que ouviu/recebeu de Jesus (Jo 16,13-14), dar testemunho de Jesus (Jo 15,26). E, assim, é inseparável de Jesus de Nazaré, a ponto da vida/carne de Jesus ser tomada na Escritura como critério fundamental e definitivo de discernimento dos espíritos (1Jo 4,1-3; 1Cor 12,1-3): É de Deus, se faz em nós o que fez em Jesus de Nazaré. O Espírito Santo é o Espírito de Jesus de Nazaré; o Espírito que o ungiu, o conduziu e o sustentou em sua missão de anunciar boa notícia aos pobres (Lc 4,18s; At 10,38). Como bem afirma Congar, "o *Pneuma*, tal qual nos é dado, é totalmente relativo a Cristo [...]. Do ponto de vista do conteúdo, não há autonomia nem muito menos disparidade de uma obra do Espírito em relação à de Cristo".[6] Não por acaso, o Espírito é invocado na Igreja, em um hino muito antigo, como "Pai dos pobres". E os estudos penumatológicos na América Latina[7] têm insistido muito em que "o Espírito do Senhor atua a partir de baixo", para usar uma expressão muito cara a Víctor Codina.[8]

---

5   Cf. GUTIÉRREZ, Gustavo. *A densidade do presente*. São Paulo: Loyola, 2008.

6   CONGAR, Yves. *Revelação e experiência do Espírito*. São Paulo: Paulinas, 2005, p. 61.

7   Cf. PIXLEY, Jorge. *Vida no espírito. O projeto messiânico de Jesus depois da ressureição*. Petrópolis: Vozes, 1997; CODINA, Víctor. *Creio no Espírito Santo. Pneumatologia narrativa*. São Paulo: Paulinas, 1997; id. *"Não extingas o Espírito" (1Ts 1,19): iniciação à pneumatologia*. São Paulo: Paulinas, 2010; id. *El Espírito del Señor actua desde abajo*. Santander: Sal Tarrae, 2015; COMBLIN, José. *O Espírito Santo e a Tradição de Jesus. Obra póstuma*. São Bernardo do Campo: Nhanduti, 2012; BOFF, Leonardo. *O Espírito Santo: fogo interior, doador de vida e Pai dos pobres*. Petrópolis: Vozes, 2013; MANZATTO, Antonio; PASSOS, João Décio, MONNE-RAT, José Flávio. *A força dos pequenos. Teologia do Espírito Santo*. São Paulo: Paulus, 2013.

8   "A ação do Espírito a partir de baixo está em perfeita coerência com a opção de Jesus pelos pobres e pequenos, com o desígnio do Pai de fazer deles os destinatários privilegiados da revelação dos mistérios do Reino" (CODINA, Víctor. *El Espírito del Señor actua desde abajo*, cit., p. 187).

Tudo isso mostra que a parcialidade pelos pobres e marginalizados é uma característica ou uma nota *essencial* do Deus que se revelou em Israel e definitivamente em Jesus de Nazaré. Se Deus se revelou tomando partido pelos pobres e marginalizados, é porque essa parcialidade não só não é incompatível com sua realidade, por mais absoluta e universal que seja, como é uma de suas características ou notas essenciais: É, em si mesmo, se se quer, essencialmente, um Deus parcial e por isso se revela/age tomando partido pelos pobres e marginalizados. Na linguagem mais formal de Rahner, está em jogo, aqui, a problemática da unidade entre Trindade "imanente" e Trindade "econômica": "A Trindade 'econômica' é a Trindade 'imanente' e vice-versa".[9]

O Jubileu Extraordinário da Misericórdia, convocado pelo Papa Francisco, chamou atenção da Igreja para esse aspecto essencial do mistério de Deus, formulado em termos de misericórdia. Na Bula de proclamação do Jubileu, *Misericordiae Vultus*, Francisco afirma insistentemente: Deus é misericordioso (MV 1, 2, 6-11), nós devemos ser "misericordiosos como o Pai" (MV 13), a misericórdia "é o caminho que une Deus e o homem" (MV 2). De fato, misericórdia é o "coração pulsante do Evangelho" (MV 12), é a "palavra que revela o mistério da Santíssima Trindade", é o "ato supremo pelo qual Deus vem ao nosso encontro" (MV 2), é a "palavra-chave para indicar o agir de Deus para conosco" (MV 9) e é a "qualidade da onipotência de Deus" (MV 6).

E misericórdia, como diz Santo Agostinho, "não é outra coisa senão encher o coração de um pouco da miséria [dos outros]. A palavra "misericórdia" deriva da dor que se sente pelo "miserável". Há duas palavras contidas nesse conceito: miséria e coração. Quando teu coração é tocado e atingindo pela miséria dos outros, então isso é misericórdia".[10]

Etimologicamente falando, recorda Francisco, misericórdia significa *"miseris cor dare"*, isto é, "'dar o coração aos míseros', aos que têm

---

[9] Cf. RAHNER, Karl. O Deus trino, fundamento transcendente da história da salvação. In: FEINER, Johannes; LOEHRER, Magnus. *Mysterium salutis. Compêndio de dogmática histórico-salvífico II/1*. Petrópolis: Vozes, 1978, pp. 283-359.

[10] SANTO AGOSTINHO. Sermão 358A, apud CONSELHO PONTIFÍCIO PARA A PROMOÇÃO DA NOVA EVANGELIZAÇÃO. *Os padres da Igreja e a misericórdia*. São Paulo: Paulinas/Paulus, 2015, p. 57.

necessidade, aos que sofrem".[11] E assim é o Deus que se revela na história de Israel e definitivamente na vida/práxis de Jesus de Nazaré: um Deus misericordioso.

Também Walter Kasper, em seu livro *A misericórdia*, conforme indicamos antes, insiste muito na misericórdia como "principal atributo de Deus", como "espelho da Trindade",[12] como expressão da "essência divina"[13] e da "opção de Deus pela vida e pelos pobres".[14] E afirma que "esquecer a misericórdia não é um problema marginal e secundário da doutrina de Deus", mas "confronta-nos com o problema fundamental da determinação da essência de Deus e dos atributos divinos em geral",[15] pois, na perspectiva bíblica, Deus "sofre com suas criaturas e, enquanto *misericors*, tem um coração (*cors*) junto dos pobres e para os pobres" (*miseri*).[16]

Daí que a parcialidade pelos pobres e marginalizados, tão central e determinante na teologia da libertação, não só não substitui Deus pelos pobres (inversão de princípios), mas é uma característica ou nota essencial de Deus mesmo, tal como se revelou em Israel e definitivamente em Jesus Cristo (revelação cristã). Nesse sentido, a chamada "opção pelos pobres" que caracteriza radical (raiz) e pincipialmente (princípio) a teologia da libertação é uma "opção" estritamente teológica: "uma opção teocêntrica e profética que deita raízes na gratuidade do amor de Deus" (Gustavo Gutiérrez);[17] uma opção que "está implícita na fé cristológica naquele Deus que se fez pobre por nós, para enriquecer-nos com sua pobreza" (Bento XVI);[18] uma opção que "faz parte de nossa fé pneumatológica" (Víctor Codina).[19]

---

[11] PAPA FRANCISCO. *Ano Santo da misericórdia: 100 textos para meditação*. Seleção e compilação de Luis M. Benavides. Petrópolis: Vozes, 2016, p. 23.
[12] Cf. KASPER, Walter. *A misericórdia: condição fundamental do Evangelho e chave da vida cristã*, cit., pp. 107-125.
[13] Cf. ibid., pp. 21, 24, 32, 70, 90, 107, 114, 117, 120, 125.
[14] Ibid., pp. 75-79.
[15] Ibid., p. 24.
[16] Ibid., p. 25.
[17] GUTIÉRREZ, Gustavo. Olhar longe: Introdução à nova edição. In: *Teologia da Libertação: prospectivas*. São Paulo: Loyola, 2000, pp. 11-50, aqui p. 25.
[18] BENTO XVI. Discurso inaugural. In. CELAM. *Documento de Aparecida*. São Paulo/Brasília: Paulus/Paulinas/CNBB, 2007, pp. 249-266, aqui p. 255.
[19] CODINA, Víctor. *El Espíritu del Señor actua desde abajo*, cit., p. 183.

B. FÉ CRISTÃ

A fé cristã é o ato pelo qual se adere confiante e fielmente ao Deus que se revelou na história de Israel e definitivamente na vida/práxis de Jesus de Nazaré. E, assim, está constitutivamente referida, determinada e configurada pelo jeito de ser/agir desse Deus na história de Israel e na práxis de Jesus de Nazaré. Não se pode compreender a fé cristã senão a partir e em função do Deus de Israel e de Jesus de Nazaré. Ela é resposta à proposta desse Deus. A iniciativa é dele (proposta). Mas, para se tornar real e efetiva, precisa ser assumida por uma pessoa e/ou um povo (resposta). Nesse sentido, a fé é, sem dúvida, um "dom" (Ef 2,8), mas um dom que, uma vez acolhido, recria-nos, inserindo-nos ativamente em seu próprio dinamismo: "Criados por meio de Cristo Jesus para realizarmos as boas ações que Deus nos confiara como tarefa" (Ef 2,10). É, portanto, *dom-tarefa*: algo que *recebemos* para *realizar*.

Enquanto tal, a fé tem um dinamismo fundamentalmente práxico. Consiste numa dinâmica de vida, num jeito de viver a vida: Viver como Jesus viveu. Numa palavra: consiste no *seguimento* de Jesus de Nazaré,[20] o iniciador e consumador da fé (Hb 12,2). Certamente, a fé é um *ato inteligente* e tem seu momento de verdade. Mas nem é pura intelecção nem essa intelecção é, sem mais, uma doutrina conceitualmente bem elaborada. E certamente ela tem também sua *expressão simbólico-ritual*. Mas essa expressão não é senão manifestação mais ou menos adequada e eficaz do seguimento real de Jesus de Nazaré. Não se trata de contrapor o caráter práxico da fé a seus momentos de verdade/teoria e/ou de expressão simbólico-ritual. Trata-se apenas de advertir contra o risco de redução intelectualista ou ritualista da

---

[20] Cf. SOBRINO, Jon. Seguimento de Jesus. In: FLORISTÁN SAMANES, Cassiano; TAMAYO-ACOSTA, Juan José. *Dicionário de Conceitos Fundamentais do Cristianismo*. São Paulo: Paulus, 1999, pp. 771-775; BAMBONATTO, Vera Ivanise. *Seguimento de Jesus: uma abordagem segundo a cristologia de Jon Sobrino*. São Paulo: Paulinas, 2002; CÁTEDRA CHAMINADE. *El seguimiento de Jesus*. Madrid: Fundación Santa María, 2004; AQUINO JÚNIOR, Francisco de. A fé como seguimento de Jesus Cristo. *REB* 292 (2013), pp. 788-815.

fé, compreendendo-a e assumindo-a em sua globalidade e com suas várias dimensões (também intelectual e litúrgica!) como práxis do seguimento de Jesus de Nazaré.

A insistência no caráter práxico da fé não põe em risco o primado da graça nem, consequentemente, cai na tentação da autossuficiência e autossalvação humanas, como se a salvação fosse fruto de nossa ação (individual ou coletiva), antes que dom gratuito de Deus. Não se deve esquecer que se nós amamos, "amamos porque ele nos amou primeiro" (1Jo 4,19), e que "o amor vem de Deus" (1Jo 4,7). Não existe, portanto, contradição entre a ação histórica de Deus e a ação humana. A afirmação de uma não implica a negação da outra. Pelo contrário, ambas se implicam e se remetem mutuamente. Como bem afirma Jon Sobrino, "tem sido um erro frequente situar a experiência da gratuidade no que recebemos, como se a ação fosse meramente 'obra' do homem". Na verdade, diz ele, "o dom se experimenta como dom na própria doação".[21] Na formulação de Antonio González, "a ação humana não é, sem mais, 'obra' do homem, mas 'o dom se experimenta como dom na própria doação', enquanto fundamento da mesma. Deste modo, a fé é atividade humana enquanto *entrega* a Deus como fundamento da própria vida".[22]

Dito isso, é preciso insistir que no centro da fé cristã estão Jesus Cristo e a boa notícia do reinado de Deus, ou melhor, está a vida de Jesus como expressão máxima da realização do reinado de Deus neste mundo: Em sua vida concreta, em seu modo de viver, em sua práxis cotidiana, Deus mesmo se faz presente e age no mundo, e seu senhorio ou sua realeza vão se tornando realidade. E é preciso insistir muito também, por mais escandaloso que seja, em que a boa notícia do reinado de Deus tem a ver fundamentalmente com a justiça ao pobre, ao órfão, à viúva e ao estrangeiro.

---

[21] SOBRINO, Jon. *Cristología desde América Latina: Esbozo a partir del seguimiento del Jesús histórico.* México: CRT, 1977, p. 193.

[22] GONZÁLEZ, Antonio, op. cit., pp. 68s. Cf. ZUBIRI, Xavier. *El hombre y Dios.* Madrid: Alianza Editorial, 2003, pp. 210-222.

Na verdade, Jesus, o Reino e os pobres são inseparáveis. Os estudos bíblicos[23] e cristológicos[24] das últimas décadas têm mostrado de modo cada vez mais consensual que não se pode falar de Jesus Cristo, senão a partir e em função do reinado de Deus, e que no centro do reinado de Deus está a justiça aos pobres e oprimidos deste mundo.

Por um lado, Jesus e o Reino são inseparáveis. Como bem afirma Walter Kasper, "Jesus não se anunciou a si mesmo, mas a Deus e seu reinado";[25] "o centro da mensagem de Jesus e o verdadeiro conteúdo de sua existência é o reinado de Deus".[26] Em Jesus Cristo "sua mensagem e sua pessoa se correspondem":[27] "ele compreende sua vida completamente como obediência ao Pai e como serviço aos homens" e, desse modo, "ele é em sua pessoa a forma de existência do reinado de amor de Deus".[28] Já Orígenes falava de Jesus como *autobasileia*, isto é, o reinado de Deus em

---

[23] Cf. BORNKAMM, Günter. *Jesus de Nazaré*. Petrópolis: Vozes, 1976, pp. 60-90; SCHNAC-KENBURG, Rudolf. *Reino y reinado de Dios. Estudio bíblico-teológico*. Madrid: Faz, 1974; id. Reino de Deus. In: BAUER, Johannes. *Dicionário de Teologia Bíblica. Volume II*. São Paulo: Loyola, 1988, pp. 947-964; JEREMIAS, Joachim. *Teologia do Novo Testamento*. São Paulo: Hagnos, 2008, pp. 159-193; KÜMMEL, Werner Georg. *Síntese teológica do Novo Testamento*. São Leopoldo: Sinodal, 1983, pp. 21-108; FABRIS, Rinaldo. *Jesus de Nazaré: história e interpretação*. São Paulo: Loyola, 1988, pp. 89-179; MATEOS, Juan. *A utopia de Jesus*. São Paulo: Paulus, 1994; GNILKA, Joachim. *Jesus de Nazaré: mensagem e história*. Petrópolis: Vozes, 2000, pp. 83-153; VANONI, Gottfried; HEININGER, Bernhard. *Das Reich Gottes*. Würzburg: Echter, 2002; LÉON-DUFOUR, Xavier. *Agir segundo o Evangelho. Palavra de Deus*. Petrópolis: Vozes, 2003, pp. 23-54; PETERSEN, Claus. *Die Botschaft Jesu vom Reich Gottes. Aufruf zum Neubeginn*. Stuttgart: Kreuz, 2005; MALINA, Bruce. *O evangelho social de Jesus: o reino de Deus em perspectiva mediterrânea*. São Paulo: Paulus, 2004.

[24] Cf. PANNENBERG, Wolfhart. *Theologie und Reich Gottes*. Gütersloh: Gerd Mohn, 1971; BOFF, Leonardo. *Jesus Cristo Libertador*. Petrópolis: Vozes, 1991, pp. 38-59; SCHILLE-BEECKX, Edward. *Jesus: história de um vivente*. São Paulo: Paulus, 2008, pp. 99-263; GON-ZÁLEZ FAUS, José Ignacio. *Acesso a Jesus: ensaio de teologia narrativa*. São Paulo, Loyola, 1981, pp. 34-46; KASPER, Walter. *Der Gott Jesu Christi*. Mainz: Grünwald, 1982, pp. 205-216; RAHNER, Karl. *Curso fundamental da fé*. São Paulo: Paulus, 1989, pp. 297-302; KESSLER, Hans. Cristologia. In: SCHNEIDER, Theodor. *Manual de dogmática I*. Petrópolis: Vozes, 2002, pp. 219-400, aqui pp. 242-247; SEGUNDO, Juan Luis. *A história perdida e recuperada de Jesus de Nazaré*. São Paulo: Paulus, 1997, pp. 142-262; SOBRINO, Jon. *Jesus, o Libertador: a história de Jesus de Nazaré*. Petrópolis: Vozes, 1996, pp. 103-201; MOLTMANN, Jürgen. *O caminho de Jesus Cristo*. Petrópolis: Vozes, 1994, pp. 137-164; id *Quem é Jesus Cristo para nós hoje?* Petrópolis: Vozes, 1997, pp. 11-32; FERRARO, Benedito. *Cristologia*. Petrópolis: Vozes, 2004, pp. 77-96; RATZINGER, Joseph. *Jesus de Nazaré*. São Paulo: Planeta, 2007, pp. 57-70.

[25] KASPER, Walter. *Introducción a la fé*. Salamanca: Sígueme, 1982, p. 65.

[26] Ibid., p. 62.

[27] Ibid., p. 67.

[28] Ibid., p. 68

pessoa. Por essa razão, não se pode falar de Jesus sem falar do reinado de Deus nem se pode seguir a Jesus sem se entregar à causa do Reino.

Por outro lado, o reinado de Deus tem a ver fundamentalmente com a justiça ao pobre, ao órfão, à viúva e ao estrangeiro – símbolo dos marginalizados de todos os tempos. Joachim Jeremias, exegeta alemão, por exemplo, afirma que "o tema central da proclamação pública de Jesus foi o reinado de Deus"[29] e que "seu traço decisivo" consiste na "oferta de salvação feita por Jesus aos pobres".[30] Nesse sentido, chega a afirmar de modo chocante ou mesmo escandaloso que o reinado de Deus "pertence *unicamente aos pobres*".[31] E Jacques Dupont, exegeta belga, na mesma direção, afirma que nos Evangelhos "os pobres são vistos como os beneficiários privilegiados do Reino de Deus"[32] e que esse privilégio "deve ser procurado, não por uma análise gratuita da psicologia dos próprios pobres, mas no conteúdo da boa-nova que lhe é anunciada".[33] A boa notícia do reinado de Deus só pode ser compreendida em referência ao "ideal régio" do antigo Oriente Próximo, no qual "o rei, por sua própria missão, é o defensor daqueles que não são capazes de se defender por si mesmos"; "ele é o protetor do pobre, da viúva, do órfão e do oprimido".[34] Nesse sentido, diz Dupont, "poder-se-á compreender perfeitamente que o anúncio do advento do Reino de Deus constitui uma boa-nova, precisamente para os pobres e para os desgraçados".[35]

Esse é um dos traços mais fundamentais da experiência bíblica de Deus que atinge sua plenitude em Jesus Cristo. Se tem algo que não se pode negar nem ofuscar na Sagrada Escritura é a centralidade dos pobres marginalizados na história da salvação. Deus aparece (revelação) como *Go'el* que resgata seus parentes da escravidão, como *rei* que faz justiça aos pobres e oprimidos, como *pastor* que apascenta suas ovelhas

---

[29] JEREMIAS, Joachim. *Teologia do Novo Testamento*. São Paulo: Hagnos, 2008, p. 160.

[30] Ibid., p. 176.

[31] Ibid., p. 187.

[32] DUPONT, Jacques. Os pobres e a pobreza segundo os ensinamentos do Evangelho e dos Atos dos Apóstolos. In: DUPONT, Jacques; GEORGE, Augustin et al. *A pobreza evangélica*. São Paulo: Paulinas, 1976, pp. 37-66, aqui p. 37.

[33] Ibid., p. 51.

[34] Ibid., p. 53.

[35] Ibid., p. 54.

e as protege dos lobos, como *Pai* que cuida de seus filhos e os socorre em suas necessidades. E a relação com ele (fé) passa sempre pela observância e defesa do direito do pobre e marginalizado, pela proximidade ao caído à beira do caminho. Todas as imagens ou metáforas que a Escritura usa para falar da ação e interação entre Deus e seu povo (*Go'el*, rei, pastor, Pai, etc.) revelam a centralidade dos pobres e marginalizados, expressa no quarteto "pobre-órfão-viúva-estrangeiro", tanto nas Escrituras hebraicas (AT) quanto nas Escrituras cristãs (NT). De modo que a salvação dos pobres e marginalizados constitui o coração da história de Deus com seu povo.

Por isso mesmo não se pode pensar a fé à margem dessa história de salvação, cuja metáfora privilegiada nos Evangelhos sinópticos é o reinado de Deus. O tema da fé aparece, aí, direta e explicitamente vinculado ao tema do reinado de Deus: seja na apresentação do anúncio de Jesus no início de sua vida pública (Mc 1,15; Mt 4,17; Lc 4,18s), seja como condição para ou reação diante dos sinais de sua chegada na práxis de Jesus (Mc 2,5; 5,34-36; 9,23; 10,52; Mt 8,13; 9,28; 15,28; Lc 17,19). A chegada do reinado de Deus provoca à conversão[36] e convida à fé. São realidades inseparáveis. Como bem afirma Walter Kasper, "fé e reinado de Deus são dois aspectos da única e mesma coisa": "a vinda do reinado de Deus significa que Deus se faz valer no reconhecimento crente do homem"; a fé é "o modo concreto da existência do reinado de Deus no homem. Deus é senhor onde é crido como tal, onde se lhe obedece".[37]

A fé não pode jamais ser identificada com pertença a uma instituição religiosa, nem com doutrina ou rito religioso, nem com certos estados psicológicos de emoção e bem-estar, muito menos de segurança fundamentalista e intransigente e intimismo narcisista egolátrico. Tendo dimensões pessoal, eclesial, intelectual, litúrgica e psicológica, é muito mais que isso. É um ato que envolve todas as dimensões da vida humana; é entrega radical, confiante e fiel ao Deus de Jesus na realização histórica de seu reinado. É, em sentido estrito, seguimento de Jesus

---

[36] Cf. FRANÇA MIRANDA, Mário de. Em vista da nova evangelização. *Perspectiva Teológica* 125 (2013), pp. 13-34, aqui pp. 24-27.

[37] KASPER, Walter, op. cit., p. 64.

de Nazaré, isto é, confiança em Deus como Pai e obediência e fidelidade ao seu reinado de justiça e fraternidade.

Tudo isso mostra que a fé cristã tem uma dimensão essencial e radical de parcialidade pelos pobres e marginalizados. Parcialidade que diz respeito em última instância a Deus mesmo, tal como se revelou na história de Israel e definitivamente na vida/práxis de Jesus de Nazaré. Como tantas vezes insistiu Gutiérrez, "o motivo último do que se chama 'opção preferencial pelos pobres' encontra-se no Deus em quem cremos. Pode haver outras razões válidas: a irrupção dos pobres hoje, a análise social dessa situação, a compaixão humana, o reconhecimento dos pobres como protagonistas de sua própria história. Mas, para dizer a verdade, o fundamento desse compromisso para o cristão é teocêntrico. A solidariedade com os pobres e oprimidos tem seu fundamento em nossa fé em Deus, o Deus da vida que se revela em Jesus Cristo".[38]

A fé em um Deus parcial implica necessariamente participação em sua parcialidade. E não se trata apenas de "opção" no sentido de que se poderia também não optar. Trata-se, antes e mais radicalmente, de uma dimensão essencial e constitutiva da fé, sem a qual não se pode falar propriamente de fé cristã.

Na medida em que a fé diz respeito à atitude global de entrega, confiança, obediência e fidelidade a Deus e ao dinamismo vital que essa atitude desencadeia, alimenta, conduz e configura, e na medida em que Deus se revela como um Deus parcial pelos pobres e marginalizados, a fé é essencial e constitutivamente parcial pelos pobres e marginalizados. Entregar-se ao Deus da revelação e configurar a vida a partir e em função dele implica necessariamente entrar em seu dinamismo salvífico no mundo que, por mais escandaloso que seja ou pareça, se dá a partir e em função dos pobres e marginalizados. Na perspectiva cristã, assim como não se pode falar de um Deus em si (absoluto, imparcial) que depois opta ou poderia optar pelos pobres, tampouco se pode falar de uma fé em si anterior à parcialidade pelos pobres e marginalizados. Não

---

[38] GUTIÉRREZ, Gustavo. Apresentação da tese. In: *A verdade vos libertará: confrontos*. São Paulo: Loyola, 2000, pp. 17-32, aqui p. 27.

há um antes (em si) e um depois (parcialidade). Assim como o Deus da revelação é em si mesmo um Deus parcial, a fé cristã, enquanto fé nesse Deus, é em si mesma uma fé parcial. Certamente, a fé cristã não se reduz nem pode ser reduzida a essa parcialidade. Mas sem ela não se pode falar em sentido estrito de fé cristã.

Nesse sentido, é preciso afirmar com Clodovis Boff que o fundamento e o princípio últimos da teologia cristã são a revelação e fé cristãs em sua unidade radical revelação-fé. Mas é preciso também afirmar, contra Clodovis Boff, que essa revelação e essa fé são, em si mesmas, essencialmente, parciais pelos pobres e marginalizados, o que faz com que a teologia cristã, diferentemente de teologias filosóficas ou de outras teologias, seja radical e principalmente parcial pelos pobres e marginalizados. Por mais que a revelação, a fé e a teologia cristãs não se esgotem nessa parcialidade, ela é uma de suas características, dimensões ou notas essenciais, sem a qual não se pode falar propriamente de revelação, de fé e de teologia cristãs.

Com isso, cremos ter respondido à questão que levantamos no início deste capítulo acerca do vínculo da fé cristã com os pobres e marginalizados. Não se trata de algo meramente *secundário e consecutivo*, por mais importante que seja. Trata-se, antes e mais radicalmente, de algo *essencial e constitutivo*, a ponto de não se poder falar propriamente de fé cristã independente ou anteriormente a sua parcialidade pelos pobres e marginalizados, pois, na medida em que ela é constitutiva da fé, sua ausência ou, pior, sua negação comprometeria a integridade da própria fé.

E isso diz respeito não apenas aos cristãos individualmente (dimensão pessoal da fé: "eu creio"), mas também enquanto reunidos em assembleia ou comunidade (dimensão eclesial da fé: "nós cremos"). A parcialidade pelos pobres e marginalizados é uma característica ou uma nota fundamental do mistério da Igreja, como vem sendo explicitada desde o Concílio Vaticano II, particularmente na Igreja da América Latina, em termos de *Igreja dos pobres* e/ou de *opção pelos pobres*. Convém considerar com mais atenção esse ponto ou tópico fundamental de eclesiologia.

Capítulo 4

Igreja e os pobres e marginalizados

Certamente, a preocupação com os pobres não é algo novo na vida da Igreja. Não surgiu com o Concílio Vaticano II nem com a teologia da libertação. Mesmo que não tenha sido sempre e em toda parte a preocupação central da Igreja, mesmo que se tenha dado muitas vezes de maneira ambígua e até contraditória e mesmo que tenha desempenhado papel secundário ou irrelevante na reflexão dogmática, a preocupação com os pobres sempre foi um aspecto importante da vida da Igreja. Pelo menos, nunca desapareceu completamente nem foi negado de modo explícito e radical.

Mas essa preocupação adquiriu, com o Concílio Vaticano II e, sobretudo, com a Conferência de Medellín e com a teologia da libertação, nova atualidade, novas dimensões e novas configurações, formuladas em termos de "Igreja dos pobres" e/ou "opção pelos pobres", que convém retomar e explicitar.

A. Concílio Vaticano II

Foi o Papa João XXIII que, às vésperas do Concílio, usou pela primeira vez a expressão "Igreja dos pobres". Em sua mensagem ao mundo no dia 11 de setembro de 1962, falando de Cristo como luz do mundo e da missão da Igreja de irradiar essa luz, apresenta, de forma surpreendente e inesperada, o que qualifica como um ponto luminoso: "Pensando nos países subdesenvolvidos, a Igreja se apresenta e quer realmente ser a Igreja de todos, em particular, a Igreja dos pobres".[1]

Comentando esse texto, Gustavo Gutiérrez destaca três aspectos fundamentais. Em primeiro lugar, "o papa situa a Igreja em relação aos países pobres", tratados não mais como países "em via de desenvolvimento", como na *Mater et Magistra*, mas como "países subdesenvolvidos".[2] É o mistério mesmo da Igreja (libertação em Cristo, proximidade do Reino de Deus) que é pensado em sua relação essencial com os pobres. Em segundo lugar, ele "estabelece os termos de uma relação importante": "Igreja de todos" (universalidade da missão) – "Igreja dos pobres" (particularidade, predileção). "Essa dialética entre universalidade e particularidade é capital para compreender a mensagem cristã e o que Deus se revela nela."[3] Por fim, "João XXIII apresenta esse modo de ver a Igreja como uma realidade em processo": ela "é e quer ser". Noutras palavras, "nem tudo está feito. A Igreja ainda não é tudo o que deveria ser, há um trajeto histórico a empreender".[4]

Nas palavras de Gutiérrez, "trata-se de um texto breve, mas no qual cada palavra é importante. Sua sobriedade e modéstia não devem fazer-nos esquecer seu caráter de fonte".[5] E, de fato, ele se tornou uma das "fontes" de um movimento de extrema importância no processo de renovação conciliar da Igreja: sua relação essencial com os pobres deste mundo. Movimento dinamizado e articulado por um grupo de padres conciliares que ficou conhecido com o nome de "Igreja dos pobres".[6]

---

[1] JOÃO XXIII. Mensagem radiofônica a todos os fiéis católicos, a um mês da abertura do Concílio. In: VATICANO II. *Mensagens, discursos e documentos*. São Paulo: Paulinas, 2007, pp. 20-26, letra L.

[2] GUTIÉRREZ, Gustavo. O Concílio Vaticano II na América Latina. In: BEOZZO, Oscar (org.). *O Vaticano II e a Igreja latino-americana*. São Paulo: Paulinas, 1985, pp. 17-49, aqui p. 29.

[3] Ibid., p. 30.

[4] Ibid.

[5] Ibid.

[6] Cf. PELLETIER, Denis. Une marginalité engagée: Le groupe 'Jésus, l'Église et les pauvres. In: LAMBERIGTS, M.; SOETENS, Cl.; GROOTAERS (éd.). *Les commissions conciliaires à Vatican II*. Leuven: Bibliotheek van de Faculteit Godgeleerdheid, 1996, pp. 63-89; ALBERIGO, Giuseppe. *Breve história do Concílio Vaticano II*. Aparecida: Santuário, 2006, pp. 39s, 56s, 62, 132s, 191s; BEOZZO, José Oscar. Presença e atuação dos bispos brasileiros no Vaticano II. In:

Provocados e inspirados pela experiência do Padre Paul Gauthier e da religiosa carmelita Marie-Thérèse Lescase, junto aos operários de Nazaré, bem como pelo livro *Os pobres, Jesus e a Igreja*, de Paul Gauthier,[7] vários bispos e teólogos passaram e se reunir regularmente no Colégio Belga de Roma sob a presidência do cardeal francês Gerlier, em torno do projeto da "Igreja dos pobres". Esse grupo se tornou um lugar privilegiado de sensibilização e reflexão teológica sobre a relação entre Jesus, a Igreja e os pobres e fonte de inspiração de muitas intervenções nas aulas conciliares,[8] dentre as quais merece destaque a famosa intervenção do Cardeal Lercaro de Bolonha, no final da primeira sessão do Concílio, no contexto da discussão do projeto sobre a Igreja.

Ele começa reforçando a tese de Suenens e de Montini de que a "finalidade deste Concílio" deve ser uma "doutrina sobre a Igreja capaz de ir até os fundamentos, além dos traços de ordem jurídica", e constata uma "lacuna" nos esquemas apresentados para a apreciação dos padres. Pois eles não levam em conta "o Mistério de Cristo nos pobres", e esta é uma verdade "essencial e primordial" na revelação. Por isso, afirma: "Concluindo esta primeira sessão de nosso Concílio, importa-nos reconhecer e proclamar solenemente: não realizaremos de maneira suficiente nossa tarefa, não receberemos com um espírito aberto o plano de Deus e a expectativa dos homens se não colocarmos, como centro e alma do trabalho doutrinal e legislativo deste Concílio, o mistério de Cristo nos pobres e a evangelização dos pobres".

LOPES GONÇALVES, Paulo Sérgio; BOMBONATTO, Vera Ivanise (org.). *Concílio Vaticano II: análise e prospectivas*. São Paulo: Paulinas, 2004, pp. 117-162, aqui pp. 147-150; CHENU, Marie-Dominique. A Igreja e os pobres no Vaticano II. *Concílium* 124 (1977), pp. 61-66; GUTIÉRREZ, Gustavo, op. cit., pp. 31-33; BARREIRO, Álvaro. *Os pobres e o Reino: do Evangelho a João Paulo II*. São Paulo: Loyola, 1983, pp. 135-138; VIGIL, José Maria. *Vivendo o Concílio. Guia para a animação conciliar da comunidade cristã*. São Paulo: Paulinas, 1987, pp. 164-170.

[7] Cf. GAUTHIER, Paul. *Les pauvres, Jesus et l'Eglise*. Paris: Éditions universitaires, 1962. O Padre Paul Gauthier era professor de Teologia dogmática no Seminário Maior de Dijon, na França. Em 1955 deixou a cátedra e foi viver e trabalhar como operário em Nazaré. Durante o Concílio foi para Roma e desempenhou um papel fundamental de reflexão e articulação, junto a um grupo de bispos e teólogos, sobre a relação entre Jesus, a Igreja e os pobres.

[8] Para uma visão de conjunto das intervenções dos padres nas aulas conciliares sobre esta questão, cf. id. *O Concílio e a Igreja dos pobres: "Consolai meu povo"*. Petrópolis: Vozes, 1967; id. *O Evangelho da justiça*. Petrópolis: Vozes, 1969.

E continua, mais adiante: "Não satisfaremos às mais verdadeiras e profundas exigências de nosso tempo [...], mas nos furtaremos a elas, se tratarmos o tema da evangelização dos pobres como um dos numerosos temas do Concílio. Se, na verdade, a Igreja, como já se disse muitas vezes, é o tema deste Concílio, pode-se afirmar, em plena conformidade com a eterna verdade do Evangelho, e ao mesmo tempo em perfeito acordo com a conjuntura presente que: o tema deste Concílio é bem a Igreja enquanto ela é sobretudo 'a Igreja dos pobres'".

Em vista disso, propõe alguns assuntos doutrinais a serem abordados e desenvolvidos e algumas reformas pastorais e institucionais. E conclui falando do "primado da evangelização dos pobres" como "método autêntico" de anúncio do Evangelho, de restauração da unidade dos cristãos e de resposta aos homens do nosso tempo.[9]

Embora exerça uma pressão espiritual e profética significativa sobre muitos padres conciliares, o grupo "Igreja dos pobres" permaneceu sempre à margem do Concílio e sua repercussão nos documentos aprovados foi muito tímida.[10] Deve-se reconhecer, portanto, que "o grupo não alcançou o que esperava institucionalmente do Concílio"[11] e que "estamos longe da proposta do Cardeal Lercaro de fazer da questão da 'Igreja dos pobres' (expressão que não aparece em nenhum documento conciliar) o tema do Concílio".[12] Em todo caso, recuperou e deu visibilidade a um aspecto "essencial e primordial" da revelação e pôs em marcha um processo de renovação eclesial a partir e em vista de sua relação "essencial e primordial" com os pobres deste mundo, começando pelo compromisso assumido pelos próprios membros do grupo, em sua vida e ação pastoral, no *Pacto das Catacumbas*, celebrado na Catacumba de Santa Domitila, fora de Roma, no dia 16 de novembro de 1965.[13]

---

[9] LERCARO, Giacomo, apud GAUTHIER, Paul. *O Concílio e a Igreja dos pobres*, cit., pp. 178-182.

[10] Cf. VIGIL, José Maria,. op. cit.; GUTIÉRREZ, Gustavo, op. cit., pp. 32s.

[11] BEOZZO, José Oscar, op. cit., p. 150.

[12] GUTIÉRREZ, Gustavo, op. cit., p. 33.

[13] Cf. KLOPPENBURG, Boaventura. *Concílio Vaticano II. Vol. V.* Petrópolis: Vozes, 1966, pp. 526-528; BEOZZO, José Oscar. *Pacto das catacumbas: por uma Igreja servidora e pobre.* São Paulo: Paulinas, 2015.

B. Conferência de Medellín

Um passo importante e decisivo no projeto de uma "Igreja dos pobres" se deu na II Conferência do Episcopado Latino-americano e caribenho em Medellín (24/08-06/09/1968). Essa Conferência foi pensada e articulada em vista de uma recepção e atualização do Concílio na América Latina. E, de fato, a Conferência de Medellín[14] significou "a transposição da perspectiva do Concílio e de suas intuições ao contexto específico do continente latino-americano. Sem o Concílio, não teria existido Medellín, mas Medellín não teria sido Medellín sem o esforço corajoso de repensar o acontecimento conciliar a partir da realidade de pobreza e de injustiça que caracterizava a América Latina".[15]

Esta é marca fundamental e decisiva de Medellín: pensar a identidade e a missão da Igreja em sua referência "essencial e primordial" aos pobres que constituem a grande maioria dos povos latino-americanos e caribenhos, o que significou, em última instância, pensá-la como "Igreja dos pobres".

Convém, aqui, retomar e examinar com atenção o documento 14, que tem como tema precisamente a "pobreza da Igreja".[16] Como os demais documentos, ele está desenvolvido segundo o conhecido método ver-julgar-agir. Começa tratando da "realidade latino-americana". Prossegue explicitando a "motivação doutrinária". E conclui com algumas "orientações pastorais".

a) No que diz respeito à "realidade latino-americana", o texto começa afirmando que o Episcopado "não pode ficar indiferente ante as tremendas injustiças sociais existentes na América Latina que mantêm

---

[14] Sobre a Conferência de Medellín, cf. BEOZZO, José Oscar. *A Igreja do Brasil de João XXIII a João Paulo II: de Medellín a Santo Domingo*. Petrópolis: Vozes, 1994; CALIMAN, Cleto. A trinta anos de Medellín: uma nova consciência eclesial na América Latina. *Perspectiva Teológica* 31 (1999), pp. 163-180; SOUSA, Luis Alberto Gomes de. A caminhada de Medellín a Puebla. *Perspectiva Teológica* 31 (1999), pp. 223-234; TEPEDINO, Ana Maria. De Medellín a Aparecida: marcos, trajetórias, perspectivas da Igreja Latino-americana. *Atualidade Teológica* 36 (2010), pp. 376-394.

[15] PALÁCIO, Carlos. Trinta anos de teologia na América Latina: um depoimento. In: SUSIN, Luis Carlos (org.). *O mar se abriu: trinta anos de teologia na América Latina*. São Paulo: Loyola, 2000, pp. 51-64, aqui p. 53.

[16] Cf. CELAM. *Conclusões de Medellín*. São Paulo: Paulinas, 1987, pp. 143-150.

a maioria de nossos povos numa dolorosa pobreza que em muitos casos chega a ser miséria desumana". Fala do "surdo clamor" que "nasce de milhões de homens pedindo a seus pastores uma libertação que não lhes chega de nenhuma parte", bem como das "queixas de que a hierarquia, o clero e os religiosos são ricos e aliados dos ricos". Faz algumas ponderações com relação à imagem que se tem da Igreja. Chama atenção para a situação de pobreza de muitas paróquias, dioceses, bispos, sacerdotes e religiosos. Distingue entre o "necessário para a vida e certa segurança" e o carecer do "indispensável" para viver. E conclui reconhecendo que "não faltam casos em que os pobres sentem que seus bispos, párocos e religiosos não se identificam realmente com eles, com seus problemas e angústias e que nem sempre apoiam os que trabalham com eles e defendem sua sorte".[17]

b) Quanto à "motivação doutrinária", o Documento distingue entre "pobreza como carência", que é "um mal em si"; "pobreza espiritual" como "atitude de abertura para Deus", "disponibilidade de quem tudo espera do Senhor"; e "pobreza como compromisso", assumida "por amor" aos pobres, a exemplo de Cristo. A partir desses três sentidos da pobreza, explicita em que consiste a pobreza da Igreja. Uma Igreja pobre, diz o texto, "denuncia a carência injusta dos bens deste mundo e o pecado que a engendra", "prega e vive a pobreza espiritual como atitude de infância espiritual e abertura para o Senhor" e "compromete-se ela mesma com a pobreza material". Isso diz respeito a "todos os membros da Igreja", ainda que seja vivido de diferentes maneiras. E vale, de modo particular, para o continente latino-americano: "A Igreja da América Latina, dadas as condições de pobreza e subdesenvolvimento do continente, sente a urgência de traduzir esse espírito de pobreza em gestos, atitudes e normas, que a tornem um sinal lúcido e autêntico do Senhor. A pobreza de tantos irmãos clama por justiça, solidariedade, testemunho, compromisso, esforço e superação para o cumprimento pleno da missão salvífica confiada por Cristo".[18]

---

[17] Ibid., pp. 143s.
[18] Ibid., pp. 145s.

c) Por fim, e como consequência do que foi dito anteriormente, a grande orientação pastoral: "queremos que a Igreja da América Latina seja evangelizadora e solidária com os pobres, testemunha do valor dos bens do Reino e humilde servidora de todos os homens de nossos povos".[19] Três aspectos inseparáveis, mas irredutíveis: "preferência e solidariedade", "testemunho", "serviço".

– *Preferência e solidariedade.* "O mandato particular do Senhor, que prevê a evangelização dos pobres, precisa levar-nos a uma distribuição tal de esforços e de pessoal apostólico, que deve visar, preferencialmente, os setores mais pobres e necessitados e os povos segregados por uma causa ou outra [...] Devemos tornar mais aguda a consciência do dever de solidariedade para com os pobres; exigência da caridade. Essa solidariedade implica tornar nossos os seus problemas e suas lutas e saber falar por eles. Isso há de se concretizar na denúncia da injustiça e da opressão, na luta contra a intolerável situação suportada frequentemente pelo pobre, na disposição de diálogo com os grupos responsáveis por essa situação, para fazê-los compreender suas obrigações [...] A promoção humana há de ser a linha de nossa ação em favor do pobre [...] Com esse fim, reconhecemos a necessidade da estruturação racional de nossa pastoral e da integração de nosso esforço com os esforços de outras entidades."[20]

– *Testemunho.* "Desejamos que nossa habitação e estilo de vida sejam modestos; nossa indumentária simples; nossas obras e instituições funcionais, sem aparato nem ostentação. Pedimos [...] um tratamento que convenha à nossa missão [...], pois desejamos renunciar a títulos honoríficos de outras épocas. [...] esperamos superar o sistema de espórtulas [...] A administração dos bens diocesanos ou paroquiais deverá ser integrada por leigos competentes e dirigida, da melhor forma possível, para o bem de toda comunidade." No mesmo espírito, exorta os "sacerdotes" e as "comunidades religiosas", estimulando de modo particular os que "se sentem chamados a compartilhar da sorte dos pobres" – inserindo-se e vivendo no meio deles. "Estes exemplos autênticos de desprendimento e

---

[19]   Ibid., p. 146.
[20]   Ibid., pp. 146s.

liberdade de espírito farão com que os demais membros do povo de Deus deem testemunho análogo de pobreza."[21]

– *Serviço*. "A Igreja não é impulsionada por nenhuma ambição terrena. O que ela quer é ser humilde servidora de todos os homens. Precisamos acentuar esse espírito em nossa América Latina. Queremos que nossa Igreja latino-americana esteja livre de peias temporais, de conveniências indevidas e de prestígio ambíguo; que, livre pelo espírito dos vínculos da riqueza, seja mais transparente e forte sua missão de serviço; que esteja presente na vida e nas tarefas temporais, refletindo a luz de Cristo na construção do mundo."[22]

Tudo isso está na base do que depois se formulou e se consolidou como "opção preferencial pelos pobres" – "a marca registrada da caminhada eclesial na América Latina".[23] O Documento de Aparecida afirma explicitamente que "a opção preferencial pelos pobres é uma das peculiaridades que marca a fisionomia da Igreja latino-americana e caribenha" (DAp 391). Trata-se, aqui, de uma "opção" claramente cristológica/teológica: "A pobreza de tantos irmãos clama por justiça, esforço e superação para o *cumprimento pleno da missão salvífica confiada por Cristo*"[24] (grifo nosso). Daí a insistência de Gutiérrez em que "a relevância do pobre para o Reino de Deus e, por isso mesmo, para o anúncio do Evangelho, é o nervo da mudança que a Igreja latino-americana experimenta"; "esta ótica levou a comunidade cristã latino-americana a retomar a intuição de João XXIII sobre a Igreja dos pobres e a ler a partir daí os grandes temas conciliares para examinar seu alcance para o nosso continente".[25]

Esse é o grande mérito e a grande contribuição de Medellín para a Igreja latino-americana e caribenha e, por que não dizer, para toda a Igreja: assumir de modo consequente, tanto do ponto de vista teológico quanto do ponto de vista pastoral, esse aspecto "essencial e primordial"

---

[21] Ibid., pp. 147ss.
[22] Ibid., pp. 149s.
[23] BEOZZO, José Oscar. Presença e atuação dos bispos brasileiros no Vaticano II, cit., p. 150.
[24] CELAM. *Conclusões de Medellín*, cit., p. 146.
[25] GUTIÉRREZ, Gustavo, op. cit., pp. 48s.

da revelação e da fé cristãs, que é a centralidade dos pobres e marginalizados na história da salvação. E, aqui, precisamente, reside sua insuperabilidade e sua perene atualidade: pôr no centro da vida e da missão da Igreja aquilo que está no centro da vida e da missão de Jesus Cristo, por mais escandaloso que isto seja (cf. Lc 7,22s).

Em Medellín, portanto, a insistência/exigência evangélica do Cardeal Lercaro de colocar "como centro e alma do trabalho doutrinal e legislativo do Concílio o mistério de Cristo nos pobres e a evangelização dos pobres" se tornou realidade e, assim, a Igreja de Jesus Cristo aparece, de fato, como ela é e como ela quer/deve ser: *a Igreja de todos, mas, sobretudo, a Igreja dos pobres.*

C. TEOLOGIA DA LIBERTAÇÃO

Essa intuição fundamental que aparece no Concílio Vaticano II e que é assumida pela Conferência de Medellín foi sendo aprofundada, desenvolvida e formulada de muitos modos e em diversas perspectivas pela teologia latino-americana.[26] De fato, os teólogos da libertação explicitaram e desenvolveram tanto do ponto de vista bíblico, quanto do ponto de vista dogmático, quanto do ponto de vista histórico, quanto

---

[26] Cf. ELLACURÍA, Ignacio. Las bienaventuranzas, carta fundacional de la Iglesia de los pobres. In: *Escritos Teológicos II.* San Salvador: UCA, 2000, pp. 417-437; id. El auténtico lugar social de la Iglesia. In: Op. cit., pp. 439-451; id. La Iglesia de los pobres, sacramento histórico de liberación. In: Op. cit., pp. 453-485; id. Notas teológicas sobre religiosidad popular. In: Op. cit., pp. 487-498; SOBRINO, Jon. *Ressurreição da verdadeira Igreja: Os pobres, lugar teológico da eclesiologia.* São Paulo: Loyola, 1982; id. La Iglesia de los pobres desde el recuerdo de monseñor Romero. *Revista Latinoamericana de Teología* 86 (2012), pp. 135-155; BARREIRO, Álvaro. *Os pobres e o Reino: do Evangelho a João Paulo II.* São Paulo: Loyola, 1983; BOFF, Leonardo. *E a Igreja se fez povo. Eclesiogênese: a Igreja que nasce da fé do povo.* Petrópolis: Vozes, 1991; COMBLIN, José. *O povo de Deus.* São Paulo: Paulus, 2002, pp. 88-114; AQUINO JÚNIOR, Francisco de. Igreja dos pobres: sacramento do povo universal de Deus. Tópicos de uma eclesiologia macroecumênica da libertação. In: TOMITA, Luiza; BARROS, Marcelo; VIGIL, José Maria (org.). *Pluralismo e libertação. Por uma teologia latino-americana pluralista a partir da fé cristã.* São Paulo: Loyola, 2005, pp. 193-214; id. Igreja dos pobres. Do Vaticano II a Medellín e aos dias atuais. *REB*, 288 (2012), pp. 807-830; CODINA, Víctor. *Una Iglesia nazarena: Teología desde los insignificantes.* Santander: Sal Terrae, 2010; LENZ, Matias Martinho. O Concílio Vaticano II: a presença da Igreja no mundo em espírito de serviço, em especial aos mais pobres. *Revista Pistis & Práxis* 21 (2012), pp. 421-440; CARIAS, Celso Pinto. Por uma Igreja pobre. Uma experiência eclesial vivida pelas CEBs. *REB* 292 (2013), pp. 849-864.

do ponto de vista pastoral, o nexo essencial entre a Igreja e os pobres e marginalizados. E, sem dúvida nenhuma, esse é um dos aportes mais importantes e mais fecundos da teologia da libertação para o conjunto da Igreja.

Na medida em que a Igreja é a comunidade dos seguidores e seguidoras de Jesus Cristo e na medida em que no centro da vida e missão de Jesus Cristo está o reinado de Deus, cuja característica mais central e decisiva é a garantia dos direitos dos pobres e marginalizados, a Igreja se constitui como "Igreja dos pobres", para usar a expressão do Papa João XXIII. O ser *dos* pobres aparece, aqui, como um aspecto "essencial e primordial" do "mistério de Cristo na Igreja" (Cardeal Lercado),[27] como um dos "traços" essenciais da Igreja (Marie-Dominique Chenu),[28] como "uma nota constitutiva e configurativa de toda a Igreja" (Ignacio Ellacuría),[29] como uma dimensão "essencial da 'verdade' da Igreja" (Álvaro Barreiro).[30] Trata-se, aqui, portanto, de uma questão dogmática, de uma verdade fundamental da revelação e da fé cristãs, de uma questão de ortopráxis eclesial e de ortodoxia teológica,[31] sem a qual uma "Igreja" pode ser tudo, menos Igreja de Jesus Cristo. A Igreja que é e deve ser sempre mais *una, santa, católica* e *apostólica* (Concílio de Constantinopla em 381), é e deve ser sempre mais *dos pobres* (João XXIII). Essa nota é tão essencial e fundamental na Igreja quanto as demais, e é tão antiga quanto elas, ainda que sua formulação em termos dogmáticos seja recente.

Certamente, o ser *dos pobres* não esgota a realidade da Igreja. Afinal, a Igreja que é *dos pobres* é também e sempre *una, santa, católica* e *apostólica*, para usar a formulação do símbolo Niceno-constantinopolitano. Mas essa é uma de suas notas constitutivas e essenciais. De modo que, sem ela, a Igreja deixa de ser Igreja de Jesus Cristo – seu corpo vivo e atuante na história.

---

[27] LERCARO, Giacomo, op. cit., p. 179.
[28] CHENU, Marie-Dominique. A igreja dos pobres no Vaticano II. *Concílium* 124 (1977), pp. 61-66, aqui p. 61.
[29] ELLACURÍA, Ignacio. Pobres. In: *Escritos Teológicos II*, cit., pp. 171-192, aqui pp. 189.
[30] BARREIRO, Álvaro, op. cit., p. 154.
[31] Cf. AQUINO JÚNIOR, Francisco de. Igreja dos pobres: sacramento do povo universal de Deus. Tópicos de uma eclesiologia macroecumênica da libertação, cit., p. 210.

"Justamente porque a 'opção preferencial pelos pobres' pertence ao coração mesmo do Evangelho de Jesus Cristo, quando um 'cristão' [ou uma comunidade] não assume conscientemente na sua vida, procurando vivê-la com maior fidelidade, e mais ainda quando de fato se opõe a ela, quaisquer que sejam as razões aduzidas, ele [ela] deixa *ipso facto* de ser cristão, pois coloca-se em contradição frontal com o Evangelho do Reino proclamado por Jesus e com a mesma pessoa de Jesus, que é, na expressão de Orígenes, a *autobasileia*, o Reino em pessoa."[32]

E isso vale tanto para os cristãos e as igrejas de países/regiões pobres quanto para os cristãos e as igrejas de países/regiões ricos.

Em que consista concretamente esse ser *dos pobres* ou como ele configura a Igreja em sua totalidade, depende do contexto histórico, das expressões que a pobreza e a marginalização vão adquirindo, bem como das reais possibilidades, dos esforços e das lutas por sua superação. Estamos, portanto, diante de uma verdade de fé que se *verifica* (faz-se verdade) na história, adquirindo, assim, diferentes configurações e expressões. De modo que uma abordagem mais ampla e consequente da Igreja dos pobres precisa considerar tanto seu caráter teológico-dogmático quanto seu caráter histórico-pastoral. Aqui, em todo caso, basta-nos insistir no fato de que a *Igreja dos pobres* é uma Igreja na qual os pobres estão no centro; uma Igreja que se faz a partir e em função dos pobres e que encontra neles seu princípio de estruturação, organização e missão. E isso marca e determina radicalmente a Igreja em sua totalidade: "quando os pobres se tornam o centro da Igreja, eles dão direção e sentido a tudo o que legitimamente [...] e necessariamente [...] constitui a realidade concreta da Igreja: sua pregação e ação, suas estruturas administrativas, culturais, dogmáticas, teológicas etc.".[33]

Não se trata, aqui, de instrumentalização da fé e da Igreja em função dos pobres e marginalizados, mas da própria constituição da Igreja, que, enquanto Igreja de Jesus Cristo, centrada no anúncio e na realização da boa notícia do reinado de Deus, constitui-se como "Igreja

---

[32] BARREIRO, Álvaro, op. cit., pp. 8s.
[33] SOBRINO, Jon, op. cit., p. 103.

dos pobres". Tanto que, apesar das reservas, ponderações e ambiguidades e de modos e com intensidades diferentes, essa característica ou nota essencial da Igreja de Jesus Cristo, explicitada e desenvolvida pela teologia latino-americana, acabou sendo reconhecida e assumida pelo conjunto da Igreja, sobretudo em termos de "opção preferencial pelos pobres". Mesmo Bento XVI, que sempre teve muitas reservas à Igreja latino-americana e sempre foi muito crítico da teologia da libertação, em sua encíclica *Deus Caritas Est*, reconhece e afirma que, "com o passar dos anos e a progressiva difusão da Igreja, a prática da caridade conformou-se como um dos seus âmbitos essenciais, juntamente com a administração dos sacramentos e o anúncio da Palavra: praticar o amor para com as viúvas e os órfãos, os presos, os doentes e necessitados de qualquer gênero pertence tanto à sua essência como o serviço dos sacramentos e o anúncio do Evangelho. A Igreja não pode descurar o serviço da caridade, tal como não pode negligenciar os sacramentos e a Palavra" (DCE 22).

Trata-se, portanto, de um âmbito *essencial* da Igreja, de algo que pertence à *essência* da Igreja, sem o qual a realidade da Igreja fica gravemente comprometida, senão inviabilizada ou negada.

E nesse sentido é que falamos aqui em termos dogmático-sistemáticos do "ser dos pobres" ou da "opção pelos pobres" como uma nota eclesial fundamental; uma nota particularmente afirmada e destacada pelo Papa Francisco, conforme mostramos no primeiro capítulo a partir de sua Exortação apostólica *Evangelii Gaudium*, sobre o anúncio do Evangelho no mundo atual.

Resta chamar atenção para o fato de que, na medida em que a parcialidade pelos pobres e marginalizados é um traço ou uma característica fundamental da revelação de Deus em Israel e definitivamente em Jesus Cristo, os pobres e marginalizados adquirem na fé cristã um caráter e uma função escatológicos, enquanto critério e medida do reinado de Deus neste mundo.

Capítulo 5

Caráter e função escatológicos dos pobres e marginalizados

A reflexão feita ao longo deste capítulo mostra a centralidade dos pobres e marginalizados na revelação e na fé cristãs. O fato de Deus se revelar como um Deus parcial pelos pobres e marginalizados (Deus *dos* pobres) faz com que a parcialidade pelos pobres e marginalizados seja um aspecto ou uma dimensão essencial da fé (Igreja *dos* pobres). A fé em um Deus parcial implica participação em sua parcialidade. Não por acaso a defesa e o cuidado dos pobres e marginalizados ocupam um lugar tão central na Escritura e na Tradição da Igreja. Como recorda o Papa Francisco, "todo o caminho da nossa redenção está assinalado pelos pobres" (EG 179), "existe um vínculo indissolúvel entre nossa fé e os pobres" (EG 48). E a tal ponto que ficar "surdo" ao clamor dos pobres "coloca-nos fora da vontade do Pai e do seu projeto"; "a falta de solidariedade, nas suas necessidades, influi diretamente sobre nossa relação com Deus" (EG 187). Dito positivamente, o "lembrar-se dos pobres" (Gl 2,10) ou "a opção pelos últimos, por aqueles que a sociedade descarta e lança fora" continua sendo o "critério-chave de autenticidade" eclesial (EG 195). Ou ainda, como afirmava João Paulo II em sua Carta Apostólica *Novo Millennio Ineunte* (Mt 25,35-36): "não é um mero convite à caridade, mas uma página de cristologia que projeta um feixe de luz sobre o mistério de Cristo. Nesta página, não menos do que faz com a vertente da ortodoxia, a Igreja mede sua fidelidade de Esposa de Cristo" (NMI 49).

Isso confere um caráter de ultimidade e definitividade aos pobres e marginalizados na fé cristã. Não que ou por que eles sejam moralmente bons, honestos ou melhores que os outros. Menos ainda que sejam Deus ou substituam Deus. Mas porque Deus mesmo, em sua bondade, é um Deus misericordioso, um Deus que "tem um coração (*cors*) junto dos pobres e para os pobres (*miseri*);[1] um Deus que "'dá o coração aos míseros', aos que têm necessidade, aos que sofrem";[2] um Deus parcial pelos pobres e marginalizados: "Deus dos humildes, socorro dos pequenos, protetor dos fracos, defensor dos desanimados, salvador dos desesperados" (Jd 9,11); um Deus que "dispersa os soberbos em seus planos, derruba do trono os poderosos e exalta os humildes, cumula de bens os famintos e despede os ricos de mãos vazias" (Lc 1,51-53). De modo que entregar-se confiante e fielmente a esse Deus implica de alguma maneira e em alguma medida entregar-se àqueles que estão em seu coração: os pobres e marginalizados. E é nesse sentido que falamos, aqui, de caráter e função escatológicos dos pobres e marginalizados na fé cristã.

Escatologia é a área da teologia que procura explicitar o *último/ definitivo* da vida e história humanas e que diz respeito a Deus e seu projeto de salvação para a humanidade. Na perspectiva cristã, como mostramos antes, isso está de tal modo vinculado à história de Israel e definitivamente à vida/práxis de Jesus de Nazaré, que só se pode falar de Deus como "Pai de Jesus Cristo". Na vida/missão de Jesus, o mistério de Deus e seu desígnio salvífico se manifestaram de modo pleno e definitivo (cf. Hb 1,1-4; Cl 2,9). Por essa razão, Jesus Cristo e seu anúncio/realização da boa notícia do reinado de Deus constituem o núcleo da escatologia cristã, bem como seu critério e sua norma

---

[1] KASPER, Walter. *A misericórdia*, cit., p. 25.
[2] PAPA FRANCISCO. *Ano Santo da misericórdia: 100 textos para meditação*, cit., p. 23.

permanentes.[3] Temos, aqui, a "escatologia concentrada".[4] Para os cristãos, o *último* e *definitivo* (Deus e seu desígnio salvífico) têm a ver com *Jesus Cristo* e o *Evangelho do Reino de Deus* (perspectiva cristã).

E na medida em que Deus se revela em Jesus Cristo como um Deus parcial pelos pobres e marginalizados, essa parcialidade adquire um caráter e uma função escatológicos: diz respeito ao mistério mesmo de Deus e de sua ação salvífica (caráter escatológico) e se constitui como critério e medida da fé (função escatológica). Noutras palavras, a parcialidade pelos pobres aparece, aqui, como um aspecto ou uma dimensão fundamental da escatologia cristã; diz respeito ao mistério de Deus (revelação) e à comunhão com ele (fé).

Nos tópicos anteriores explicitamos o caráter parcial da revelação e da fé cristãs e não precisamos repetir aqui o que já dissemos lá. Mas convém ainda insistir na função de medida e critério escatológicos que os pobres e marginalizados ocupam e desempenham na fé cristã. Seja no sentido de que a mera existência de pobres e marginalizados e de pessoas abandonadas em sua dor e em seu sofrimento são sinal inequívoco de rejeição a Deus e ao desígnio salvífico (pecado). Seja no sentido de que em suas vidas há muitos sinais da presença do Reino que são mediação de salvação e, assim, boa notícia para os pobres e marginalizados e, a partir deles, para toda a humanidade (graça). Seja no sentido de que nossa adesão ou rejeição a Deus e seu projeto de salvação é inseparável e até mesmo é medida pelo que fazemos ou não fazemos pelos pobres e marginalizados, pelos pequenos e fracos (julgamento).

Antes de tudo, é preciso insistir em que a mera existência de pobres e marginalizados e de pessoas abandonadas em sua dor e em seu sofrimento é, em si mesma, objetivamente, sinal inequívoco de rejeição e mesmo de oposição a Deus, é a *expressão mais radical do pecado* neste

---

[3] Cf. KEHL, Medard. *Dein Reich Komme: Eschatologie als Rechenschaft über unsere Hoffnung.* Kevelaer: Popos plus, 2003; LIBANIO, João Batista; BINGEMER, Maria Clara. *Escatologia cristã.* Petrópolis: Vozes, 1996, pp. 101-145; BOFF, Clodovis. *Escatologia: breve tratado teológico-pastoral.* São Paulo: Ave Maria, 2012, pp. 26-30; MURAD, Afonso; CUNHA, Carlos; GOMES, Paulo Roberto. *Da terra ao céu. Escatologia cristã em perspectiva dialogal.* São Paulo: Paulinas, 2016, pp. 22-24.

[4] BOFF, Clodovis, op. cit., p. 26.

mundo. Como afirma Oscar Romero, "pecado é aquilo que deu morte ao Filho de Deus e pecado continua sendo aquilo que dá morte aos filhos de Deus". O pecado é realmente mortal "não só pela morte interna de quem o comete, mas pela morte real e objetiva que produz". Na verdade, "não se pode ofender a Deus sem ofender ao irmão e a pior ofensa a Deus [...] é fazer dos filhos de Deus, dos templos do Espírito Santo, do corpo histórico de Cristo vítimas da opressão e da injustiça, escravos de ambições econômicas, alvo de repressão política".[5] Trata-se, aqui, da objetividade do pecado e até independentemente da consciência que se tenha dele ou não.[6] A mera existência de pobres e marginalizados e de pessoas abandonadas em sua dor, em seu sofrimento, é, portanto, a expressão mais radical do pecado neste mundo e, quanto tal, é também o chamado mais radical à conversão.

Além do mais, é preciso reconhecer e se alegrar com os *sinais do Reino* na vida dos pequenos (Mt 11,25s). Contra todas as evidências e por mais paradoxal que seja, o mundo dos pobres e marginalizados é um mundo agraciado por Deus. O Espírito do Senhor continua agindo "a partir de baixo". Jon Sobrino fala, com Ignacio Ellacuría e Oscar Romero, dos "povos crucificados" como "atual servo de Javé", que trazem luz e salvação ao mundo,[7] e fala de uma "santidade primordial" dos pobres, a "santidade do viver", ligada à "decisão primária de viver e dar vida". Não se trata da "santidade reconhecida nas canonizações", nem sequer da "santidade das virtudes heroicas", mas da "santidade do sofrimento que tem uma lógica distinta, mas mais primária, que a santidade da virtude".[8] Puebla fala do "potencial evangelizador dos pobres", enquanto "interpelam" a Igreja "chamando-a à conversão", e

---

[5] ROMERO, Oscar. La dimensión política de la fe desde la opción por los pobres. In: SOBRINO, Jon; MARTÍN-BARÓ, Ignacio; CERDENAL, Rodolfo. *La voz de los sin voz: La palavra viva de Monseñor Romero.* San Salvador: UCA, 2007, pp. 183-193, aqui p. 189.

[6] Cf. MOSER, Frei Antônio. *O pecado: do descrédito ao aprofundamento.* Petrópolis: Vozes, 2002, pp. 157s, 300-302.

[7] Cf. SOBRINO, Jon. Los pueblos crucificados, actual siervo sufriente de Yahvé. In: *El principio--misericórdia. Bajar de la cruz a los pueblos crucificados.* Santander: Sal Terrae, 1992, pp. 83-95.

[8] SOBRINO, Jon. Las primeras reflexiones después del terremoto. In: *Terremoto, terrorismo, barbarie y utopia. El Salvador, Nueva York, Afeganistán.* Madrid: Trotta, 2002, pp. 29-43, aqui pp. 35-37; cf. id. La santidad primordial. In: op. cit., pp. 123-168.

tendo em vista que "muitos deles realizam em sua vida os valores evangélicos de solidariedade, serviço, simplicidade e disponibilidade para acolher o dom de Deus" (Puebla 1147). O Papa Francisco afirma que "é necessário que nos deixemos evangelizar por eles" e convida a "reconhecer a força salvífica das suas vidas", a "descobrir Cristo neles", a "acolher a misteriosa sabedoria que Deus quer nos comunicar através deles" (EG 198).

Por fim, é preciso recordar e insistir com toda a Tradição da Igreja na *função objetiva de juízo ou julgamento* que os pobres e marginalizados desempenham na fé cristã. Diante deles, nossa decisão, vale a redundância, é decisiva. Nossa relação com eles é, ao mesmo tempo, expressão e critério e medida de nossa relação com Deus. Neles, acolhemos ou rejeitamos a Deus. Como bem recordou González Faus em sua antologia comentada de textos sobre os pobres na teologia e na espiritualidade cristãs, eles são os *vigários de Cristo*.[9] Nas palavras de São Gregório de Nissa, "eles nos representam a pessoa do salvador. Assim é, porque o *Senhor, por sua bondade, lhes emprestou sua própria pessoa* a fim de que por ela comovam os duros de coração e inimigos dos pobres [...]. Os pobres são os despenseiros dos bens que esperamos, os porteiros do Reino dos céus, os que o abrem aos bons e o fecham aos maus e desumanos. Eles são, por sua vez, duros acusadores e excelentes defensores. E defendem ou acusam, não pelo que dizem, mas pelo mero fato de ser visto pelo Juiz. Tudo o que se fizer a eles grita com voz mais forte que dum arauto diante daquele que conhece os corações".[10]

Esse caráter e essa função escatológicos dos pobres e marginalizados na fé cristã é muito claro na Escritura e perpassa toda a Tradição da Igreja. É um aspecto ou uma dimensão fundamental da escatologia cristã.

a) É algo central na *Escritura*. Tanto no Antigo quanto no Novo Testamento.

Já no Antigo Testamento, a defesa e o cuidado dos pobres e marginalizados aparecem como exigência e como critério de fidelidade a

---

[9] Cf. GONZÁLEZ FAUS, José Ignacio. *Vigários de Cristo: os pobres na teologia e espiritualidade cristãs. Antologia comentada*. São Paulo: Paulus, 1996.

[10] SÃO GREGÓRIO DE NISSA. Homilia sobre o amor aos pobres, apud GONZÁLEZ FAUS, José Ignacio, op. cit., pp. 22-24, aqui p. 23.

Deus: seja através das regras e leis de proteção e socorro ao pobre, ao órfão, à viúva e ao estrangeiro; seja através dos profetas que denunciam a opressão e a injustiça dos reis e poderosos contra os pequenos e insistem na incompatibilidade entre culto e injustiça; seja como um traço fundamental da oração e da sabedoria judaicas. Isso perpassa toda a Escritura hebraica. Como exemplo, basta recordar com o profeta Miqueias o que é bom e agradável a Deus: "praticar o direito, amar a misericórdia, caminhar humildemente com o seu Deus" (Mq 6,8) e recordar com a tradição sapiencial a incompatibilidade entre culto e injustiça: "como quem imola o filho na presença do próprio pai, assim é aquele que oferece sacrifícios com os bens dos pobres. O pão dos indigentes é a vida dos pobres e quem tira a vida dos pobres é assassino. Mata o próximo quem lhes tira seus meios de vida e derrama sangue quem priva o operário de seu salário" (Eclo 34,20-22).

E o Novo Testamento não só conserva esse aspecto fundamental da tradição judaica, mas confere a ele ultimidade e definitividade, no contexto das expectativas e da chegada dos tempos messiânicos com Jesus Cristo e seu anúncio/realização do reinado de Deus. Basta recordar, aqui, duas parábolas que explicitam de modo inequívoco o caráter e a função escatológicos dos pobres e marginalizados, conhecidas como a parábola do bom samaritano (Lc 10,25-37) e a parábola do juízo final (Mt 25,31-46). No primeiro caso, está em jogo nada menos que a *vida eterna*: "que devo fazer para herdar a vida eterna"? No segundo caso, está em jogo nada menos que o *julgamento das nações*: "Ele separará uns dos outros, como um pastor separa as ovelhas dos cabritos": benditos x malditos. E o critério é muito claro: fazer-se "próximo" dos caídos à beira do caminho e agir com misericórdia com eles; o fazer ou não fazer pelos "menores" ou "pequeninos". No fazer-se "próximo" dos caídos, no fazer ou não fazer pelos menores ou pequenos está em jogo, portanto, a "vida eterna", a bênção ou a maldição, o Reino dos céus ou "fogo eterno".

b) E é algo que perpassa toda a *Tradição* da Igreja – uma de suas notas, dimensões ou características essenciais; algo particularmente enfatizado pelos padres nos primeiros séculos e ao longo da história por santos e profetas: "Se quiser honrar deveras o corpo de Cristo, não consintais que esteja nu. Não o honreis aqui com vestes de seda, enquanto fora o deixais perecer de frio e nudez. Porque o mesmo que diz 'este é o meu corpo' é quem diz 'me vistes faminto e não me destes de comer' [...]. O que aproveita ao Senhor que sua mesa esteja cheia de vaso de ouro se ele se consome de fome? Ou lhe vais fazer um copo de ouro e depois não lhe dar um copo de água? E de que serve se cobres seu altar de panos recamados de ouro e a ele não buscas nem sequer o abrigo indispensável?" (São João Crisóstomo).[11]

– "Todos [espanhóis] estais em pecado mortal e nele viveis e morreis por causa da crueldade e tirania que usais com estas gentes inocentes. Com que direito e com que justiça tendes em tão cruel e horrível servidão estes índios? [...] Como os tendes oprimidos e fatigados sem lhes dar de comer nem curá-los em suas enfermidades em que incorrem pelos excessivos trabalhos que lhes dais e morrem, dizendo melhor, os matais, para tirar e adquirir ouro cada dia? [...] Eles não são homens? Não têm almas racionais? Não sois obrigados a amá-los como a vós mesmos? Não entendeis isto? Não percebeis isto? [...] Tende certeza que no estado em que estais não vos podeis salvar" (Frei Antônio de Montesinos).[12]

– "Foi assim que o Senhor me conduziu a mim, Frei Francisco, iniciar uma vida de penitência: como estivesse em pecado, parecia-me deveras insuportável olhar para leprosos. E o Senhor mesmo me conduziu entre eles e eu tive misericórdia com eles. E enquanto me retirava deles, justamente o que antes me parecia amargo se me converteu em doçura da alma e do corpo. E depois disso demorei só bem pouco e abandonei o mundo" (São Francisco de Assis).[13]

– "Os pobres são nossos mestres, são nossos reis, devemos obedecê-los, e não é exagerado chamá-los assim, porque Nosso Senhor está nos pobres"; "Embora a oração seja extremamente necessária a uma Filha

---

[11] SÃO JOÃO CRISÓSTOMO. Sobre 1Cor apud GONZÁLEZ FAUS, José Ignacio, op. cit., pp. 32s.

[12] LAS CASAS, Bartolomeu. O Sermão de Montesinos apud MATOS, Henrique Cristiano. *Caminhando pela história de Igreja: uma orientação para iniciantes.* Belo Horizonte: Lutador, 1995, pp. 111-112. v. II.

[13] SÃO FRANCISCO DE ASSIS. Testamento. In: *Escritos e biografias de São Francisco de Assis. Crônicas e outros testemunhos do primeiro século franciscano.* Petrópolis: Vozes, 1996, p. 167.

da Caridade, dir-vos-ei, contudo, que, sendo vossa principal função o serviço dos pobres, quando se trata de socorrê-los e haja receio de que a eles sobrevenha algum dano, se não forem prontamente atendidos, estareis obrigadas a deixar a oração. Mas ainda: se não houver outro tempo para atendê-los senão o da missa, importa deixá-la, não só em dia comum, como também em dia de preceito [...], porque a assistência ao próximo foi prescrita por Deus mesmo e praticada por Nosso Senhor Jesus Cristo, enquanto a obrigação da missa é uma determinação da Igreja"; "Ah, seria preciso vender-nos a nós mesmos para arrancar nossos irmãos da miséria" (São Vicente de Paulo).[14]

– Os pobres "são o povo crucificado, como Jesus, o povo perseguido como o servo de Javé. São eles os que completam em seu corpo o que falta à paixão de Cristo";[15] "Há um critério para saber se Deus está perto ou distante de nós [...]: todo aquele que se preocupa com o faminto, com o desnudo, com o pobre, com o desaparecido, com o torturado, com o prisioneiro, com toda essa carne que sofre está perto de Deus [...] O que fazes ao pobre, fazes a Deus e a maneira como vês o pobre, assim estás vendo a Deus. Deus quis se identificar de tal maneira com o pobre que os méritos de cada um e de uma civilização serão medidos pelo trato que tenhamos para com o necessitado e o pobre"[16] (São Romero de América).

– "Embora não formule juízo teológico, o povo crucificado já é juiz em sua própria existência e esse juízo é salvação, enquanto revela, por oposição, o pecado do mundo, enquanto possibilita refazer o que está malfeito e enquanto propõe uma exigência nova como caminho ineludível para conseguir salvação. Trata-se [...] de um juízo universal no qual se dá a sentença sobre todo o curso da história [...] O povo crucificado tem assim uma dupla vertente: é a vítima do pecado do mundo e é também quem traz a salvação ao mundo";[17] "Os pobres salvarão o

---

[14] SÃO VICENTE DE PAULO. Conferências às Filhas da Caridade apud. MATOS, Henrique Cristiano José. *Misericórdia: O coração pulsante do evangelho*. Belo Horizonte: Lutador, 2016, pp. 166-169.

[15] ROMERO, Oscar. *La dimensión política de la fé desde la opción por los pobres*, cit., p. 188.

[16] Id. Quinto domingo del tiempo ordinário. In: *Su pensamento III*. San Salvador: UCA, 2000, pp. 185-197, aqui p. 194s.

[17] ELLACURÍA, Ignacio. El Pueblo crucificado: Ensayo de soteriología histórica. In: *Escritos Teológicos I*. San Salvador: UCA, 2000, pp. 137-170, aqui p. 169.

mundo, *já* o estão salvando, embora *ainda não*. Buscar a salvação por outro caminho é erro dogmático e histórico. Se isto implica esperar contra toda esperança, definitivamente é uma confiança segura em que tudo isso se logrará um dia. Os pobres continuam sendo a grande reserva de esperança e de espiritualidade humanas"[18] (Ignacio Ellacuría).

– "Não devem subsistir dúvidas nem explicações que debilitem essa mensagem claríssima. Hoje e sempre, 'os pobres são os destinatários privilegiados do Evangelho' e a evangelização dirigida gratuitamente a eles é sinal do Reino que Jesus veio trazer. Há que afirmar sem rodeios que existe um vínculo indissolúvel entre nossa fé e os pobres. Não os deixemos jamais sozinhos" (EG 48); "Como gostaria que Roma pudesse resplandecer de 'pietas' pelos sofredores, de acolhimento por quem foge de guerras e morte, de disponibilidade, sorriso e magnanimidade por quem perdeu a esperança. Gostaria que a Igreja de Roma se manifestasse cada vez mais como mãe atenta e zelosa para com os débeis. Gostaria que as comunidades paroquiais em oração, no momento do ingresso de um pobre na Igreja, se ajoelhassem em veneração do mesmo modo como quando entra o Senhor! Como queria isto, que se tocasse a carne de Cristo presente nos necessitados desta cidade"[19] (Papa Francisco).

São apenas alguns indícios ou amostras da consciência do caráter e da função escatológicos dos pobres e marginalizados na fé cristã ou, se se quer, da dimensão parcial da escatologia cristã. O fato de isso normalmente aparecer formulado em linguagem profético-sapiencial, homilético-pastoral ou até mesmo apocalíptica, e não tanto em linguagem dogmática, de ser abordado e explicitado mais por pastores, santos e profetas que por teólogos sistemáticos, de aparecer mais ligado à vivência espiritual e à ação pastoral que à doutrina não diminui nem

---

[18] Id. Pobres. In: op. cit., pp. 171-192, aqui p. 177. Sobre a crítica de Moltmann a essa tese de Ellacuría e uma crítica à crítica de Moltmann, cf.: AQUINO JÚNIOR, Francisco de. *A teologia como intelecção do reinado de Deus: o método da teologia da libertação segundo Ignacio Ellacuría*. São Paulo: Loyola, 2010, pp. 295s, nota p. 106.

[19] PAPA FRANCISCO. Mensagem vídeo do Papa Francisco para a Caritas de Roma (28/04/2015). Disponível em: <http://m.vatican.va/content/francescomobile/pt/messages/pont-messages/2015/documents/papa-francesco_20150428_video-messaggio-caritas-roma.html>.

compromete seu valor dogmático. Pelo contrário, mostra o profundo enraizamento espiritual e pastoral dessa verdade de fé ou desse dogma de fé. Tanto que isso não deixa de aparecer em muitos textos e documentos do magistério da Igreja ao longo da história.

Na explicitação do caráter dogmático-doutrinal dessa verdade da fé cristã, é importante recordar e insistir na função canônica da Escritura na teologia e na necessária unidade-coerência que deve existir entre fé vivida (ortopráxis) e fé pensada (ortodoxia),[20] ou entre "*lex orandi – lex credendi – lex agendi*".[21] O que aparece como central e decisivo na Escritura, na fé e na liturgia da Igreja, deve ser central e decisivo também na doutrina da Igreja. Só uma separação ou contraposição entre teologia e Escritura e entre teologia e fé vivida e celebrada poderia negar ou comprometer a centralidade dos pobres e marginalizados na doutrina cristã ou o caráter dogmático da parcialidade pelos pobres e marginalizados. Isso não é uma questão secundária nem opcional, mas uma dimensão essencial da revelação e da fé e, enquanto tal, uma verdade fundamental da fé, um dogma de fé. E vale também para a teologia, enquanto inteligência da fé vivida e celebrada. Os pobres e marginalizados são, no Juiz e Senhor, juízes e senhores também de nossas doutrinas e/ou teologias; são critério e medida escatológicos também de nossas doutrinas e/ou teologias. Também para o caso específico da teologia vale o "vinde, benditos" e o "afastai-vos, malditos".

É importante, aqui, em todo caso, insistir no caráter e na função escatológicos dos pobres e marginalizados na fé cristã. Na medida em que a revelação e a fé têm uma dimensão essencial de parcialidade pelos pobres e marginalizados, como vimos antes, eles adquirem na fé um caráter escatológico (dizem respeito a Deus e seu projeto salvífico) e uma função escatológica (tornam-se critério e medida de adesão ou rejeição a Deus e seu projeto salvífico). E, assim, a parcialidade pelos pobres e marginalizados aparece como um aspecto ou uma dimensão essencial da escatologia cristã.

---

[20] Cf. ELLACURÍA, Ignacio. Relación teoria y práxis em la teologia de la liberación. In: *Escritos Teológicos I*, cit., pp. 235-245.

[21] Cf. TABORDA, Francisco. *O memorial da páscoa do Senhor: ensaios litúrgico-teológicos sobre a eucaristia*. São Paulo: Loyola, 2009, pp. 21-37.

Parte 4

O compromisso com os pobres e marginalizados

Começamos tratando da retomada do processo de saída da teologia para as periferias do mundo: "Teologia em saída para as periferias" (Parte I). Em seguida, procuramos analisar e compreender um pouco o mundo dos pobres e marginalizados, particularmente em sua configuração atual: "O mundo dos pobres e marginalizados" (Parte II). E explicitamos o vínculo constitutivo e essencial da fé cristã com os pobres e marginalizados deste mundo: "A fé cristã e os pobres e marginalizados" (Parte III). Resta, agora, nesta última parte, abordar a problemática do compromisso cristão com os pobres e marginalizados.

Depois de tudo que foi dito nos capítulos anteriores, não resta dúvida de que esse compromisso é algo essencial e decisivo na fé cristã. Na verdade, nem deveríamos falar aqui propriamente de "opção", pelo menos no sentido de que também se poderia "não optar". Para os cristãos, o compromisso com os pobres e marginalizados não é algo opcional, mas algo constitutivo de sua fé, a ponto de que sem ele não se pode falar propriamente de fé cristã. Agora, claro, as formas de viver esse compromisso são diversas e essas diversas formas não devem ser tratadas sem mais como contrapostas umas às outras, mas, antes, como expressões e dimensões complementares do compromisso cristão com os pobres e marginalizados.

Embora tenhamos insistido, particularmente no capítulo anterior, no caráter estritamente teológico do que se convencionou chamar, a partir de Medellín e Puebla, "opção pelos pobres" na Igreja, começaremos nossa abordagem do compromisso cristão com os pobres e marginalizados retomando e insistindo no caráter estritamente espiritual e, consequentemente, teo-lógico desse compromisso. Em seguida, chamaremos atenção para a complexidade desse compromisso (dimensões e formas), destacando sua dimensão socioestrutural (caridade-justiça) e os serviços e ministérios voltados para essa dimensão do compromisso cristão (pastorais sociais), bem como sua dimensão macroecumênica (macroecumenismo). E concluiremos tratando da expressão mais radical desse compromisso, que é a profecia e martírio por causa dos pobres: profet(is)as e mártires da caminhada (profecia-martírio).

Capítulo 1

Caráter espiritual do compromisso com os pobres e marginalizados

onvém começar nossa abordagem do compromisso cristão com os pobres e marginalizados insistindo no caráter estritamente espiritual desse compromisso. E isso por uma tripla razão. Em primeiro lugar, por não ser algo evidente e tranquilo na Igreja, o que explica em boa medida seu descuido e sua relativização em nossas comunidades, pastorais, movimentos, paróquias, dioceses e no conjunto de Igreja. Em segundo lugar, por se tratar de algo que constitui o núcleo da experiência cristã de Deus, sem o qual não se pode falar propriamente de fé cristã. Em terceiro lugar, porque isso implica uma "conversão pastoral" da Igreja, isto é, uma reorientação e reorganização de sua vida e missão a partir daquilo que constitui o "coração pulsante do Evangelho": a misericórdia para com os pobres e marginalizados, pequenos e fracos.

A. NÃO EVIDÊNCIA

Antes de tudo, é preciso reconhecer que o caráter estritamente espiritual do compromisso com os pobres e marginalizados não é algo evidente nem tranquilo na Igreja. É claro que se reconhece sua importância e sua necessidade e até mesmo sua exigência evangélica, sobretudo em sua forma mais assistencial ou no que se convencionou chamar "obras de misericórdia": dar de comer a quem tem fome, dar de beber a quem tem sede, vestir os nus, visitar doentes e encarcerados etc. Mas daí a considerar isso como algo estritamente espiritual há uma grande distância.

Normalmente, quando se fala de espiritual ou de espiritualidade não se pensa direta e imediatamente no compromisso com os pobres e marginalizados, mas em práticas religiosas. Espiritual seria uma pessoa que reza muito, que fala muito de Deus, que pratica muitos exercícios religiosos (culto, devoções, orações, jejum, retiro etc.), mesmo que, como consequência ou como exigência, pratique ou deva praticar também a caridade para com os necessitados. Mas, aqui, o espiritual aparece ligado ou mesmo identificado com práticas religiosas. Mesmo que se valorize e até se exija a prática da caridade, ela não é considerada em si mesma algo estritamente espiritual. No máximo, uma exigência ou uma consequência da espiritualidade.

Não por acaso, a crítica mais comum a pessoas e grupos na Igreja comprometidos com os pobres e marginalizados é que seriam pouco espirituais ou que cultivariam pouco a espiritualidade. E com isso se quer dizer que eles dedicam pouco tempo à oração, que falam mais dos problemas do mundo que de Deus, que não priorizam as atividades litúrgicas etc. Mesmo reconhecendo que isso aconteça ou possa acontecer com algumas pessoas e com alguns grupos e que isso traga prejuízo para uma vivência espiritual intensa, importa, aqui, chamar atenção para a compreensão de espiritual ou espiritualidade que está por trás dessa crítica: sua identificação com práticas religiosas.

E, não por acaso, a prioridade pastoral da grande maioria de nossas organizações eclesiais (comunidades, pastorais, movimentos, paróquias e dioceses) está ligada ao culto e à catequese/doutrina. Basta ver as atividades que elas realizam, em que gastam mais tempo, dinheiro e energia, a dificuldade de encontrar pessoas e grupos até para a visita a doentes e encarcerados – para não falar dos conflitos sociais e das lutas por justiça, a que se referem quando falam de espiritual ou espiritualidade, da separação até na linguagem entre o que comumente se chama o "espiritual" e o "social" etc. Tudo isso é indício do que se considera mais importante e essencial na Igreja e em sua missão e do que se compreende por espiritual ou espiritualidade.

No fundo, essa compreensão de espiritual/espiritualidade está ligada ao dualismo entre matéria e espírito, que marca a tradição ocidental. Esse dualismo, que não é bíblico, chega a nós através do mundo grego e pode ser caracterizado por uma separação e até contraposição entre material e espiritual ou corpo e alma. Por um lado, material e espiritual são tomados como duas realidades completas e autossuficientes que existem independentemente uma da outra. O máximo que se pode dar entre elas é uma *relação* entre *relatos* que em si nada têm a ver um com outro: existe o material e existe o espiritual; eles podem se juntar (vida humana), mas terminam se separando (morte). Essa postura aparece tanto em teorias filosófico-antropológicas (Platão)[1] quanto no discurso mais ou menos espontâneo e convencional (morte como separação da alma do corpo, imortalidade da alma, rezar pela alma etc.). Por outro lado, material e espiritual são tomados como realidades contrapostas. Não são apenas realidades distintas, mas realidades que se opõem uma à outra. O material é de natureza sensível, o espiritual é de natureza intelectiva, e a relação entre sensibilidade e inteligência é de oposição.[2]

É claro que um dualismo radical, de tipo maniqueísta, seria incompatível com o Cristianismo, pois comprometeria o caráter criacional do mundo e sua bondade original, bem como o caráter histórico da salvação que, para os cristãos, atinge sua plenitude na encarnação da Palavra/Sabedoria de Deus em Jesus de Nazaré. Mas é fato que o Cristianismo foi contaminado por correntes e movimentos mais ou menos dualistas, que esse dualismo condicionou negativamente tanto a leitura da Escritura quanto nossa compreensão e vivência do espiritual ou da espiritualidade, e que ele se mantém ainda hoje de modo um tanto difuso em nossa cultura e imaginário religioso.

---

[1] Cf. REALE, Giovanni. *História da filosofia antiga II*. São Paulo: Loyola, 1994, pp. 185-215; LIMA VAZ, Henrique Claudio. *Antropologia filosófica I*. São Paulo: Loyola, 1991, pp. 35-38.

[2] Cf. ZUBIRI, Xavier. *Inteligencia sentiente. Inteligencia y realidad*. Madrid: Alianza Editorial, 2006, pp. 19-26, 79-85.

Tudo isso explica em boa medida o lugar marginal ou secundário que o compromisso com os pobres e marginalizados ocupa na fé cristã. Por mais importante e necessário que seja, não é algo estritamente espiritual. No máximo, é uma consequência ou uma exigência da vivência espiritual. Mas a espiritualidade propriamente dita é outra coisa, é de outra ordem: a ordem do culto e da doutrina. E isso é o mais importante e o mais essencial; o que não pode faltar em hipótese alguma na Igreja.

B. Núcleo da experiência cristã

No entanto, convém insistir, mesmo com o risco de ser repetitivo, se tomarmos como referência e critério de espiritualidade a experiência de Deus de Israel e, definitivamente, de Jesus Cristo, narrada na Sagrada Escritura, veremos que o compromisso com os pobres e marginalizados está no centro da espiritualidade cristã, constitui o núcleo da vida espiritual cristã.[3] Mais que uma questão social, econômica, política, moral, ética, humanitária etc., é uma questão estritamente espiritual: uma que questão que diz respeito, em última instância, positiva (fé) ou negativamente (pecado), à nossa relação com Deus.

De fato, o centro da vida cristã é a caridade: "Deus é amor" e "todo aquele que ama nasceu de Deus e conhece a Deus", pois "o amor vem de Deus" (cf. 1Jo 4,8-16). A fé cristã é uma fé ativada/dinamizada pela caridade (cf. Gl 5,6). Não há nada maior e mais importante que a caridade (cf. 1Cor 13,13). Toda a lei se resume no amor a Deus e ao próximo, e o amor ao próximo é o critério de amor a Deus (cf. Mt 22,34-40; Mc 12,28-33; Lc 10,25-28; Jo 15,12; 1Jo 4,20). Quem diz que ama a Deus e não ama o irmão, é mentiroso (cf. 1Jo 4,20). A caridade é o que nos torna afins com Deus: quem ama permanece em Deus e Deus permanece nele (cf. 1Jo 4,7-21). E é o critério último/escatológico da vida eterna ou do reinado de Deus (cf. Lc 10,25-37; Mt 25,31-40). De modo

---

[3] Cf. AQUINO JÚNIOR, Francisco de. *Viver segundo o espírito de Jesus Cristo: espiritualidade como seguimento.* São Paulo: Paulinas, 2014.

que não há nada maior, mais importante, mais santo, mais espiritual, mais religioso, mais definitivo que o amor. E este deve ser real, concreto: "não amemos com palavra e com a língua, mas com ações e em verdade" (1Jo 3,18).

Esse amor diz respeito tanto ao modo de vida da comunidade cristã em geral (vida fraterna) quanto, e, sobretudo, ao cuidado dos pobres e marginalizados (diaconia). É que o amor cristão tem um dinamismo fundamentalmente misericordioso, no sentido de ter em seu coração os miseráveis deste mundo e de ser movido unicamente por suas necessidades, sem esperar nenhuma retribuição. Daí por que o amor fraterno entre os cristãos se constitua necessariamente em serviço aos pobres, oprimidos e marginalizados, extrapolando os limites da própria comunidade. A vida fraterna se vive e se mede em última instância no serviço aos pobres e marginalizados. O dinamismo misericordioso do amor faz com que os "miseráveis" estejam no "coração" da Igreja. Aqui está a expressão máxima e a prova de fogo da caridade cristã. Tanto em relação à vida interna da comunidade quanto em relação à sociedade em geral.

E esse é um dos traços e uma das preocupações mais importantes das primeiras comunidades cristãs. Isso se pode verificar, por exemplo, na única exigência feita às comunidades paulinas, por ocasião do chamado concílio de Jerusalém: "somente pediram que nos lembrássemos dos pobres" (Gl 2,1-10); na condenação de Paulo, ao que acontecia na comunidade de Corinto, quando se reunia para celebrar a ceia do Senhor: "uns se antecipam em consumir a própria ceia e, enquanto um passa fome, o outro se embebeda" (1Cor 11,17-34); na coleta feita pelas comunidades paulinas para os pobres da Igreja de Jerusalém (1Cor 16,1-4; 2Cor 8–9; Rm 15,26–12,8); na escolha dos sete diáconos para o cuidado das viúvas (At 6,1-7); na comunidade de bens relatada nos Atos dos Apóstolos (At 2,41-47; 4,32-37); na denúncia e admoestação aos ricos que se enriquecem às custas do salário dos trabalhadores, feitas na carta de Tiago (Tg 5,1-6); e no critério escatológico para herdar a vida eterna ou para entrar no Reino dos céus (Lc 10,29-37; Mt 25,31-46). Sem falar da centralidade que os pobres e marginalizados ocupam na vida de Jesus, como se pode ver nos Evangelhos, e das muitas recomendações que aparecem nas Escrituras cristãs referentes ao cuidado dos pobres, doentes, viúvas, órfãos, encarcerados, estrangeiros etc.

Mas não só nas primeiras comunidades. Isso se dá ao longo de toda a história da Igreja. Como bem afirmou Bento XVI em sua encíclica *Deus é amor*, "com o passar dos anos e a progressiva difusão da Igreja, a prática da caridade confirmou-se como um dos seus âmbitos essenciais, juntamente com a administração dos sacramentos e o anúncio da palavra: praticar o amor para com as viúvas e os órfãos, os presos, os doentes e necessitados de qualquer gênero pertence tanto à sua essência como o serviço dos sacramentos e o anúncio do Evangelho. A Igreja não pode descurar o serviço da caridade, tal como não pode negligenciar os sacramentos nem a palavra" (22).

E, de fato, o serviço da caridade sempre esteve presente na vida da Igreja, embora nem sempre com a mesma intensidade e criatividade. E os grandes movimentos de renovação espiritual da Igreja ao longo da história têm como uma de suas marcas principais, senão sua marca principal, o cuidado dos pobres. A "volta às fontes" é sempre, em boa medida, uma volta aos pobres. A renovação espiritual da Igreja se dá antes de tudo e acima de tudo na e pela diaconia aos pobres e marginalizados.

De modo que o compromisso com os pobres e marginalizados está no centro da fé cristã, constitui o núcleo da espiritualidade cristã, é a expressão máxima da vida espiritual cristã. Não há nada mais espiritual que isso. "As mãos que servem são mais santas que os lábios que rezam" (Madre Teresa de Calcutá). Se Deus se revela tomando partido dos pobres e marginalizados, a experiência de Deus implica e passa necessariamente pelo cuidado e defesa dos pobres e marginalizados. "Nem todo aquele que me diz: 'Senhor, Senhor!' entrará no Reino do céu, mas só aquele que põe em prática a vontade do meu Pai que está no céu" (Mt 7,21)...

C. CONVERSÃO PASTORAL

Tudo isso tem consequências pastorais. Tanto no que diz respeito às *prioridades* pastorais (o que é o essencial e não pode faltar, o que é o mais importante e o mais urgente etc.) quanto no que diz respeito às *estruturas* pastorais (serviços, atividades, distribuição de pessoal, destinação do dinheiro, agenda etc.). Se o compromisso com os pobres e marginalizados está no centro da fé cristã e constitui ademais seu e critério e sua medida, a ação pastoral da Igreja tem que ser pensada e dinamizada a partir e em função desse compromisso. Afinal, ela existe para cultivar e dinamizar a fé da comunidade eclesial e para colaborar, com a luz, a força e o fermento do Evangelho, na construção de uma sociedade mais justa e fraterna – sinal e mediação do reinado de Deus neste mundo. E, aqui, como temos visto, o compromisso com os pobres e marginalizados ocupa um lugar central (coração) e decisivo (julgamento).

Não por acaso, o núcleo do processo de "reforma" eclesial ou de "conversão pastoral" desencadeado e conduzido pelo Papa Francisco consiste num deslocamento ou numa "saída" da Igreja (EG 20-22, 48-49) para as "periferias" sociais e existenciais do mundo (EG 20): "Vejo com clareza que aquilo que a Igreja mais precisa hoje é da capacidade de curar feridas e de aquecer o coração dos fiéis, a proximidade. [...] As reformas organizativas e estruturais são secundárias, isto é, vêm depois. A primeira reforma deve ser a de atitude".[4]

Certamente, as "reformas" são importantes e necessárias, mas, em vista da missão de anunciar e tornar realidade o reinado de Deus neste mundo, cuja característica mais importante é o compromisso com os pobres e marginalizados. Sem isso, até poderíamos ter uma Igreja mais moderna, mas "democrática", porém, não necessariamente mais evangélica. Uma autêntica reforma evangélica da Igreja implica e se mede em última instância pela centralidade dos pobres e marginalizados. E, aqui, está a novidade evangélica da "reforma" dinamizada por Francisco: uma volta ao Evangelho do Reino, o que significa uma volta aos pobres, marginalizados e sofredores deste mundo ou, numa expressão que lhe é muito peculiar, às "periferias" do mundo.

---

[4] PAPA FRANCISCO apud SPADARO, Antonio. *Entrevista exclusiva do Papa Francisco*. São Paulo: Paulus/Loyola, 2013, pp. 19-20.

Isso implica uma verdadeira "mudança de agenda" na Igreja, que deve ser dinamizada e estruturada não a partir e em função de si mesma, mas a partir e em função de sua missão, que é ser sinal e instrumento da misericórdia de Deus para a humanidade sofredora. Infelizmente, a maioria de nossas comunidades, paróquias e dioceses vivem em função de si mesmas, giram em torno do próprio umbigo, quase completamente indiferentes "às alegrias e às tristezas, às angústias e às esperanças dos homens de hoje, sobretudo dos pobres e de todos os que sofrem" (GS 1). O tema da missão até mobiliza, mas entendido como "recuperação" ou "conversão" dos "desviados" ou "perdidos": trazer gente para a Igreja. "Igreja em saída", pode ser; para as "periferias", nem tanto... Basta ver os grupos que existem, as atividades que realizam, os assuntos que discutem, os eventos que mobilizam e realizam, em que gastam mais energia e em que investem o dinheiro arrecadado... E, como prova de fogo, basta ver o cuidado, a dedicação, o serviço e a defesa dos direitos dos pobres, marginalizados e sofredores nessas comunidades, paróquias, dioceses...

Mas aqui está o cerne do processo de renovação ou reforma eclesial desencadeado por Francisco: "Igreja em saída" para as "periferias". Isso deve perpassar e dinamizar todas as dimensões e instâncias da Igreja: a catequese, a liturgia, o serviço da caridade e o conjunto das ações pastorais e evangelizadoras. E deve constituir a preocupação pastoral maior das igrejas, como indicava Francisco em um discurso que fez num bairro da periferia de Nairóbi, no Quênia, novembro de 2015: "Quero apelar a todos os cristãos, especialmente aos pastores, para que renovem o impulso missionário, tomem iniciativa contra tantas injustiças, envolvam-se nos problemas dos vizinhos, acompanhem-nos nas suas lutas, salvaguardem os frutos do seu trabalho comunitário e celebrem juntos cada vitória pequena ou grande. Sei que já fazeis muito, mas peço-vos para recordardes que *não é uma tarefa a mais, mas é talvez a mais importante* [grifo nosso], porque 'os pobres são os destinatários privilegiados do Evangelho'. Queridos vizinhos, queridos irmãos! Rezemos, trabalhemos, comprometamo-nos juntos para que cada família tenha um teto digno, tenha acesso à água potável, tenha um banheiro, tenha energia segura para iluminar, cozinhar e melhorar suas casas... para que o bairro tenha estradas, praças, escolas, hospitais, espaços desportivos, recreativos, artísticos; para que os serviços básicos cheguem a cada um de vós; para que sejam ouvidas vossas reclamações e o vosso grito por melhores oportunidades; para que possais gozar da paz e segurança que mereceis de acordo com a vossa dignidade humana infinita. *Mungu awabariki* [Deus vos abençoe]".[5]

Certamente, a "conversão pastoral" da Igreja não se reduz a isso, mas sem isso não há conversão autenticamente evangélica da Igreja, por mais democrática que seja ou pareça. O compromisso com os pobres e marginalizados é a grande diretriz e a medida evangélicas permanentes da ação pastoral da Igreja. Nesse sentido, a "conversão pastoral" se efetiva como conversão aos pobres, marginalizados e sofredores deste mundo, que são, no Juiz e Senhor, juízes e senhores de nossa ação pastoral...

---

[5] PAPA FRANCISCO. Visita ao bairro pobre de Kangemi. Disponível em: <http://w2.vatican.va/content/francesco/pt/speeches/2015/november/documents/papa-francesco_20151127_kenya-kangemi.html>.

Capítulo 2

Dimensões e formas do compromisso com os pobres e marginalizados

Tendo insistido no caráter estritamente espiritual do compromisso com os pobres e marginalizados na fé cristã e no que isso implica para a ação pastoral da Igreja, é preciso considerar a complexidade desse compromisso, que não pode ser simplificado e reduzido a nenhuma de suas dimensões e/ou formas. A complexidade da vida dos pobres e marginalizados (múltiplas dimensões da vida) torna o compromisso com eles também algo bastante complexo (múltiplas dimensões e formas do compromisso com os pobres e marginalizados). E nem sempre compreendemos e somos consequentes com isso em nossa ação pastoral. Daí a importância de considerarmos com mais atenção a complexidade desse compromisso, tanto no que diz respeito a suas múltiplas dimensões quanto no que diz respeito às múltiplas formas que ele pode e deve assumir.

A. Dimensões do compromisso com os pobres e marginalizados

O compromisso com os pobres e marginalizados é algo bastante complexo, antes de tudo, porque corresponde e responde a diferentes dimensões da vida humana: econômica, social, política, cultural, gênero, étnica, racial, sexual, existencial, ambiental, religiosa etc. Por mais que essas diversas dimensões não existam separadas nem independentemente umas das outras, que sejam articuladas entre si e constituíam um todo orgânico/sistemático, são irredutíveis umas às outras. E precisam ser reconhecidas e desenvolvidas em sua irredutibilidade. Nesse sentido, o compromisso com os pobres e marginalizados passa tanto pelo empenho em garantir as condições materiais básicas da vida humana ou o que poderíamos chamar *direitos primários e comuns*, quanto pelo reconhecimento e garantia de *direitos específicos* de setores ou grupos da sociedade, quanto, ainda, pela atenção e cuidado com as *situações existenciais* de sofrimento humano.

a) Direitos primários e comuns

A vida humana tem uma base material fundamental que não pode ser relativizada nem banalizada. Para viver com um mínimo de dignidade, o ser humano precisa de alimentação, água, terra, moradia, saúde, energia, trabalho, saneamento, escola, lazer, transporte, segurança etc. Isso faz com que a garantia das condições materiais de sobrevivência tenha uma primazia e seja a prioridade número um do compromisso com os pobres e marginalizados. É a materialidade fundamental da vida humana. É a lei da sobrevivência. São direitos primários fundamentais para a conservação da vida e garantia de um mínimo de dignidade e direitos comuns a todas as pessoas. Está em jogo, aqui, a vida humana em seu nível mais elementar (base material) e mais universal (todas as pessoas). Só uma mentalidade elitista, de quem "dá a vida por suposto", pode tratar essas necessidades materiais e a urgência e primazia de sua satisfação como algo secundário, que pode esperar. Daí por que o compromisso com os pobres e marginalizados esteja ligado, em primeiro lugar e em grande medida, à satisfação das condições materiais básicas de sobrevivência.

Mas dizer que a garantia das condições materiais de reprodução da vida é o mais urgente e tem primazia no compromisso com os pobres e marginalizados, não significa dizer que a vida humana se reduza à sua materialidade e que as outras dimensões sejam irrelevantes e possam ser preteridas. O ser humano tem "fome de pão e de beleza".[1] Como diz a canção: "A gente não quer só comida. A gente quer comida, diversão e arte...". E, aqui, é preciso insistir na importância e necessidade tanto de garantia e proteção de direitos específicos (gênero e sexualidade, étnico-raciais, socioambientais etc.) quanto de atenção e cuidado com as situações existenciais da vida.

b) Direitos específicos

O ser humano não é apenas um ser material que tem necessidade de meios materiais para garantir a produção e reprodução de sua vida, nem é um ser homogêneo. Esse ser material é homem ou mulher, branco ou negro, ocidental, indígena ou afro, homo ou heterossexual, tem necessidades e direitos especiais, é parte da natureza, é um ser religioso etc. E cada um desses aspectos ou dessas dimensões tem características e dinamismos próprios que são irredutíveis uns aos outros. A mulher, o negro, o indígena, o homossexual, a pessoa com deficiência, por exemplo, não são oprimidos e marginalizados simplesmente por serem pobres, mas também por ser mulher, negro, indígena, homossexual ou ter alguma deficiência. As questões de gênero, étnico-raciais, diversidade sexual, necessidades especiais etc. têm exigências e dinamismos próprios.

Nesse sentido, não basta maior distribuição dos bens e riquezas produzidos. É preciso romper com a cultura machista e patriarcal e redefinir o lugar/papel da mulher na sociedade, bem como as relações homem-mulher. É preciso desmascarar a falsa democracia racial que caracteriza nossas sociedades e mantém velada e eficazmente o racismo, enfrentando toda forma de preconceito racial e garantindo igualdade de direitos e oportunidades aos negros. É preciso reconhecer e proteger, também institucionalmente, a diversidade sexual e os direitos da população LGBTT. É preciso garantir a demarcação das terras indígenas e quilombolas, bem como seus modos de vida tradicional

---

[1] Cf. FREI BETTO. *Fome de pão e de beleza*. São Paulo: Siciliano, s/d.

com suas línguas, seus costumes e suas tradições religiosas. É preciso reconhecer e garantir direitos específicos para as pessoas que têm necessidades especiais: idosos, pessoas com deficiência física ou psíquica etc. É preciso romper com a lógica instrumental e mercadológica que reduz a natureza a "recurso" econômico ou mercadoria, protegendo a biodiversidade e cultivando padrões de vida segundo a justiça socioambiental.[2] É preciso respeitar e promover o cultivo da dimensão religiosa da vida em suas várias expressões, tradições e organizações. E assim por diante.

São direitos específicos que precisam ser reconhecidos e garantidos. E são específicos porque dizem respeito diretamente a grupos ou setores da sociedade. Mas isso não significa que seja apenas problema "deles" e que só diga respeito a "eles", pois seu reconhecimento e sua garantia (ou sua negação) interferem decisivamente na organização da sociedade e, nesse sentido, dizem respeito a todos. Cada um desses direitos, vale insistir, têm características, exigências e dinamismos próprios, cujo cuidado e cuja promoção têm também suas especificidades, seja no que diz respeito aos objetivos, seja no que diz respeito aos meios para alcançar esses objetivos. Isso explica, em boa medida, a diversidade de organizações e grupos eclesiais comprometidos com os pobres e marginalizados, com suas prioridades e suas lutas próprias: mulheres, negros, indígenas, LGBTT, idosos, pessoas com deficiência etc.

c) Situações existenciais

Precisamos atentar também para a importância vital das questões e dos problemas existenciais na vida humana. Há muitas situações que causam sofrimento e desestruturam a vida das pessoas: dependência química, doença, solidão, relações quebradas, conflitos familiares, famílias destroçadas, abandono, preconceito, depressão, tristeza, falta de perspectiva, desespero etc. São situações existenciais de sofrimento; aquilo que o Papa Francisco chama de "periferias existenciais" e que

---

[2] Cf. ACSELRAD, Henri; MELO, Cecilia Campello; BEZERRA, Gustavo das Neves. *O que é justiça ambiental*. Rio de Janeiro: Garamond, 2009.

exige de nós respeito, cuidado e dedicação. Todo sofrimento humano deve ser respeitado e todas as feridas devem ser curadas. Devemos ser solidários com as pessoas em suas diversas formas de sofrimento. É toda a dimensão subjetivo-existencial da vida humana que ganha cada vez mais importância e relevância em nossa cultura atual e para a qual os grupos religiosos pentecostais, protestantes ou católicos, são particularmente sensíveis, concentrando aí toda sua preocupação e atenção e, não raras vezes, descambando até mesmo para um subjetivismo religioso de cunho intimista e egoísta.

Sobretudo entre os grupos e organizações mais ligados às questões estruturais e à luta pela justiça, nem sempre se dá a devida atenção e importância a essas questões. Muitas vezes falta até mesmo o cuidado e a delicadeza de perguntar como as pessoas estão, se estão bem... É como se a situação existencial/emocional das pessoas não tivesse muita importância ou não nos interessasse. Mas não devemos esquecer, como recordava a Romaria dos Mártires da Caminhada em Ribeirão Cascalheira – Prelazia de São Félix do Araguaia, julho de 2016 – que a profecia, além do "anúncio" (Reino) e da "denúncia" (antirreino), tem também uma dimensão de "consolo": "É o pedido do próprio Deus, 'consola meu povo'". E esse consolo diz respeito tanto às questões socioestruturais quanto às questões cotidianas e existenciais: "A profecia que consola é misericordiosa, solidária, cuidante, luta pela justiça e pela paz, é amorosa".[3]

É muito importante atentar para isso porque os pobres e marginalizados não têm necessidade apenas de pão e água, mas também de atenção, de afeto, de realização pessoal, o que implica garantia de seus direitos específicos e bem-estar existencial.

d) Complexidade

Certamente, as formas de injustiça, marginalização e sofrimento são diversas (econômica, política, social, gênero, raça, sexualidade,

---

[3] PRELAZIA DE SÃO FÉLIX DO ARAGUAIA. Carta aos romeiros. Disponível em: <http://prelaziasfaraguaia.wixsite.com/prelazia/romaria-dos-martires>.

idade, deficiência, angústia etc.), tornando o compromisso com os pobres e marginalizados também algo diverso e complexo (materialidade fundamental da vida humana, direitos específicos, situações existenciais). Mas não estão todas no mesmo nível. Há formas de injustiça, marginalização e sofrimento mais radicais que outras. É preciso atentar e cuidar das diversas *formas* de marginalização, sofrimento e necessidade, mas sem desconsiderar nem banalizar os *níveis* de marginalização, sofrimento e necessidade.

Embora as mulheres sejam oprimidas por serem mulheres (gênero) e os negros por serem negros (raça), por exemplo, há uma diferença muito grande entre uma mulher rica e uma mulher pobre, entre um negro rico e um negro pobre. É verdade que entre os pobres, as mulheres são mais oprimidas que os homens, e os negros são mais oprimidos que os brancos, de modo que nem se pode reduzir a opressão ao aspecto econômico nem se pode perder de vista o dinamismo cumulativo da opressão: uma mulher negra lésbica, deficiente e pobre, por exemplo, é incomparavelmente mais oprimida que um homem branco, heterossexual e pobre. Mas isso não pode fazer perder de vista o aspecto mais radical e determinante da opressão: o econômico. Não se trata de nenhum reducionismo ou determinismo economicista. Trata-se, simplesmente, de reconhecer que há fatores mais determinantes que outros. Assim, por exemplo, um homem branco heterossexual pobre é incomparavelmente mais oprimido que uma mulher negra, lésbica e rica. De modo que a opressão econômica é mais radical que a opressão de gênero e de raça, embora estas outras formas de opressão tenham seu próprio dinamismo e não se deixem reduzir à opressão econômica nem no diagnóstico nem nas formas de superação da opressão.

Importa, em todo caso, atentar para a complexidade da vida, das necessidades, dos sofrimentos e dos direitos humanos, sem cair em nenhum tipo de reducionismo, mas sem cair também em certos relativismos elitistas que banalizam a materialidade fundamental da vida humana e a satisfação de suas necessidades imediatas.

B. Formas de compromisso com os pobres e marginalizados

A diversidade de dimensões, necessidades e sofrimentos na vida humana implica uma diversidade de formas do compromisso com os pobres e marginalizados. Já a atenção e o empenho com o que anteriormente chamamos direitos primários e comuns, direitos específicos e situações existenciais, efetivam-se de formas diversas. E o empenho em cada uma dessas dimensões ou desses aspectos da vida pode e de fato adquire uma diversidade enorme de formas. Por exemplo, a satisfação das necessidades materiais básicas pode se dar de forma assistencial (um prato de comida, uma cesta básica etc.), mediante alternativas comunitárias (economia popular solidária, tecnologias sociais de convivência com o semiárido etc.), através de políticas públicas compensatórias (bolsa família, programa cisternas de placa, subsídios para a agricultura familiar etc.) ou de forma mais estrutural (redirecionamento da política econômica, reforma agrária, reforma tributária, reforma urbana, democratização da água etc.).

Para explicitar melhor a complexidade do compromisso com os pobres e marginalizados na Igreja ou do que se convencionou chamar "opção pelos pobres", vale a pena indicar, a modo de exemplo e sem nenhuma pretensão de exaustividade, algumas formas ou expressões desse compromisso.

a) Muitas pessoas e grupos se dedicam a visitar idosos, doentes, encarcerados, hospitais, famílias enlutadas ou pessoas que passam por alguma situação de sofrimento. Chegam aonde, muitas vezes, ninguém chega. Aparentemente, não fazem muita coisa: aproximam-se dessas pessoas, fazem companhia a elas, rompem sua solidão e seu isolamento, escutam seus lamentos e suas dores, consolam-nas em seu sofrimento e em sua angústia, rezam com elas, criam laços etc. Isso faz um bem enorme. Muitas vezes as pessoas precisam de atenção, afeto, ser tratada como gente, alguém para desabafar etc.

b) Há pessoas e grupos que se dedicam a socorrer as pessoas em suas necessidades materiais básicas: distribuição de alimento e roupa, local de banho e higiene pessoal para população em situação de rua, distribuição de cestas básicas, ajuda para comprar medicamentos ou pagar conta de água e energia etc. Às vezes, isso é feito de forma mais esporádica na comunidade, às vezes é feito de forma mais sistemática para atender a necessidades permanentes de determinados grupos. É talvez a forma mais comum e generalizada de serviço aos pobres na Igreja.

c) Existem grupos e organizações que desenvolvem projetos os mais diversos com setores marginalizados da sociedade: projetos de geração de renda, casas de apoio à população em situação de rua, doentes e migrantes, casas de idosos, centro de recuperação para dependentes químicos, atividades culturais com crianças, adolescentes e jovens nas periferias etc. São formas mais permanentes e complexas de trabalho com determinados grupos que extrapolam a ajuda mais imediata e pontual.

d) Algumas comunidades, grupos e/ou lideranças se envolvem e até tomam a frente de mobilizações e organizações de bairro para garantir direitos básicos da população: calçamento, esgoto, água, energia, hospital, transporte, lazer, segurança etc. Fazem isso através de uma associação de moradores ou da própria comunidade eclesial, e o fazem de modo mais permanente ou mais pontual. E aqui há um elemento novo: a dimensão política do compromisso com os pobres e marginalizados. Trata-se de exigir do Estado que universalize e garanta direitos fundamentais da população.

e) Nas últimas décadas foram criados muitos organismos e pastorais para defender direitos e acompanhar e apoiar a luta de setores marginalizados da sociedade: indígenas, sem-terra, operários, ribeirinhos, pescadores, mulheres, negros, migrantes, menores, encarcerados, população em situação de rua e catadores de material reciclável etc. Trata-se, aqui, da organização política e da luta para que o Estado desenvolva políticas públicas que garantam os direitos desses setores marginalizados.

f) De modo mais tímido e tenso, alguns grupos e organizações têm se dedicado ao trabalho com mulheres e população LGBTT, enfrentando-se não só com a questão mais imediata da violência e do preconceito, mas também e mais radicalmente com a problemática de gênero e da diversidade sexuais, bem como com a prevenção contra a

Aids e doenças sexualmente transmissíveis – temas tabus na Igreja e que têm provocado verdadeiras guerras ideológicas na Igreja e na sociedade.

g) Alguns organismos e pastorais têm se empenhado particularmente na elaboração, no acompanhamento e até na execução de determinadas políticas públicas voltadas para o semiárido, as mulheres, os negros, a população LGBTT, os jovens, a população em situação de rua etc. Eles têm uma importância muito grande, na medida em que respondem a direitos concretos de setores bem concretos da sociedade. Mas podem conviver sem maiores dificuldades com políticas estruturais de negação de direitos. É o caso, por exemplo, do programa de cisterna de placas e da política hídrica voltada para o agronegócio. E os grupos mais empenhados nessas políticas públicas são muitas vezes de tal modo absorvidos por elas, que já não têm tempo e energia para mobilização e enfrentamento das políticas estruturais do Estado.

h) Outros grupos e organizações empenham-se em ações e atividades que confrontam a macropolítica do Estado e denunciam seu caráter antidemocrático, privatista e injusto. É o caso, por exemplo, das comunidades da região do Uiraponga, distrito de Morada Nova, interior do Ceará, que no dia 18 de janeiro de 2017 acampou no Canal da Integração (que leva água da Barragem Castanhão para empresas do agronegócio e grandes indústrias) e abriu duas comportas para abastecer a comunidade. Não que essas ações tenham força para mudar radicalmente a lógica e o direcionamento da macropolítica do Estado. Normalmente não conseguem mais que paliativos ou compensações. Mas dão visibilidade à injustiça estrutural, rompem o aparente consenso, alimentam o debate, mobilizam a sociedade e mantêm o processo de resistência.

i) Em muitos lugares, lideranças cristãs e organizações eclesiais apoiam e até participam de movimentos e mobilizações em defesa de determinados grupos e setores: sem-terra ou sem-teto em suas ocupações, indígenas e quilombolas em suas retomadas de terras, comunidades atingidas por barragens e projetos do agro-hidro-negócio, trabalhadores de empresas ou servidores públicos em greve, e assim por diante. Fazem isso seja financeiramente, seja com apoio institucional da Igreja, seja com participação direta no movimento.

j) Várias comunidades e grupos participam de atos, campanhas e mobilizações em torno de direitos fundamentais negados ou de mecanismos que produzem injustiça: campanhas da fraternidade, semanas sociais, grito dos excluídos, plebiscitos populares, romarias da terra e das águas e dos mártires, projetos de lei contra a corrupção eleitoral etc. Isso dá visibilidade aos problemas, desperta e promove consciência crítica, mobiliza a sociedade, fortalece as organizações sociais e os processos de resistência.

k) Muitos cristãos e lideranças eclesiais se engajam diretamente em diversas lutas sociais (terra, água, moradia, educação, saúde, liberdade política, igualdade de gênero, raça e orientação sexual, justiça socioambiental, direitos dos idosos e pessoas com deficiência etc.) e em diversos movimentos e organizações populares (sindicatos, associações, partidos de esquerda, movimentos, ONGs, manifestações, ocupações, redes, novas articulações e organizações etc.). Com isso, fortalecem essas lutas e esses movimentos com sua presença e com a força do Evangelho, e abrem a Igreja para a solidariedade e o compromisso com a justiça.

l) E há um aspecto nem sempre percebido nem suficientemente analisado, que é a força do Evangelho anunciado, comentado, transmitido, propagado, em cujo centro está a justiça aos pobres e marginalizados. Ele atua, ainda que de modo inconsciente ou como inconsciente coletivo, como referencial do que se deve ou não se deve fazer. Desempenha um papel de provocação, denúncia, convocação, mobilização e engajamento, para além do (contra) testemunho de quem o anuncia. Na medida em que é anunciado, tem um dinamismo e eficácia próprios que sempre surpreendem...

São algumas das muitas formas de como se vive o compromisso cristão com os pobres e marginalizados. Formas diversas, mas não contrapostas. Essa diversidade não precisa nem deve ser vivida em termos de oposição. Ela pode e deve ser vivida em termos de complementariedade, no sentido de que, por muitos caminhos e de muitas formas, se está a serviço dos pobres e marginalizados. Importa, aqui, chamar atenção tanto para essa diversidade de formas quanto para a complementariedade e unidade ou comunhão que deve existir entre elas.

Poderíamos falar, aqui, de comunhão ou unidade de carismas diversos no serviço evangélico fundamental da Igreja que a diaconia aos pobres e marginalizados: quem tem carisma para visitar doentes e idosos, deve estar em comunhão com quem luta por hospital e assistência médica, pela reforma agrária e pela democratização da água; quem faz ocupação para reivindicar direito à terra, moradia, água etc., deve estar em comunhão com quem visita idosos, doentes e encarcerados; quem distribui comida para a população em situação de rua, deve estar em comunhão com quem ajuda na organização e na luta pelos direitos da população em situação de rua e dos catadores de material reciclável e vice-versa; quem visita, reúne e reza com os idosos, deve estar em comunhão com quem luta por políticas públicas para as pessoas idosas e pelo cumprimento do estatuto da pessoa idosa; quem consola uma pessoa negra ou LGBTT espancada, deve estar em comunhão com quem luta pela garantia institucional de seus direitos. E assim por diante. Há necessidades diversas e há carismas diversos. E essa diversidade de carismas é um dom do Espírito para a Igreja e o mundo.

O que não pode nem deve acontecer é alguém dar um prato de comida ou uma cesta básica a uma pessoa/família e ser contra os movimentos e as lutas por reforma agrária e por moradia popular; ou ser contra o racismo, mas também ser contra a política de cotas para negros nas universidades; ou ajudar pessoas carentes e apoiar um projeto de lei que congela por 20 anos investimentos nas áreas sociais. Isso, sim, é contradição. É dar com uma mão e tirar com a outra... É socorrer um pobre numa situação imediata, mas ajudar a criar ou manter uma situação permanente de pobreza e marginalização.

Capítulo 3

Caridade e justiça

A pesar das ponderações, das advertências, dos receios e das "precisões", admite-se, em geral, na Igreja, que o cuidado dos pobres e marginalizados ou a "opção preferencial pelos pobres" é algo constitutivo da fé cristã. E essa consciência foi assumida de modo explícito, inclusive pelo magistério da Igreja de Roma. Na Carta Encíclica *Solicitudo rei sociales*, 1987, por exemplo, João Paulo II fala da "opção ou [do] amor preferencial pelos pobres" como um dos *temas* e uma das *orientações* "repetidamente ventilados pelo Magistério nestes últimos anos" (SRS 42). Na Carta Encíclica *Deus caritas est*, 2005, Bento XVI fala da caridade como um dos "âmbitos essenciais" da Igreja. Ela "pertence tanto à sua essência como o serviço dos sacramentos e o anúncio do Evangelho" (DCE 22). E na Exortação apostólica *Evangelii Gaudium*, 2013, Francisco afirma que "no coração de Deus, ocupam lugar preferencial os pobres" (EG 197), que "esta preferência divina tem consequências na vida de fé de todos os cristãos" e que, "inspirada por tal preferência, a Igreja fez uma *opção pelos pobres*, entendida como uma 'forma especial de primado da prática da caridade cristã, testemunhada por toda a tradição da Igreja'" (EG 198).

Mas há uma tendência muito forte na Igreja a reduzir a opção pelos pobres ou o serviço da caridade à sua dimensão assistencial ou ao que se convencionou chamar "obras de misericórdia": visitar doentes, idosos e encarcerados; distribuir alimentos e roupas; socorrer pessoas em suas necessidades imediatas e cotidianas etc. Sem dúvida, isso é necessário e é evangélico. Mas nem é suficiente nem esgota o serviço da caridade ou a opção pelos pobres na Igreja. Há também uma dimensão igualmente necessária e evangélica que diz respeito à organização da sociedade e à luta pela justiça, enquanto luta pela garantia de direitos dos pobres e marginalizados. É a dimensão socioestrutural da opção pelos pobres ou do serviço da caridade. E é aqui que se manifesta a dimensão explicitamente política da caridade e que ela assume a forma de justiça.

A. Consciência do problema

A consciência explícita dessa problemática e desse desafio é relativamente recente na Igreja. Certamente, podemos encontrar indícios disso na Escritura e na Tradição da Igreja. Pensemos, por exemplo, na denúncia dos profetas contra a acumulação de riquezas, contra o salário não pago dos trabalhadores, contra a violação do direito das viúvas nos tribunais, contra a espoliação dos bens dos pequenos, contra um culto aliado à injustiça social e, sobretudo, em sua defesa radical do direito do pobre, do órfão, da viúva e do estrangeiro. Pensemos também nas reflexões sobre a destinação universal dos bens e sobre a política como arte do bem comum, desenvolvidas na Tradição da Igreja. Tudo isso é indício do que estamos chamando aqui de dimensão socioestrutural da caridade ou da opção pelos pobres. Mas sua consciência explícita começa a se desenvolver na Europa, no século XIX, no contexto da complexificação da sociedade (revolução industrial, revolução francesa, revolução científica) e do desenvolvimento das ciências sociais. Consolida-se, a partir da Igreja da América Latina, com as conferências episcopais de Medellín e Puebla e com as teologias da libertação. E, aos poucos, vai sendo assumida pelo conjunto da Igreja.

Um marco importante no surgimento da consciência da dimensão socioestrutural da fé é, não obstante suas ambiguidades e contradições, o chamado "catolicismo social" que se desenvolveu na Europa no contexto da revolução industrial e da situação da classe e do movimento

214

operários nascentes.[1] É nesse contexto que se insere a Encíclica *Rerum Novarum* do Papa Leão XIII (1891), sobre a condição dos operários. Tudo isso se vai desenvolvendo ao longo do século XX e ganha novo impulso, novas perspectivas e novas dimensões com o Concílio Vaticano II (1962-1965) e a Constituição pastoral *Gaudium et Spes*, sobre a Igreja no mundo de hoje (1965).

Contudo, é na Igreja da América Latina e a partir dela que essa consciência se torna mais explícita e é levada às últimas consequências, tanto em termos teológicos quanto em termos pastorais.

A Conferência de Medellín (1968), por exemplo, já falava de "estruturas opressoras" (introdução), "estruturas injustas" (Justiça, I), "violência institucionalizada", (Paz, 2, II) e apontava para a necessidade de "novas e renovadas estruturas" (Justiça, II). E a Conferência de Puebla (1979) reconhece que a pobreza "não é uma etapa casual, mas sim o produto de determinadas situações e estruturas econômicas, sociais e políticas" (30), e chega a falar explicitamente de "dimensão social do pecado", de "estruturas de pecado" e de "pecado social" (28, 70, 73, 281, 282, 452, 487, 1258).

Além da percepção dessa dimensão estrutural da injustiça e de seu caráter pecaminoso, Medellín afirmava claramente que "criar uma ordem social justa, sem a qual a paz é ilusória, é uma tarefa eminentemente cristã" e que "a justiça e consequentemente a paz conquistam-se por uma ação dinâmica de conscientização e de organização dos setores populares" (Paz 2, II).

Essas intuições foram sendo aprofundadas e desenvolvidas na reflexão teológico-pastoral na América Latina e assumidas, em grande medida, pelo magistério romano para o conjunto da Igreja.

O Compêndio de Doutrina Social da Igreja, por exemplo, tratando dos "princípios da doutrina social da Igreja", fala da "via da caridade" e,

---

[1]   Cf. AUBERT, Roger. *Nova história da Igreja V: A Igreja na sociedade liberal e no mundo moderno.* Petrópolis: Vozes, 1975, pp. 141-160. T. I; id. A Encíclica *Rerum Novarum*, ponto final de um lento amadurecimento. In: PONTIFÍCIO CONSELHO JUSTIÇA E PAZ. *Da* Rerum Novarum *à* Centesimus Annus*: texto completo das duas encíclicas com dois estudos de Roger Aubert e Michel Schooyans*. São Paulo Loyola, 1993, pp. 7-28; MATOS, Henrique Cristiano José. Leão XIII e a questão social. In: *História do Cristianismo. Estudos e documentos.* Belo Horizonte: Lutador, 1992, pp. 105-134. v. IV; id. *Caminhando pela história da Igreja: uma orientação para iniciantes.* Belo Horizonte: Lutador, 1996, pp. 114-129. v. III.

nesse contexto, fala da "caridade social e política": "É necessário que se cuide de mostrar a caridade não só como inspiradora da ação individual, mas também como força capaz de suscitar novas vias para enfrentar os problemas do mundo de hoje e para renovar profundamente, desde o interior das estruturas, organizações sociais, ordenamentos jurídicos. Nesta perspectiva, a caridade se torna *caridade social e política*: a caridade social nos leva a amar o bem comum e a buscar efetivamente o bem de todas as pessoas, consideradas não só individualmente, mas também na dimensão social que nos une. *A caridade social e política não se esgota nas relações entre as pessoas, mas se desdobra na rede em que tais relações se inserem, que é precisamente a comunidade social e política, e sobre esta intervém, visando ao bem possível para a comunidade no seu conjunto.* Sob tantos aspectos, o próximo a ser amado se apresenta "em sociedade", de sorte que amá-lo realmente, prover às suas necessidades ou à sua indigência pode significar algo de diferente do bem que lhes pode querer no plano puramente interindividual: *amá-lo no plano social significa, de acordo com as situações, valer-se das mediações sociais para melhorar sua vida ou remover os fatores sociais que causam a sua indigência.* Sem dúvida alguma, é um ato de caridade a obra de misericórdia com que se responde *aqui e agora* a uma necessidade real e imperiosa do próximo, mas é um ato de caridade igualmente indispensável o empenho com vistas a *organizar e estruturar a sociedade*, de modo que o próximo não venha a encontrar-se na miséria, sobretudo quando esta se torna a situação em que se debate um incomensurável número de pessoas e mesmo povos inteiros, situação esta que assume hoje as proporções de uma verdadeira e própria *questão social mundial*".[2]

E o Papa Francisco tem insistido muito em que a opção pelos pobres "envolve *tanto* a cooperação para resolver as causas estruturais da pobreza e promover o desenvolvimento integral dos pobres, *como* os gestos mais simples e diários de solidariedade para com as misérias muito concretas que encontramos" (EG 188); passa *não só* pelos gestos pessoais e comunitários de solidariedade, *mas também* pela luta por transformação das estruturas da sociedade. "*Embora* 'justa ordem da

---

[2] PONTIFÍCIO CONSELHO "JUSTIÇA E PAZ". *Compêndio da Doutrina Social da Igreja*. São Paulo: Paulinas, 2011, n. 207-208.

sociedade e do Estado seja dever central da política', a Igreja 'não pode nem deve ficar à margem na luta pela justiça" (EG 183). E isso é urgente: "A necessidade de resolver os problemas estruturais da pobreza não pode esperar [...] Os planos de assistência, que acorrem a determinadas emergências, deveriam considerar-se como respostas provisórias. Enquanto não forem solucionados os problemas dos pobres, renunciando à autonomia absoluta dos mercados e da especulação financeira e atacando as causas estruturais da desigualdade social, não se resolverão os problemas do mundo e, em definitivo, problema algum. A desigualdade é a raiz dos males sociais" (EG 202).

A Encíclica *Laudato Si'* fala explicitamente de "amor civil e político": "O amor, cheio de pequenos gestos e cuidado mútuo, é também civil e político, manifestando-se em todas as ações que procuram construir um mundo melhor. O amor à sociedade e o compromisso pelo bem comum são uma forma eminente de caridade, que toca não só as relações entre indivíduos, mas também 'as macrorrelações como relacionamentos sociais, econômicos, políticos'" (LS 231).

E, falando da "conversão ecológica", adverte que, "para se resolver uma situação tão complexa como esta que enfrenta o mundo atual, não basta que cada um seja melhor [...] Aos problemas sociais responde-se, não com a mera soma de bens individuais, mas com redes comunitárias: 'As exigências desta obra serão tão grandes, que as possibilidades das iniciativas individuais e a cooperação dos particulares, formados de maneira individualista, não serão capazes de lhes dar resposta. Será necessária uma união de forças e uma unidade de contribuições. A conversão ecológica, que se requer para uma mudança duradoura, é também uma conversão comunitária'" (LS 219).

De modo que não se pode perder de vista a dimensão socioestrutural da opção pelos pobres. E para isto não basta a *conversão do coração*. É preciso insistir também na necessidade e urgência de *transformação das estruturas da sociedade*. Aqui, precisamente, emerge com toda força o tema da justiça; não em oposição ou como alternativa à caridade, mas como expressão social e política da caridade ou como a forma que a caridade assume numa sociedade injusta e desigual.

B. Relação entre justiça e caridade

Ao tratar da justiça como forma de caridade, convém destacar sua importância e centralidade na fé judaico-cristã, chamar atenção para a compreensão bíblica de justiça que difere significativamente da compreensão ocidental de justiça e, por fim, explicitar a unidade fundamental entre caridade e justiça: a justiça como dimensão socioestrutural da caridade cristã.

a) Importância do tema

A *justiça* é como um fio de ouro que perpassa, articula e costura as muitas páginas da Bíblia. Não é apenas um tema entre outros, por mais importante que seja. Nem muito menos algo secundário e preterível. "A justiça é um atributo central de Deus, é um elemento constitutivo da salvação; a justiça inter-humana é a exigência central que Javé inculca e que deve caracterizar essencialmente o seu povo."[3] Noutras palavras, ela constitui o núcleo fundamental da experiência judaico-cristã de Deus: caracteriza e/ou descreve tanto o Deus de Israel e de Jesus de Nazaré quanto o Povo de Deus em sua mútua relação e inter-ação.

Como mostram os estudiosos da Bíblia, "a preocupação com a justiça foi constante entre os povos do Antigo Oriente Próximo. E, dentro de Israel, a sabedoria tribal, o culto, as leis, desde antanho procuraram inculcar [...] o interesse e o afeto pelas pessoas mais fracas".[4] A tal ponto que se pode afirmar que "a mensagem da Bíblia está centrada fundamentalmente em torno da justiça inter-humana, isto é, das justas relações com os demais em todos os âmbitos".[5]

De fato, a justiça constitui o "coração da religião de Israel e de Jesus",[6] a "ideia central unificadora da teologia bíblica de Israel".[7] É "um

---

[3] AGUIRRE, Rafael; VITORIA CORMENZANA, Francisco Javier. Justicia. In: ELLACURÍA, Ignacio; SOBRINO, Jon. *Mysterium Liberationis. Conceptos fundamentales de la Teología de la liberación II.* San Salvador: UCA, 1994, pp. 539-577, aqui p. 541.

[4] SICRE, José Luis. *Profetismo em Israel: o profeta, os profetas, a mensagem.* Petrópolis: Vozes, 2008, p. 357.

[5] ALONSO DÍAS, Jose. Términos bíblicos de "justicia social" y traducción de "equivalencia dinâmica". *Estúdios Eclesiásticos 51* (1976), pp. 95-128, aqui p. 98.

[6] AGUIRRE, Rafael; VITORIA CORMENZANA, Francisco Javier. Justicia, cit., p. 541.

[7] CODINA, Víctor. Fe en Dios y práxis de la justicia. In: SOTER (org.). *Deus e vida. Desafios, alternativas e o futuro da América Latina e do Caribe.* São Paulo: Paulinas, 2008, pp. 129-149, aqui p. 133.

destes conceitos-matriz em torno do qual pode estruturar-se todo o Cristianismo".[8] A fé cristã "encontra na categoria bíblica de justiça uma de suas expressões mais adequadas".[9] Sem cair em nenhum tipo de reducionismo, podemos afirmar que, ao tratar da problemática da justiça, situamo-nos no coração mesmo da fé e da teologia judaico-cristãs, tocando em "um dos temas mais importantes da práxis cristã"[10] e em um dos problemas "mais urgentes, importantes e decisivos para a reta orientação da missão da Igreja".[11]

É preciso levar a sério a exigência bíblica da *justiça,* cujo critério e cuja medida são sempre o pobre, o órfão, a viúva e o estrangeiro – símbolo dos marginalizados de todos os tempos. O "compromisso com justiça não é um elemento adicional, importado quiçá por modas recentes, mas surge da entranha mesma da fé em Deus"; "a pergunta pela justiça nos leva diretamente ao mistério de Deus e ao seu projeto para a humanidade".[12] Por essa razão, "pode-se dizer com absoluta verdade que sem opção pela justiça não há conversão a Deus (Jon Sobrino) ou, pelo menos, que tal opção age como teste negativo de toda conversão".[13] Assim como Deus se revela e é conhecido na prática da justiça, o povo se constitui e é reconhecido como povo de Deus na prática da justiça; assim como a justiça caracteriza e descreve o Deus de Israel e de Jesus, deve caracterizar e definir também o povo de Deus. Em síntese, a fé no Deus de Israel e de Jesus tem uma dimensão social constitutiva, e essa dimensão social da fé deve ser vivida e dinamizada segundo a lógica da justiça.

b) Compreensão bíblica de justiça

É preciso compreender bem o que significa justiça na Bíblia. Estamos acostumados com uma ideia de justiça que perpassa toda a tradição ocidental, mas que é bem diferente da concepção bíblica.[14] Segundo

---

8   GONZÁLEZ FAUS, Jose Ignacio. Justiça. In: FLORISTAN-SAMANES, Cassiano; TAMA-YO-ACOSTA, Juan-Jose. *Dicionário de Conceitos Fundamentais do Cristianismo.* São Paulo: Paulus, 1999, pp. 389-394, aqui p. 394.
9   AGUIRRE, Rafael; VITORIA CORMENZANA, Francisco Javier, op. cit., p. 562.
10   ELLACURÍA, Ignacio. Fé y Justicia. In: *Escritos Teológicos III.* San Salvador: UCA, 2002, pp. 3017-373, aqui p. 307.
11   Ibid., p. 308.
12   AGUIRRE, Rafael; VITORIA CORMENZANA, Francisco Javier, op. cit., p. 541.
13   GONZÁLEZ FAUS, Jose Ignacio, op. cit., p. 390.
14   Cf. COMBLIN, José. *A profecia na Igreja.* São Paulo: Paulus, 2008, p. 33.

essa concepção, a justiça é cega, surda e imparcial. Ela está cristalizada na imagem/símbolo da *deusa Têmis*: uma imponente figura feminina com os olhos vendados (imparcialidade), carregando em uma das mãos uma balança (equilíbrio) e na outra uma espada (poder/força).

Na Bíblia, por sua vez, o justo por excelência é *Javé*. E, ao contrário da deusa Têmis, nem é cego/surdo nem imparcial. Pelo contrário. É um Deus que "vê" a opressão do seu povo, "escuta" seus clamores contra os opressores e "desce" para libertá-los da opressão dos egípcios e condu-zi-los a uma terra que "mana leite e mel" (cf. Ex 3,7-9). Toma o parti-do das vítimas. É parcial. Por isso mesmo, é conhecido como o Deus dos pobres e dos oprimidos. Na boca de Judite: "Deus dos humildes, socorro dos pequenos, protetor dos fracos, defensor dos desanimados, salvador dos desesperados" (Jd 9,11). Na boca de Maria: o Deus que "derruba do trono os poderosos e exalta os humildes; cumula de bens os famintos e despede vazios os ricos" (Lc 1,52s).

Na perspectiva bíblica, a justiça não diz respeito à aplicação cega e imparcial de regras e leis estabelecidas. Ela tem a ver fundamentalmente com o direito dos pobres e oprimidos. "Para os semitas, a justiça é não tanto uma atitude passiva de imparcialidade quanto um empenho do juiz em favor do que tem direito",[15] que, segundo os profetas, quase sempre é "um pobre e uma vítima da violência".[16] De modo que a jus-tiça está intrinsecamente vinculada à problemática do direito e, mais concretamente, à problemática do direito do pobre, do órfão, da viúva e do estrangeiro. Fazer justiça é respeitar e fazer valer o direito dos po-bres, oprimidos e fracos.[17] Nas palavras do profeta Jeremias: "Assim diz o Senhor: praticai o direito e a justiça. Livrai o explorado da mão do opressor; não oprimais o estrangeiro, o órfão ou a viúva; não os violen-teis nem derrameis sangue inocente neste lugar" (Jr 22,3).

E isso, além de uma exigência ou prática moral, é uma questão es-tritamente religiosa: justo (piedoso, servo) é o que se adéqua ou se ajusta

---

[15] GUILLET, Jacques. Justiça. In: LÉON-DUFOUR, Xavier. *Vocabulário de teologia bíblica*. Pe-trópolis: Vozes, 2009, pp. 499-510, aqui p. 501.

[16] GUILLET, Jacques, op. cit., p. 500.

[17] Cf. COMBLIN, José, op. cit., p. 33.

ao Justo que é Deus, isto é, o que faz a vontade de Deus. E a vontade de Deus, isto é, a prática da justiça, como recorda o Evangelho de Mateus (tido muitas vezes por espiritualista...), tem a ver fundamentalmente com as necessidades e os direitos dos pobres, oprimidos e fracos (cf. Mt 25,31-46). É Deus que nos justifica e nos torna justos, mas mediante a "fé ativada pelo amor" (Rm 13,8): "O amor é o cumprimento pleno da lei" (Rm 13,10). De modo que o sentido religioso da justiça, tão enfatizado depois do exílio (ajustar-se a Deus, fazer sua vontade), não só não prescinde nem relativiza o sentido social da justiça enfatizado pelos profetas (observar e defender o direito do pobre, do órfão, da viúva e do estrangeiro), mas o implica/supõe e encontra nele sua medida permanente. Para Jesus, agir com misericórdia, praticar a justiça, é condição para herdar a vida eterna (cf. Lc 10,25-37), para tomar parte no banquete escatológico (cf. Mt 15,31-46).

c) Justiça como forma de caridade

Poder-se-ia pensar e há quem pense que a justiça é uma característica e uma exigência da fé judaica e não da fé cristã; que é central no Antigo Testamento, mas não no Novo Testamento; que, enquanto os profetas de Israel exigiam a prática do direito e da justiça (enfoque sociopolítico), Jesus exige a prática da caridade (enfoque individual e assistencial); consequentemente, que a luta pela justiça não é tarefa própria dos cristãos enquanto tais, nem muito menos da Igreja – a caridade, sim; a justiça, não.

Mas é preciso recordar que Jesus é judeu; que o Deus de Jesus é o Deus de Israel; que o Antigo Testamento faz parte das Escrituras cristãs; que a ação de Deus e a relação com ele são ditas/narradas na Bíblia de muitas formas, com muitas imagens e muitos conceitos (justiça, direito, paz, misericórdia, amor etc.); que essas formas, imagens e conceitos não se contrapõem, pelo menos na perspectiva bíblica; e que, embora a justiça não seja a única forma de se referir à ação de Deus e à fé cristã, é uma forma privilegiada: seja porque constitui o coração do Evangelho do reinado de Deus (conceito central na Bíblia), seja por ser menos passível de interpretações e/ou manipulações subjetivistas (conceito adequado ao nosso tempo).

A consciência da dimensão estrutural da vida humana, proporcionada pelo desenvolvimento das ciências sociais e pela tentação (bem ou mal intencionada) de tomar as expressões "amor" e "misericórdia" em um sentido meramente interpessoal e/ou assistencial (obras de misericórdia, solidariedade etc.), tornam a expressão "justiça" ainda mais importante e necessária em nosso tempo, para designar a exigência e o critério evangélicos de organização da sociedade, a partir e em função das necessidades e dos direitos dos pobres e marginalizados.

Nesse contexto, vários autores têm insistido na unidade fundamental entre justiça e amor. Por um lado, tratam a justiça como expressão do amor ou como a dimensão estrutural do amor: "não se pode esquecer a dimensão estrutural do amor cristão",[18] "amar em um mundo injusto não é possível senão construindo a justiça";[19] "a justiça é aquela forma que o amor adota em um mundo de opressão e pecado".[20] Por outro lado, falam do especificamente cristão da justiça, referindo-se à lógica amorosa da gratuidade e do perdão: não se pode confundir "a fome de justiça com a sede de vingança", "a prática cristã da justiça deve aproximar-se mais do perdão que da vingança";[21] a "experiência da fé familiariza a justiça com o perdão".[22] Noutras palavras, a justiça é tomada aqui como a prática socioestrutural do amor cristão ou como sinal e instrumento do Reino nas estruturas da sociedade, e deve ser realizada e dinamizada segundo a lógica do amor, e não segundo a lógica do ódio e da vingança.

Em todo caso, não há nem pode haver contradição entre amor e justiça na fé: ambas aparecem na Escritura como características e expressões fundamentais de Deus e de seu povo; ambas dizem respeito fundamentalmente à humanidade sofredora e à exigência de socorrê-la em suas necessidades; e ambas se referem ao homem em sua totalidade, em todas as suas dimensões, também a dimensão socioestrutural.

---

[18] AGUIRRE, Rafael; VITORIA CORMENZANA, Francisco Javier, op. cit., p. 561.
[19] GONZÁLEZ FAUS, Jose Ignacio, op. cit., p. 392.
[20] ELLACURÍA, Ignacio, op. cit., p. 316.
[21] GONZÁLEZ FAUS, Jose Ignacio, op. cit., p. 394.
[22] AGUIRRE, Rafael; VITORIA CORMENZANA, Francisco Javier, op. cit., p. 576.

Capítulo 4

Pastorais sociais

Tendo insistido na dimensão socioestrutural do compromisso com os pobres e marginalizados na fé cristã, trataremos agora da forma concreta como a Igreja tem assumido e dinamizado essa dimensão do compromisso cristão com os pobres e marginalizados e que se convencionou chamar *pastoral social* (dimensão socioestrutural da fé) ou *pastorais sociais* (expressões concretas da dimensão socioestrutural da fé).[1] Já tratamos desse tema em outras ocasiões e retomaremos, aqui, alguns pontos da reflexão desenvolvida nesses textos.[2]

A. DIMENSÃO SOCIOESTRUTURAL DA CARIDADE

A descoberta da dimensão socioestrutural da vida humana ajudou a Igreja perceber que a pobreza e a marginalização não são fatos isolados em nosso mundo. Não é apenas problema de alguns indivíduos que, por mera casualidade, circunstância ou "decisão" pessoal, encontram-se

---

[1] Cf. CNBB – SETOR PASTORAL SOCIAL. *O que é Pastoral Social*. São Paulo: Loyola, 2001; CNBB. COMISSÃO PASTORAL PARA O SERVIÇO DA CARIDADE, DA JUSTIÇA E DA PAZ. *A missão da Pastoral Social*. Brasília: CNBB, 2008.

[2] Cf. AQUINO JÚNIOR, Francisco. *Dimensão socioestrutural do reinado de Deus: escritos de teologia social*. São Paulo: Paulinas, 2011; id. *Pastoral social: dimensão socioestrutural da caridade cristã*. Brasília: CNBB, 2016.

nessa situação. Certamente isso também existe: doença, catástrofe, crise familiar, desilusão amorosa, dependência química, comodismo etc. Mas isso vale para alguns casos isolados. Não explica o fenômeno massivo da pobreza e marginalização sociais em nosso mundo.

Em última instância, esse fenômeno é fruto do modo mesmo de estruturação e organização da sociedade. Ele faz com que os bens e riquezas produzidos estejam concentrados nas mãos de uns poucos; faz com que amplos setores da sociedade sejam marginalizados em razão de sua cultura, de sua raça, de seu sexo, de sua orientação sexual, de sua idade, de sua deficiência etc.; e reduz a natureza a mero recurso econômico para acumulação ilimitada de riquezas, causando grandes desequilíbrios socioambientais e comprometendo inclusive o futuro da vida no planeta.

Por essa razão, uma caridade que se queira eficaz não se pode reduzir ao nível meramente assistencial, por mais que isso seja necessário. Precisa se enfrentar também com os mecanismos sociais que produzem essa situação. E é exatamente aqui que surge e se desenvolve a *pastoral social* da Igreja. Ela diz respeito fundamentalmente à dimensão socioestrutural da caridade cristã. É a diaconia ou (colabor)ação organizada da Igreja na realização da justiça social, ou seja, nos processos de reestruturação de nossa vida coletiva, a partir e em vista das necessidades e dos direitos dos pobres e marginalizados de nossa sociedade. Ela se constitui, assim, como fermento evangélico nas estruturas sociais. E num duplo sentido:

– Por um lado, como *denúncia* e enfrentamento de toda forma de injustiça, exploração, discriminação e marginalização, bem como dos mecanismos que produzem essas situações. Ou seja, como afronta a um modo de estruturação e institucionalização de nossa vida coletiva, que nega a grandes setores da população até as condições materiais básicas de sobrevivência, impedindo-os de viverem com dignidade e de se realizarem como pessoas. Trata-se, aqui, em última instância, do enfrentamento do pecado que se materializa e se institucionaliza nas estruturas da sociedade ou do que desde Medellín e Puebla se convencionou chamar "pecado social".

– Por outro lado, como *anúncio* eficaz de uma nova forma de organização da sociedade, isto é, como convocação à uma reinvenção e reestruturação da vida social: insistindo na inaceitabilidade da injustiça social; mobilizando pessoas e grupos a lutarem por seus direitos e a buscarem e criarem alternativas de vida; articulando e projetando essas lutas e alternativas; fortalecendo as lutas populares concretas com a força social da Igreja; explicitando e potencializando seu caráter salvífico. Trata-se, aqui, em última instância, da dimensão socioestrutural da graça, isto é, da ação salvífica e (re)criadora do Espírito de Deus no mundo. Também a estruturação de nossa vida coletiva deve-se dar na força, no dinamismo e no poder do Espírito de Deus.

Nós nos deparamos, aqui, com a dimensão socioestrutural do pecado e da graça. Nossa fé não é indiferente ao modo como organizamos nossa vida coletiva (cf. Puebla 523-520). A organização da sociedade pode estar mais ou menos de acordo com o Evangelho de Jesus Cristo; pode estar mais ou menos em sintonia com o dinamismo de vida suscitado por Jesus e seu Espírito: pode tanto permitir ou facilitar (dinamismo gracioso) quanto impedir ou dificultar (dinamismo pecaminoso), adquirindo, assim, um caráter estritamente teologal. As estruturas da sociedade não são simplesmente estruturas econômicas, políticas, sociais, culturais, de gênero etc. São também e sempre estruturas teologais, enquanto objetivação (institucionalização) e mediação (poder dinamizador) da graça ou do pecado. Daí sua importância central para a fé cristã.

Na medida em que a sociedade está organizada ou estruturada de tal forma que priva uma grande parte da humanidade até das condições materiais básicas de sobrevivência; que mantém a dominação e a exploração dos homens sobre as mulheres, dos brancos sobre os negros; que discrimina e marginaliza idosos, homossexuais, pessoas com deficiência etc.; que destrói a natureza, causa desequilíbrios socioambientais e compromete o futuro da própria espécie no planeta; ela des-figura a presença de Deus no mundo e se constitui como um obstáculo ao dinamismo de vida fraterna suscitado por Jesus e seu Espírito. Suas estruturas têm, assim, um caráter intrinsecamente pecaminoso. Enquanto tais, elas se apresentam e se impõem como um dos maiores desafios para a vivência da fé e para a ação pastoral da Igreja.

Certamente, isso não nega nem se contrapõe sem mais ao serviço de assistência aos necessitados – sempre necessário e sempre provisório. Mas avança na direção da dimensão socioestrutural da caridade, dinamizada pelo princípio da justiça que, de acordo com a tradição bíblica, significa fundamentalmente a garantia dos direitos do pobre, do órfão, da viúva e do estrangeiro, símbolo dos marginalizados de todos os tempos. E, aqui, justiça e caridade se identificam. A justiça é a forma que a caridade assume em uma sociedade desigual que produz pobreza e marginalização. Essa forma de caridade tem um dinamismo diferente da caridade assistencial. Ela se desenvolve na criação e/ou fortalecimento de processos sociais que visam transformar as estruturas da sociedade a partir e em vista das necessidades e dos direitos dos pobres e marginalizados. Seu foco não é a *necessidade imediata* a ser satisfeita (assistência aos necessitados), mas os *mecanismos estruturais* que fazem com que grandes setores da sociedade vivam em situação permanente de necessidade (transformação das estruturas da sociedade). Daí a proximidade dos grupos que se dedicam a essa dimensão e forma da caridade cristã com as organizações e os movimentos sociais que lutam pelos direitos dos pobres e marginalizados.

A pastoral social é, portanto, *uma* forma específica de compromisso com os pobres e marginalizados ou de opção pelos pobres; uma forma entre outras igualmente necessárias e evangélicas, mas uma forma específica e irredutível: caridade social/política ou dimensão socioestrutural da caridade cristã ou fermento evangélico nas estruturas da sociedade. De modo que não qualquer ação ou serviço social nem sequer qualquer serviço aos pobres e marginalizados, por mais nobre e evangélico que seja, é, sem mais, uma pastoral social. O que caracteriza uma pastoral social é seu intento de interferir na organização da sociedade e transformá-la a partir e em vista das necessidades e dos direitos e dos pobres e marginalizados.

Assim, visitar trabalhadores rurais e rezar com eles é algo muito evangélico e pode ajudar bastante a melhorar a convivência na comunidade. Mas essa visita e essa reza só se constituem como pastoral social na medida em que ajudam esses trabalhadores a se estabelecerem como força social capaz de lutar por seus direitos: terra/território, água, condições de produzir e comercializar, escola, saúde, estrada etc.

Da mesma forma, distribuir alimentos, roupas e agasalhos a moradores de rua e catadores de material reciclável, e até mesmo rezar com eles, é algo necessário e muito evangélico. Mas esse serviço só se constitui como pastoral social em sentido estrito se for capaz de ajudá-los a se mobilizarem e a se estabelecerem como força social capaz de lutar por políticas públicas (equipamentos sociais para a população em situação de rua, moradia e saúde); capaz de se organizarem em associações e cooperativas de catadores de material reciclável e de intervirem na política de resíduos sólidos etc.

Ou, ainda, visitar pessoas doentes, idosas e encarceradas, reunir-se e rezar com elas, é algo muito evangélico e faz parte da missão da Igreja. Mas só se constitui como pastoral social na medida em que essas visitas, esses encontros e essas rezas estão articulados com um processo de mobilização social de denúncia de violação de direitos e de defesa da dignidade e dos direitos dessas pessoas: sistema público de saúde, estatuto da pessoa idosa, estatuto da criança e do adolescente, segurança pública, justiça restaurativa e não vingativa para quem cometeu delito etc. E assim por diante...

Isso confere à pastoral social um caráter bem peculiar, nem sempre compreendido e aceito na sociedade em geral nem na própria comunidade eclesial. Mesmo entre pessoas que estimam, valorizam e até praticam as chamadas "obras de misericórdia", ou que gostam de fazer "caridade", há muita resistência à pastoral social em sentido estrito. É famosa a afirmação de Dom Helder Camara: "se dou comida aos pobres, me chamam de santo; se pergunto por que eles são pobres, me chamam de comunista". Nem todas as pessoas que admiram e exaltam Madre Teresa de Calcutá, admiram e exaltam igualmente Dom Oscar Romero. E o Papa Francisco, falando de "terra, casa e trabalho" no encontro com os movimentos populares no Vaticano, dizia: "É estranho, mas se falo disto para alguns, o papa é comunista. Não se compreende que o amor pelos pobres está no centro do Evangelho. Terra, casa e trabalho, aquilo porque lutais, são direitos sagrados. Exigi-lo não é estranho, é a doutrina social da Igreja".[3] Mas aqui está a especificidade ou peculiaridade da pastoral social, enquanto dimensão socioestrutural da caridade cristã.

B. A PROBLEMÁTICA DAS MEDIAÇÕES

Uma das questões mais centrais e decisivas, mas também mais complexas e polêmicas na pastoral social, é a problemática das mediações práticas e teóricas da justiça social.[4] É que não se muda a sociedade só com boa vontade, e toda mudança social implica conflitos, na medida em que mexe com interesses divergentes. Daí a tentação de muitos setores na Igreja, particularmente dos ministros ordenados, em se tratando de questões sociais, de se restringirem à defesa abstrata de princípios ético-evangélicos, sem entrar na problemática de sua realização históricas, seja por purismo ou para não serem afetados pelas ambiguidades dos processos históricos, embora isso não conte quando está em jogo interesses institucionais e corporativistas, seja em nome da "unidade" ou, melhor, para não desagradar os setores dominantes da sociedade.

Mas não se pode ficar aqui em meros princípios abstratos, nem se pode agir idealisticamente na base do "tudo ou nada". Embora nem tudo seja compatível com a fé, tampouco é compatível com a fé não fazer nada por não poder fazer o "ideal" e da maneira "ideal". A fé se vive no limite e nas ambiguidades da "carne", e não num "mundo ideal e perfeito". Como bem diz o Papa Francisco, "os ensinamentos da Igreja acerca de situações contingentes estão sujeitos a maiores ou novos desenvolvimentos e podem ser objeto de discussão, mas não podemos evitar de ser concretos para que os grandes princípios sociais não fiquem meras generalidades que não interpelam ninguém. É preciso tirar suas

---

[3] DISCURSO DO PAPA FRANCISCO aos participantes do Encontro Mundial dos Movimentos Populares. Brasília: Edições CNBB, 2015, pp. 7s.

[4] Cf. AQUINO JÚNIOR, Francisco de. *A teologia como intelecção do reinado de Deus: O método da teologia da libertação segundo Ignacio Ellacuría*. São Paulo: Loyola, 2010, pp. 197-207; id. Atualidade da teologia da libertação. In: *Teoria teológica – práxis teologal: sobre o método da teologia da libertação*. São Paulo: Paulinas, 2012, pp. 15-38, aqui pp. 31-33.

consequências práticas para que 'possam incidir com eficácia também nas complexas situações hodiernas'" (EG 182).

Ou ainda: as "convicções" de fé "podem soar como uma mensagem repetida e vazia se não forem apresentadas novamente a partir de um confronto com o contexto atual no que este tem de inédito para a história da humanidade" (LS 17). E isso exige ousadia e discernimento.

É importante atentar para o fato de que a dimensão social da fé exige mediações teóricas e práticas que extrapolam os limites e as possibilidades da comunidade eclesial e que são sempre limitadas e ambíguas, embora não se esgote em nenhuma mediação concreta nem seja compatível com qualquer mediação.

A fé oferece luzes e critérios para discernir a realidade e dá orientação e força para transformá-la, mas não explica como funciona a realidade nem como ela pode ser transformada, nem dispõe dos meios necessários para isso. Ela pode dizer, por exemplo, que alimentação e moradia são direitos fundamentais e sagrados de todas as pessoas, que a terra é dom de Deus e direito de todos e pode animar os cristãos a se engajarem na luta por esses direitos. Mas não diz qual a melhor forma de produzir e distribuir alimentos, qual a forma e o lugar mais seguros de construir habitação, como democratizar a terra e a água, nem tem os meios sociais, políticos, econômicos, jurídicos etc. necessários para fazer valer esses direitos. Para isso, tem que recorrer à sabedoria popular e às ciências que estudam essas realidades, bem como se aliar às organizações sociais que lutam por esses direitos. Daí o diálogo constante da pastoral social com as comunidades e os grupos com quem trabalha e com as ciências que estudam e explicam essas realidades e sua articulação com organizações e movimentos populares.

Além do mais, a complexidade dessas realidades e o conflito de interesses que elas envolvem tornam sua compreensão e a definição de estratégias de enfretamento dos problemas extremamente complexas. Não há consenso nem no diagnóstico nem nas formas de enfrentamento e solução dos problemas. E isso gera muitas tensões e conflitos entre as próprias organizações sociais e dentro da comunidade eclesial. Algumas organizações e pastorais, por exemplo, priorizam a formulação, o acompanhamento e até a execução de políticas públicas para determinados grupos ou setores. Outras organizações e pastorais priorizam ações que denunciam e enfrentam a estruturação injusta da sociedade e a privatização do Estado pelos setores dominantes. Sempre volta a tensão entre políticas compensatórias e políticas estruturais.

Essas tensões e esses conflitos são inevitáveis, uma vez que toda mediação é limitada e ambígua, mas não deixam de ser saudáveis. Eles revelam a importância e os limites dessas mediações e apontam para a urgência de articular políticas públicas voltadas para a satisfação de necessidades imediatas com o enfrentamento das macropolíticas do Estado. A construção de cisternas de placas, por exemplo, é muito importante e tem feito um bem enorme no semiárido brasileiro. Mas não podemos perder de vista que, enquanto o governo constrói cisterna para o povo, toda macropolítica hídrica do Estado está voltada para o agronegócio.

Importa, em todo caso, perceber que na luta pela garantia dos direitos dos pobres e marginalizados (1) está em jogo questões político-econômicas e socioambientais, mas também questões de gênero, étnico-raciais, sexuais, necessidades especiais etc.; (2) que é preciso organizar socialmente os setores marginalizados e se articular com outras forças sociais; (3) que não há receita nem caminho único; (4) que não se pode absolutizar nenhuma mediação, por mais importante e eficaz que seja; (5) que mediações diferentes não são necessariamente contrapostas e podem até se complementarem; e (6) que é preciso considerar e articular a garantia mais imediata de direitos fundamentais com a luta permanente de transformação das estruturas da sociedade, evitando tanto a tentação de ficar indiferente às necessidades imediatas do povo em nome da transformação do sistema, quanto a tentação de se contentar com migalhas e "bolsas", sem se confrontar com o sistema que gera pobreza e marginalização e, assim, a própria necessidade de migalhas e "bolsas". É preciso criatividade e ousadia nas lutas, sem ingenuidades e sem extremismos dogmáticos.

C. Relação com os movimentos populares

Uma coisa é ser solidário com uma pessoa e até ajudar um grupo de pessoas. Outra coisa bem diferente é lutar pela garantia de direitos de grupos ou setores marginalizados na sociedade e pela transformação da sociedade. Aqui não basta sensibilidade e boa vontade. É preciso força social e política, capaz de se confrontar com a ordem estabelecida e com os setores que se beneficiam com ela para alterar ou transformar a ordem social vigente, a partir e em vista das necessidades e dos direitos dos pobres e marginalizados.

Nenhuma pessoa sozinha consegue transformar a sociedade. Certamente, todos os processos de transformação social são desenvolvidos a partir de pessoas concretas e por pessoas concretas. Mas só se realizam na medida em que essas pessoas concretas vão se articulando e se constituindo como força social. É que a sociedade tem certa autonomia em relação aos indivíduos, tem um dinamismo próprio que, mediante costumes, mentalidades, regras, normas, leis e instituições as mais diversas, tende a estabilizar e conservar o dinamismo ou a ordem vigente. Transformar a sociedade ou as estruturas da sociedade é transformar esses mecanismos que organizam nossa vida coletiva de uma determinada forma e que, por favorecerem certos setores da sociedade, são defendidos por eles a todo custo. E isso só é possível coletivamente.

Basta ver que todas as conquistas sociais ao longo da história se deram mediante mobilização, organização e luta de determinados setores da sociedade. Normalmente de setores prejudicados e marginalizados na sociedade, mesmo que com o apoio e a solidariedade de outras pessoas e grupos sociais. Às vezes, isso leva muito tempo. Tanto tempo, que as gerações ou setores que alcançaram essas conquistas nem se dão conta do processo histórico que possibilitou essas conquistas; processo regado muitas vezes com sangue... São os mártires da caminhada... Quantos trabalhadores pagaram com a própria vida o preço da luta por direitos trabalhistas desde a revolução industrial; quantos camponeses pagaram com a própria vida o preço da luta pela reforma agrária; quantos indígenas pagaram com a própria vida o preço da luta pela demarcação de suas terras e pela afirmação de sua identidade cultural; quantos negros pagaram com a própria vida o preço da luta contra a escravidão e o racismo; quantas mulheres e quantos homossexuais pagaram com a própria vida o preço da luta contra o machismo e a homofobia e por sua emancipação social. E assim por diante.

A transformação da sociedade é, portanto, um processo social. Vai se dando aos poucos: uma pequena conquista abre possibilidades de novas conquistas, e assim por diante. E vai se dando a partir da mobilização, organização e luta dos marginalizados e seus aliados: a união faz a força. É um processo social permanente. Tarefa nossa de cada dia, de toda a vida, de toda a história.

E aqui se compreende a importância e necessidade de articulação da pastoral social com os movimentos e organizações populares. É que a transformação da sociedade, vale insistir e repetir, só é possível mediante a mobilização e articulação de determinados setores da sociedade que se vão constituindo como força social capaz de afrontar a organização social vigente e alterá-la ou mesmo transformá-la a partir das necessidades e dos interesses dos pobres e marginalizados desta mesma sociedade. Não há outra forma. Ninguém sozinho tem força para mudar a sociedade. Mas a união faz a força. E quanto maior for a força social, maior será sua capacidade de interferir na organização da sociedade: políticas públicas, política tributária, reforma agrária, políticas afirmativas de etnia, raça, gênero etc.

Daí por que a pastoral social, em seu intento de colaborar na transformação das estruturas da sociedade, tenha que se articular com os movimentos e as organizações populares que lutam por mudanças na sociedade, sem que ela mesma se transforme, sem mais, em um movimento ou em uma organização popular ou em uma ONG. É pastoral. Mas enquanto colabor(ação) eclesial organizada nos processos de transformação das estruturas da sociedade, é aliada e parceira de todas as forças sociais (na medida em) que defendem e lutam pelos direitos dos pobres e marginalizados, independentemente de sua profissão de fé e de seu vínculo eclesial.

Certamente, as organizações populares têm suas ambiguidades/ contradições e seus pecados – e que organização ou estrutura eclesial nãos os tem??? –, mas, na medida em que se confrontam com as estruturas da sociedade, desmascarando/denunciando seu caráter injusto e buscando/anunciando formas mais justas de estruturação da sociedade, elas se constituem objetivamente (para além de toda confissão e intencionalidade) em mediação de salvação: enfrentam-se com o pecado do mundo e inserem-se no dinamismo salvífico-redentor de Jesus e seu Espírito no mundo. Isso confere à articulação da pastoral social com as organizações populares um caráter estritamente espiritual, para além de conveniências e estratégias políticas de ação.

D. CONFLITIVIDADE

Não é fácil transformar as estruturas da sociedade. Não só porque elas estão institucionalizadas e mesmo legalizadas; mas porque tem gente que se beneficia com elas e reage com todos os meios contra qualquer tentativa de modificação e, sobretudo, de transformação da ordem social vigente. Sem falar que esses grupos que se beneficiam com a ordem social vigente controlam a atividade econômica, a organização política do Estado, a produção do conhecimento e a difusão das informações, exercendo domínio inclusive sobre as vítimas dessa forma de organização da sociedade. Aliás, a forma mais eficiente de manter a dominação e a marginalização é fazer com que os dominados e marginalizados interiorizem e naturalizem seu estado de dominação e marginalização, isto é, que compreendam e aceitem sua situação como uma fatalidade e, portanto, como algo insuperável.

Na medida em que luta pelo direito dos pobres e marginalizados e pela transformação das estruturas da sociedade, a Igreja acaba, direta ou indiretamente, se confrontando com os grupos que se beneficiam com a ordem social vigente. Todo processo de transformação da sociedade é tenso e conflitivo, pois envolve interesses muito concretos de grupos muito concretos: comunidades camponesas, indígenas e quilombolas x latifúndio e empresas do agro-hidro-negócio; catadores de material reciclável x empresas de reciclagem, e assim por diante; machismo, racismo e homofobia x movimentos feministas, negros e LGBTT, e assim por diante. O conflito, aqui, é algo inevitável. É inerente à missão da Igreja de lutar pelo direito dos pobres e marginalizados da sociedade.

Daí o caráter conflitivo de toda pastoral social. Não se trata de nenhuma idealização ou sacralização masoquista dos conflitos sociais, nem de fechamento ao diálogo, nem de agir movido pelo ódio ao inimigo, o que contraria uma fé dinamizada pelo amor (Gl 5,6). Trata-se simplesmente de permanecer fiel à missão de lutar pelo direito dos pobres e marginalizados, mesmo em meio aos conflitos, à perseguição e ao martírio. As pastorais sociais nasceram como resposta eclesial a situações de conflito social. O conflito é, assim, uma consequência da missão: "Se eles me perseguiram, também vos perseguirão" (Jo 15,20). E acaba sendo também um teste ou uma prova da missão. Estar bem e em paz com os exploradores e opressores do povo é sempre um sinal de infidelidade à missão. Não há neutralidade aqui...

Capítulo 5
(Macro)ecumenismo

A escuta do "grito da terra" e do "grito dos pobres" e o compromisso com eles e com a justiça socioambiental é um dos, senão o aspecto mais central e determinante de unidade entre os cristãos e entre crentes de diferentes tradições religiosas. E não apesar ou em prejuízo da experiência espiritual, mas como constitutivo essencial e como expressão radical da própria experiência espiritual. Isso que vale para o movimento ecumênico e inter-religioso em geral, vale de modo particular para sua expressão latino-americana, muitas vezes nomeada em termos de marcoecumenismo: unidade de cristãos, crentes e povos a partir e em vista das necessidades e dos direitos dos pobres e marginalizados, sinal e mediação do reinado de Deus neste mundo.[1] Convém fazermos algumas considerações sobre a expressão macroecumenismo e insistirmos no caráter estritamente teologal ou espiritual da unidade religiosa no compromisso com os pobres e marginalizados.

---

[1] Cf. SANTANA, Júlio. *Ecumenismo e libertação*. Petrópolis: Vozes, 1991, pp. 116-121, 254s; AQUINO JÚNIOR, Francisco de. Diálogo inter-religioso por uma cultura de paz. *Teocomunicação* 42 (2012), pp. 359-375; id. Cristianismo numa sociedade plural: a propósito do livro de Boaventura de Sousa Santos *Se Deus fosse um ativista dos direitos humanos*. *Horizonte* 40 (2015), pp. 2268-2291.

A. Expressão macroecumenismo

A expressão *diálogo inter-religioso* é utilizada comumente para se referir ao diálogo e/ou à interação entre as religiões, enquanto a expressão *ecumenismo* é utilizada para designar o diálogo ou a interação entre as Igrejas cristãs.

Na América Latina tem-se falado muitas vezes de *macroecumenismo*,[2] em vez de diálogo inter-religioso. Algumas pessoas resistem a essa expressão. Primeiro, por acharem que não enfatiza suficientemente a especificidade do ecumenismo e do diálogo inter-religioso e por acabar relativizando o sentido técnico que a expressão ecumenismo adquiriu no movimento ecumênico cristão: unidade das Igrejas cristãs.[3] Segundo, porque poderia soar como uma espécie de neocolonização cristã das religiões, ao utilizar, ainda que em seu sentido etimológico lato, através do prefixo macro, a mesma expressão usada para designar a unidade das Igrejas cristãs: ecumenismo.[4] Em todo caso, a expressão macroecumenismo tem algumas vantagens que justificam sua preferência e que vale a pena destacar.

Por um lado, enfatiza, já na nomenclatura, a importância e a necessidade de não separar os cristãos do conjunto da humanidade e, consequentemente, não separar a problemática da unidade das Igrejas cristãs (ecumenismo) da problemática da unidade das religiões e dos povos (macroecumenismo), por mais irredutível que ela seja.[5] Aliás,

---

[2] Cf. "Manifesto" do I Encontro da Assembleia do Povo de Deus (Quito – Equador, 1992). In: TEIXEIRA, Faustino (org.). *O diálogo inter-religioso como afirmação da vida*. São Paulo: Paulinas, 1997, pp. 147-151; Proclamação do II Encontro da Assembleia do Povo de Deus (Cachipay, Colômbia, 1996). In: op. cit., pp. 153-155; CASALDÁLIGA, Pedro. O macroecumenismo e a proclamação do Deus da Vida. In: op. cit., pp. 31-38; CASALDÁLIGA, Pedro; VIGIL, José Maria. *Espiritualidade da libertação*. Petrópolis, Vozes, 1993, pp. 192-200; VIGIL, José Maria. Macroecumenismo: teologia latino-americana das religiões. In: TOMITA, Luiza; BARROS, Marcelo; VIGIL, José Maria (org.). *Pluralismo e libertação: por uma teologia latino-americana pluralista a partir da fé cristã*. São Paulo: Loyola, 2005, pp. 71-88.

[3] Cf. LORSCHEIDER, Aloísio. Diálogo ecumênico e diálogo inter-religioso. *Kairós*, Ano II, n. 1 (2005), pp. 224-228, aqui p. 224; KASPER, Walter. Paz no mundo inteiro e diálogo entre os cristãos e entre as religiões. Disponível em: <http://www.vatican.va/roman_curia/pontifical_councils/chrstuni/documents/rc_pc_chrstuni_doc_20020107_peace-kasper_po.html>.

[4] Essa crítica foi feita em uma das aulas na disciplina ecumenismo e diálogo inter-religioso na Faculdade Católica de Fortaleza.

[5] O próprio Kasper, não obstante sua reserva e rejeição à expressão macroecumenismo, reconhece que "o diálogo ecumênico e o diálogo inter-religioso são afins e estão ligados entre si", ainda que insistindo no fato de que eles "não se identificam um com o outro" (KASPER, Walter, op. cit.).

(Macro)ecumenismo

como afirma a Constituição Dogmática *Lumen Gentium*, aquela deve ser "germe firmíssimo de unidade, esperança e salvação" para todos os povos, "sacramento visível desta salutífera unidade" (LG 9).

Por outro lado, pode ser uma advertência, pelo menos do ponto de vista etimológico, contra as trapas do logocentrismo que põem o logos no centro de tudo, como salvação de tudo. A problemática da unidade entre as religiões não é apenas uma questão de logos (discurso, linguagem) nem se dá simplesmente por meio dele (dia-logo), como pode sugerir a expressão diálogo inter-religioso. O logos, por mais importante e decisivo que seja, é apenas *um modo* de intelecção.[6] E a própria intelecção só existe como um momento do processo mais amplo e complexo da inter-ação ou práxis humana.[7] Só no contexto de uma práxis determinada pode-se compreender o uso/sentido de um logos determinado – caráter práxico da linguagem.[8] De modo que o problema da relação e da unidade entre as religiões, mais que um problema de *diá-logo*, é um problema de *inter-ação*.[9]

Tratando especificamente da problemática do ecumenismo, Ignacio Ellacuría levanta uma "suspeita epistemológica" de que "a raiz da divisão na confissão da fé e consequentemente o caminho da unidade não estão fundamentalmente nas diversas formulações e interpretações da fé, mas em determinadas *práxis* pessoais e estruturais que posteriormente são formuladas em termos de fé".[10] Segundo ele, "esta suspeita

---

[6] Zubiri distingue no ato intelectivo três modos de intelecção: apreensão primordial, logos e razão (cf. ZUBIRI, Xavier. *Inteligencia sentiente. Inteligencia y realidad.* Madrid: Alianza Editorial, 2006; id. *Inteligencia y logos.* Madrid: Alianza Editorial, 2002; id. *Inteligencia y razón.* Madrid: Alianza Editorial, 1983).

[7] Cf. id. *Sobre El hombre.* Madrid: Alianza Editorial, 1998, pp. 11-41; id. *Inteligencia sentiente. Inteligencia y realidad*, cit., pp. 281-285. Para uma visão de conjunto da análise zubiriana da intelecção humana, cf. AQUINO JÙNIOR, Francisco de. *A teologia como intelecção do reinado de Deus: o método da Teologia da Libertação segundo Ignacio Ellacuría.* São Paulo: Loyola, 2010, pp. 215-245.

[8] Cf. WITTGENSTEIN, Ludwig. *Philosophische Untersuchungen.* Frankfurt am Main: Suhrkamp, 2003, §§ 23, 30, 37, 43.

[9] Nesta perspectiva, é muito fecunda e provocadora a proposta de González Faus, de passar "do diálogo à diapráxis" (cf. GONZÁLEZ FAUS, José Ignácio. Religiones de la tierra y universalismo de Cristo. Del dialogo a la diapraxis. In: Cristianisme i Justicia [ed.]. *Universalidad de Cristo, universalidad del pobre. Apostación al diálogo interreligioso.* Santander: Sal Terrae, 1995, pp. 103-143).

[10] ELLACURÍA, Ignacio. El problema "ecumenismo e promoção da justiça". In: *Escritos Teológicos III.* San Salvador: UCA, 2002, pp. 375-378, aqui p. 375.

epistemológica se funda no fato de que, em boa parte, as formulações e as interpretações dependem da *práxis* na qual estão inseridas e do interesse ao qual serve, bem como no fato de que a práxis se converte na verificação real do sentido que se está dando realmente às formulações teóricas".[11] No caso do ecumenismo, isso vale tanto para compressão da divisão entre as Igrejas cristãs quanto para a busca do caminho da "restauração da unidade" entre elas. No caso do macroecumenismo, vale tanto para a compreensão da diversidade de tradições e, concretamente, de concepções e doutrinas religiosas quanto para a questão da interação e do diálogo entre essas diversas tradições religiosas.

Em todo caso, quer se falando de diálogo inter-religioso, quer se falando de macroecumenismo, é importante (1) não separar o problema da unidade dos cristãos do problema da unidade das religiões e dos povos e (2) se dar conta de que este problema, mais que uma questão de diá-logo (discurso, doutrina), é uma questão de inter-ação (práxis); que o próprio diálogo não é senão um momento da inter-ação religiosa. Isso é fundamental tanto para a compreensão da problemática das religiões e da relação entre elas (que não se reduz a discurso) quanto para a determinação do modo teórico e práxico de orientar e efetivar a inter-ação e o diá-logo inter-religiosos.

B. UNIDADE NO COMPROMISSO COM OS POBRES E MARGINALIZADOS

As religiões em geral são particularmente sensíveis às situações de sofrimento e injustiça, ao clamor dos pobres e oprimidos, e têm como uma de suas tarefas mais importantes o cuidado e a defesa dos pobres, oprimidos e fracos – mesmo que nem sempre ajam de modo consequente com isso e, inclusive, contribuam, por omissão ou cumplicidade, para a munutenção de situações de pobreza, injustiça, opressão e exclusão. Não por acaso, elas desempenham um papel e uma função importantes na sociedade no que diz respeito aos valores e ao modo de estruturação

---

[11] Ibid., p. 376.

e regulamentação da vida individual e coletiva. E isso não só não compromete sua vivência espiritual, mas é um elemento ou aspecto essencial e determinante dessa vivência espiritual. É algo que diz respeito à própria identidade das tradições religosas (seu potencial salvífico-humanizador) e que, por isso mesmo, constitui critério e medida de autencidade e fidelidade religiosa (sua prova de fogo).

Isso vale para os mais diversos movimentos e tradições religiosos,[12] vale, de modo muito particular, para a tradição judaico-cristã.[13] A experiência de Deus, aqui, está de tal modo vinculada aos pobres e marginalizados e seus processos de libertação, que se pode afirmar que a problemática do direito dos pobres ou da prática da justiça constitui "o grande tema bíblico"[14] ou o fio que perpassa, articula e costura as muitas páginas da Bíblia. Não por acaso, Deus é experimentado e nomeado na Escritura como o Deus dos pobres e oprimidos (Ex 3,7-9; Dt 10,18; Jd 9,11; Sl 145; Pr 22,22s; Lc 1,46-55 etc.); não por acaso, o direito dos pobres e oprimidos aparece na Escritura como direito de Deus (Pr 14,31; 17,5; etc.); não por acaso, a fidelidade a Deus passa pela observância e defesa do direito dos pobres e oprimidos (Dt 10,19; Jr 22,3.16; Jó 31,13-15; Lc 10,25-37 etc.); não por acaso, as expectativas messiânicas estão ligadas ao direito dos pobres e oprimidos (Sl 72; Is 11,1-9; 61,1, etc.); e não por acaso, o messianismo de Jesus, a boa notícia do reinado de Deus, tem a ver fundamentalmente com a justiça aos pobres e oprimidos (Lc 4,17-21; 5,31s; 6,20-23; 7,21-23; Mt 25,31-46 etc.).[15]

---

[12] Cf. SANTOS, Boaventura de Sousa. *Se Deus fosse um ativista dos direitos humanos*. São Paulo: Cortez, 2014.

[13] Cf. SIVATTE, Rafael. *Dios camina con los pobres. Introducción al Antiguo y Nuevo Testamento*. San Salvador: UCA, 1997; PIXLEY, Jorge. *A história de Israel a partir dos pobres*. Petrópolis: Vozes, 2002; SCHWANTES, Milton. *História de Israel: local e origens*. São Leopoldo: Oikos, 2008; id. *Breve história de Israel*. São Leopoldo: Oikos, 2008; LOHFINK, Norbert. *Hinos dos pobres. O Magnificat, os Hodayot de Qumran e alguns Salmos tardios*. São Paulo: Loyola, 2001; TAMEZ, Elsa. *Contra toda condenação. A justificação pela fé partindo dos excluídos*. São Paulo: Paulus, 1995.

[14] BOFF, Leonardo. Os direitos dos pobres como direitos de Deus. In: *Do lugar do pobre*. Petrópolis: Vozes, pp. 63-77, aqui p. 72; cf. SCHWANTES. Milton. *O direito dos pobres*. São Leopoldo/São Bernardo do Campo: Oiko/Editeo, 2013.

[15] Cf. JEREMIAS, Joachim. *Teologia do Novo Testamento*. São Paulo: Hagnos, 2008, pp. 159-193; SOBRINO, Jon. *Jesus, o libertador. A história de Jesus de Nazaré*. Petrópolis: Vozes, pp. 105-159.

A afirmação e defesa da dignidade humana ou mais concretamente do direito dos pobres e marginalizados constituem, portanto, o núcleo da experiência judaico-cristã de Deus. É o que há de mais religioso, sagrado, espiritual, transcendente etc. Jesus resume toda a Lei no amor a Deus e ao próximo (Mt 22,34-40) ou simplesmente no amor ao próximo (Jo 15,12), que, segundo a Escritura, constitui o critério de amor a Deus (1Jo 4,20), a condição e o critério para herdar a vida eterna (Lc 10,25-37) ou para participar do banquete escatológico (cf. Mt 25,31-46).

João apresenta de modo extremamente desconcertante e fantástico esse núcleo da experiência cristã de Deus: "Compreendemos o que é o amor porque Jesus deu a sua vida por nós; portanto, nós também devemos dar a vida pelos irmãos" (1Jo 3,16); "amados, se Deus nos amou a tal ponto, também nós devemos amar-nos uns aos outros" (1Jo 4,11). Talvez o mais lógico fosse afirmar que, se Deus nos ama tanto a ponto de dar a vida por nós, também nós deveríamos dar a vida *por ele*. Mas a conclusão de João é bem outra: também nós devemos amar e dar a vida *por nossos irmãos*. Pois só amando os irmãos, ama-se a Deus. O amor a Deus é sempre mediado pelo amor aos irmãos; o amor aos irmãos é o que nos torna afins com Deus, o que nos faz participar de sua vida, enfim, o que nos torna seus filhos/as (1Jo 1–10).

De modo que é impossível "amar a Deus" sem "amar o próximo". E o "próximo" é, antes de tudo, o que está "caído" à beira do caminho. Socorrê-lo em suas necessidades, fazer-lhe justiça, agir com compaixão e misericórdia: eis aqui o núcleo da experiência cristã de Deus ou da fé cristã. Com razão, o Papa Francisco podia afirmar em sua catequese, no dia 10 de agosto de 2014, que "o essencial do Evangelho é a misericórdia" e que por isso "o cristão necessariamente deve ser misericordioso". Anos atrás Jon Sobrino já havia escrito uma bela página sobre *A Igreja samaritana e o princípio de misericórdia*.[16] A mesma problemática pode ser formulada, em sintonia com a tradição profética, na qual Jesus está inserido e com menos riscos de manipulação espiritualista, nos termos de *justiça*, conforme indicamos anteriormente.

---

[16] Cf. SOBRINO, Jon. La Iglesia samaritana y el principio misericordia. In: *El principio-misericordia. Bajar de la cruz a los pueblos crucificados*. Santander: Sal Terrae, 1992, pp. 31-45.

Daí por que pensar e dinamizar a unidade entre os cristãos e entre crentes de diferentes tradições religiosas não só não compromete a experiência espiritual nem significa uma saída pela tangente para não enfrentar a problemática propriamente religiosa, mas significa enfrentá-la a partir daquilo que constitui seu núcleo mais fundamental ou, em todo caso, um de seus elementos ou aspectos essenciais. Isso faz com que o macroecumenismo ou o "diálogo" inter-religioso esteja intrínsecamente vinculado à vida e à sorte dos pobres, oprimidos e marginalizados deste mundo.

Pedro Casaldáliga formula isso muito bem. O texto é longo, mas vale a pena: "Macroecumenismo é dialogar inter-religiosamente, porém sempre num compromisso social pelos excluídos. Eu não entenderia de jeito nenhum um diálogo inter-religioso se não o entendesse como compromisso sociopolítico e econômico, a serviço das maiorias excluídas, que é a maior parte da família desse Deus da Vida que a gente quer proclamar. Fazer da fé no Deus da Vida um culto militante à vida, por amor à obra e ao sonho desse Deus. E dialogar com todas as religiões, não apenas com as chamadas 'grandes', pois neste caso estaríamos distanciando-nos da tradição evangélica, pois o Evangelho distingue-se por dialogar com o que é pequeno. Dialogar também com as pequenas religiões, com as religiões indígenas, com a religião do povo Tapirapé".[17]

Ou ainda: "Parece-me elementar e fundamental destacar, sempre, no diálogo inter-religioso, o conteúdo e o objetivo desse diálogo. Não se trata de colocar as religiões numa reunião para que discutam pacificamente sobre religião, ao redor de si mesmas, narcisicamente. O verdadeiro diálogo inter-religioso deve ter como conteúdo e como objetivo a causa de Deus, que é a própria humanidade e o universo. Na humanidade a causa prioritária é a grande massa empobrecida e excluída; e no universo, a terra, a água e ar profanados".

E referindo-se à tese de Hans Küng, de que "não haverá paz entre as nações se não houver paz entre as religiões, e que não haverá paz entre as religiões se não houver diálogo entre elas", afirma sem meias palavras: "É necessário agregar que este diálogo será inútil, hipócrita e

---

[17] CASALDÁLIGA, Pedro. O macroecumenismo e a proclamação do Deus da vida, cit., p. 36.

até blasfemo, se não está voltado para a vida e para os pobres, sobre os direitos humanos, que são divinos também".[18]

E não se trata, aqui, de uma saída pela tangente, desviando o foco da questão explicitamente "religiosa" para questões sociais: já que não seria possível o diálogo sobre questões propriamente "religiosas", poderíamos ao menos trabalhar juntos pela vida, pela justiça e pela paz.

Primeiro, porque, como afirmam os bispos da América Latina na introdução das conclusões de Medellín, retomando o discurso de Paulo VI no encerramento do Concílio Vaticano II, quando "a Igreja latino-americana situou no centro de sua atenção o homem deste continente", ela "não se acha 'desviada', mas 'voltou-se para' o homem, consciente de que para 'conhecer Deus é necessário conhecer o homem".[19] De modo que cuidar da vida, particularmente da vida humana ameaçada, ferida, injustiçada, não é algo externo nem secundário, mas algo que toca o núcleo mais íntimo das próprias tradições religiosas, no que tem de salvífico-humanizador.

Segundo, porque o que se poderia chamar de discurso mais propriamente religioso (concepções ou doutrinas religiosas) não é algo independente da práxis do grupo que formula e professa tal discurso.[20] A linguagem, em geral, e as teorias/doutrinas, em particular, estão profundamente ligadas a uma dinâmica ou a um modo concreto de vida, no qual surgem e são desenvolvidas e elaboradas e ao qual remetem de alguma forma. Assim, por exemplo, a imagem de Deus de Jesus é inseparável de sua vida concreta. O Deus em quem Jesus crê, a quem ele entrega sua vida, manifesta-se no modo como ele vive: ao agir com bondade e com misericórdia para com os caídos à beira do caminho, revela um Deus bondoso e misericordioso; ao acolher pessoas consideradas impuras e pecadoras, revela um Deus que é perdão e gratuidade; ao socorrer as pessoas em suas necessidades e ao defender o direito dos

---

[18] Id. Prólogo. In: TOMITA, Luiza; BARROS, Marcelo; VIGIL, José Maria. *Pelos muitos caminhos de Deus: desafios do pluralismo religioso à Teologia da Libertação.* Goiás: Rede, 2003, pp. 5-8, aqui p. 7.

[19] CELAM. *Conclusões de Medellín.* São Paulo: Paulinas, 1987, p. 5.

[20] Cf. AQUINO JÚNIOR, Francisco de. Experiências x teologias (macro)ecumênicas: Uma articulação necessária. *REB* 257 (2005), pp. 112-134.

pequenos e oprimidos, revela um Deus que é justiça; ao fazer suas as necessidades da humanidade sofredora, revela um Deus parcial e partidário dos pobres e oprimidos deste mundo. De modo que pensar e efetivar a inter-ação e o diálogo entre as religiões, a partir dos pobres, oprimidos e fracos, além de não ser um "desvio" da questão propriamente religiosa, ajuda a reformulá-la de modo mais consequente com seu potencial salvífico-humanizador e a tornar efetiva e fecunda sua missão salvífico-humanizadora. É o problema da correta e consequente articulação ortopráxis-ortodoxia.

É no cuidado e na defesa da vida dos pobres, oprimidos, excluídos e fracos que as religiões e a interação/diálogo entre elas tornam reais e efetivos seu potencial e sua missão salvífico-humanizadores e podem reelaborar seu discurso/doutrina de modo cada vez mais consequente com essa potencialidade e missão salvífico-humanizadoras.

Capítulo 6

Profecia e martírio

Essa forma de compromisso com os pobres e marginalizados que é a pastoral social enquanto fermento evangélico nas estruturas da sociedade ou colaboração nos processos de transformação da sociedade, a partir e em vista dos direitos dos pobres e marginalizados, possui uma dimensão profética fundamental, cujo exercício não raras vezes tem como preço a própria vida: o martírio por causa dos pobres e marginalizados. A profecia muitas vezes leva ao martírio que, por sua vez, é a expressão máxima da profecia ou de fidelidade ao Deus dos pobres na fidelidade aos pobres da terra. São os profetas e mártires da caminhada, cujo testemunho e cuja memória manifestam e atualizam a fidelidade de Deus a seu povo e são fontes de esperança, de coragem e de força para a humanidade sofredora.

A. PROFECIA

De acordo com a Sagrada Escritura,[1] profecia não é advinhação do futuro nem profeta é aquele que advinha o futuro, como se ele estivesse

---

[1] Cf. SICRE, José Luís. *Profetismo em Israel: o profeta, os profetas, a mensagem*. Petrópolis: Vozes, 2008; ASURMENDI, Jesus. *O profetismo: das origens à época moderna*. São Paulo: Paulinas,

desde sempre determinado, como se fosse uma sina ou um destino. Os profetas "são intérpretes da história. São leitores da vida do povo. Através de seus gestos e de suas palavras, a história se torna transparente". Por isso, eles "têm hora e local. Sua atuação é concreta. Está relacionada a certo momento, a certas pessoas, a certas estruturas".[2] "O profeta possui sensibilidade para perceber o que está acontecendo e o sentido dos acontecimentos, onde está o pecado e por onde vem a salvação aqui e agora."[3] Sua missão consiste em atualizar a palavra e os desígnios de Deus para seu povo em uma hora e em uma situação bem concretas: "a profecia é a Palavra de Deus ao seu povo aqui e agora".[4] No centro da atividade profética está a denúncia da injustiça e a exigência de justiça aos pobres e oprimidos: "os profetas são pessoas que expressam a exigência de justiça de Deus".[5] O "verdadeiro profeta", diz Comblin, "é aquele que sabe mostrar onde está, na sua época, a justiça e a injustiça, onde estão os pobres e como estão clamando".[6] De modo que a profecia nem é uma palavra abstrata/genérica (que vale e que se entende independentemente do contexto em que é exercida) nem muito menos neutra (que se coloca acima dos conflitos, que não toma partido nos conflitos).

Nas palavras do profeta-mártir salvadorenho, Ignacio Ellacuría, a profecia se caracteriza pela "contraste crítico do anúncio da plenitude do Reino de Deus com uma situação histórica determinada".[7] Esse contraste é fundamental. Primeiro, porque "manifesta os limites e, sobretudo, os males de uma determinada situação histórica". Segundo, porque, mediante a superação desses limites e desses males presentes, pode-se ir "desenhando o futuro desejado, cada vez mais de acordo

---

1988; BEAUCHAMP, Pauls. Profeta. In: LÉON-DUFOUR, Xavier. *Vocabulário de Teologia Bíblica*. Petrópolis: Vozes, 2009, pp. 824-833; SCHWANTES, Milton; MESTERS, Carlos. *Profeta: saudade e esperança. Série A Palavra na vida 17-18*. São Leopoldo: CEBI, 1989; COMBLIN, José. *A profecia na Igreja*. São Paulo: Paulinas, 2009; ELLACURÍA, Ignacio. Utopía y profetismo desde América Latina: Un ensayo concreto de soteriología histórica. In: *Escritos Teológicos II*. San Salvador: UCA, 2000, pp. 233-293.

2 SCHWANTES, Milton; MESTERS, Carlos, op. cit., p. 6.
3 COMBLIN, José, op. cit., p. 11.
4 Ibid., p. 12.
5 Ibid., p. 33.
6 Ibid., p. 255.
7 ELLACURÍA, Ignacio, op. cit., p. 237.

com as exigências e os dinamismos do Reino" e, por sua vez, "o futuro anunciado e esperado ajuda a ir superando esses limites e esses males". Terceiro, porque evita que a utopia "se converta em uma evasão abstrata do compromisso histórico".[8]

Nesse sentido, a profecia é um caminho ou método de atuação e compromisso com os pobres e marginalizados: enfrentamento das situações concretas de injustiça e opressão, defesa e luta pela justiça em situações bem concretas. Não basta a denúncia abstrata das injustiças nem o anúncio abstrato e genérico da justiça. É preciso dar nome aos bois, é preciso concretizar isso – no discurso e na prática. Assim, por exemplo, não basta dizer que é preciso "cuidar da casa comum", que é preciso preservar o meio ambiente e que ele não pode ser privatizado. É preciso enfrentar-se com as empresas e os empresários/fazendeiros que estão fazendo isso em nossas regiões – eles têm nome e endereço. E mais concretamente, é preciso fazer isso a partir e em vista das necessidades e dos interesses dos trabalhadores e das comunidades vítimas do agronegócio. Não basta falar abstratamente de igualdade de gênero e raça. É preciso enfrentar-se com as estruturas patriarcais e racistas que negam essa igualdade e defendê-la e promovê-la em nossas comunidades e na sociedade em geral (funções de liderança, lei Maria da Penha, política de cotas para negros etc). E assim por diante.

A profecia se exerce, portanto, na denúncia e no enfrentamento de *situações concretas de injustiça e opressão* (econômica, gênero, raça, ambiental etc.) e na defesa e na luta pela efetivação de *direitos concretos* dos pobres, oprimidos, excluídos e fracos de nossa sociedade. E ela tem ou adquire muitas expressões. Antes de tudo, *as próprias vítimas* de pobreza e marginalização. Suas vidas, privadas das condições materiais básicas de sobrevivência e dos direitos necessários à afirmação e ao desenvolvimento de sua identidade e dignidade, são, em si mesmas e sem mais, a denúncia mais primária e radical da injustiça e marginalização e o anúncio do que deve ser feito e muitas vezes já é ensaiado em práticas solidárias e alternativas. Em segundo lugar, *suas organizações e suas*

---

[8] Ibid., pp. 237s.

lutas. É a profecia dos movimentos populares. Ela tem um caráter marcadamente coletivo e organizativo e é exercida através das organizações e das lutas dos pobres e seus aliados. Em terceiro lugar, a *profecia carismática* que se insere na Tradição dos grandes profetas bíblicos. Emerge normalmente em situações-limite com figuras carismáticas e se caracteriza pela radicalidade do conteúdo e da forma como é exercida: desconcertante, chocante, provocativa. É o caso de figuras como os bispos Oscar Romero, Pedro Casaldáliga, Luis Cappio etc. ou de lideranças populares como Santo Dias, Margarida Alves, Zé Maria do Tomé etc.

Convém não esquecer que esse caráter concreto e parcial da profecia é profundamente conflitivo, pois mexe com interesses de pessoas, grupos, organizações e estruturas bem concretas. Por isso mesmo, "o profeta é perseguido, denunciado, maltratado, afastado do povo e até morto".[9] E não foi outra a sina de Jesus nem a sina que ele previu para seus seguidores (Jo 15,20). A sociedade e a Igreja exaltam e louvam pessoas que fazem o bem a outras, que praticam "obras de misericórdia" e até que defendem ideais abstratos de justiça e paz, mas toleram e surportam muito pouco quem, em situações bem concretas, se enfrenta efetivamente com a injustiça e se empenha na promoção da justiça: "se dou comida aos pobres, me chamam de santo; se pergunto por que eles são pobres, me chamam de comunista" (Helder Camara).

B. MARTÍRIO

O conflito inerente à profecia pode chegar ao limite e ter como preço o derramamento de sangue. É a expressão máxima do conflito. Mas é também a expressão máxima da fidelidade profética: "Pai, se é possível, que se afaste de mim este cálice. Mas não se faça a minha vontade e sim a tua" (Mt 26,39). E a Igreja da América Latina viveu isso com muita intensidade nas últimas décadas. Basta ver o martirológio latino-americano. É uma imensa nuvem de testemunhas que lavaram e alvejaram suas vestes no sangue do Cordeiro (Hb 12,1; Ap 6,9-11; 7,9-17).

---

[9] COMBLIN, José, op. cit., p. 13.

De fato, o martírio é uma das marcas da Igreja latino-americana. Mas com uma carcterística muito própria: não diretamente por causa da confissão explícita de fé, mas por causa da vivência da fé e do compromisso com os pobres e marginalizados que ela implica. Mais que mártires da fé doutrinalmente confessada, são mártires da fé vivida: mártires da justiça do reinado de Deus, mártires dos pobres e marginalizados. Com o agravante de que, não raras vezes, seus algozes e os cúmplices de seus algozes se declaram cristãos ou católicos fervorosos.

Isso fez com que o reconhecimento do martírio de tantos irmãos e irmãs se tornasse algo tenso e conflitivo na Igreja (fé x ideologia) e exigiu uma ampliação e reelaboração da teologia do martírio (confissão de doutrina x vivência do Evangelho).[10] Jon Sobrino, testemunha de tantos martírios e ele próprio um mártir-sobrevivente, é o teólogo que mais tem se confrontado com a problemática do martírio na América Latina. Para ele, "mártir não é só nem principalmente o que morre *por* Cristo, mas o que morre *como* Jesus; mártir não é só nem principalmente o que morre *por causa* de Cristo, mas o que morre *pela causa* de Jesus [...]. O essencial do martírio está na afinidade com a morte de Jesus": no como e no porquê da morte. Nossos mártires não são mártires simplesmente por se declararem cristãos ou por defenderem interesses ou privilégios institucionais da Igreja, mas por causa da fidelidade ao Evangelho do Reino, que é boa notícia para os pobres e marginalizados. Em sentido estrito, "não são mártires *da* Igreja, embora [em sua grande maioria] vivam e morram *na* Igreja, mas mártires do Reino de Deus, da humanidade".[11]

---

[10] Cf. SOBRINO, Jon. De una teología solo de la liberación a una teología del martírio. In: COMBLIN, José; GONZÁLEZ FAUS, José Ignacio; SOBRINO, Jon. *Cambio social y pensamiento cristiano en América Latina*. Madrid: Trotta, 1993, pp. 101-121; id. *Jesus, o Libertador: a história de Jesus de Nazaré*. Petrópolis: Vozes, 1996, pp. 366-390; TOJEIRA, José Maria. *El martirio ayer y hoy: testimonio radical de fe y justicia*. San Salvador: UCA, 2005; VV.AA. O martírio hoje. *Revista Concílio* (1983) [número monográfico]; VV.AA. Repensando o martírio. *Revista Concílio* 299 (2003/1) [número monográfico]; WECKEL, Ludger. *Um des Lebens willen. Zu einer Theologie des Martiriums aus befreiungstheologischer Sicht*. Meinz: Matthias-Grünwald, 1998; III CONGRESSO INTERNACIONAL DE TEOLOGIA. El legado de los mártires de cara al futuro. *Revista Latinoamericana de Teología* 94 (2015) [número monográfico].

[11] SOBRINO, Jon. *Jesus, o Libertador: a história de Jesus de Nazaré*, cit., p. 385.

O COMPROMISSO COM OS POBRES E MARGINALIZADOS

Sua fidelidade até o limite da morte é boa notícia para os pobres e marginalizados e fonte de esperança para a humanidade. Seu sangue derramado denuncia o caráter pecaminoso e mortal da injustiça e fecunda, rega e anima a luta dos pobres e marginalizados e seus aliados por um mundo mais justo e fraterno. Por razão, a memória dos mártires é algo tão importante e cultivado nos movimentos e nas lutas populares. Ela tem um poder de denúncia, de convocação e de mobilização impressionante. Não sem razão, diz Pedro Casaldáliga, que "não há nada mais revolucionário que o cadáver de um mártir". E, não sem razão, dizia Tertuliano que "o sangue dos mártires é semente de novos cristãos".

Evidentemente, não se trata de uma memória qualquer. A propósito da memória de Oscar Romero, dizia Ignacio Ellacuría: "Há uma memória que é mera recordação do passado; é uma memória morta, uma memória arquivada, uma memória do que já não está vivo. Há outra memória que faz o passado presente, não como mera recordação, mas como presença viva, como algo que sem ser mais presente, tampouco é totalmente ausente porque, definitivamente, é parte da própria vida; não da vida que foi e passou, mas da vida que continua sendo. Com Dom Romero e sua memória, a pergunta fundamental é de que memória se trata: uma memória morta ou uma memória viva, a presença de um cadáver ao qual se venera ou a presença de um ressuscitado que interpela e revigora, alenta e dirige [..]. Ninguém esquece Dom Romero, mas nem todos o recordam como ressuscitado e presente".[12]

E muitos o querem definitivamente sepultado, ainda que nos livros e/ou nos altares...

A memória dos mártires é a memória de alguém ressuscitado, vivo e presente na caminhada que "interpela e revigora, alenta e dirige"; é confirmação e atualização de sua vida e missão em nossa vida e missão. Como na Eucaristia, onde fazemos memória de Jesus, o protomártir, suplicamos seu Espírito para que faça de nós "um só corpo e um só espírito" e "nos transforme naquilo que celebramos", ao fazermos memória dos que, como Jesus e nos seus passos, entregaram suas vidas

---

[12] ELLACURÍA, Ignacio. Memoria de monseñor Romero. In: *Escritos Teológicos III*. San Salvador: UCA, 2002, pp. 115-116, aqui p. 115.

250

pelos pobres e marginalizados, confirmamos suas vidas e suas causas e nos comprometemos a tomar parte na mesma luta. Celebrar a memória de Oscar Romero, de Chico Mendes, de Margarida Alves, de Irmã Dorothy Stang, de Chicão Xucurú, de Ignacio Ellacuría etc. é, portanto, atualizar agradecida e comprometidamente sua vida entregue. É tomar parte na mesma entrega. É fazer nossa sua vida e missão. Nisso reside o poder e a força da memória dos mártires: em sua atualização em nossa vida. É através de nossa vida e missão que eles continuam presentes e atuantes em nosso mundo. Só assim poderemos gritar sem hipocrisia: *Viva os mártires*!!! Pois nosso grito não será mais que a proclamação de que eles *vivem* entre nós e vivem através de nosso compromisso com os pobres e marginalizados.

Sumário

PREFÁCIO...7

INTRODUÇÃO 13

PARTE 1
Teologia em saída para as periferias

CAPÍTULO 1

DO CONCÍLIO VATICANO II À IGREJA LATINO-AMERICANA 21

  A. Concílio Vaticano II...22

  B. Igreja latino-americana...28

CAPÍTULO 2

CONTROVÉRSIAS E CONSENSOS 35

  A. Controvérsias 35

  B. Consensos 43

CAPÍTULO 3

FRANCISCO: "UMA IGREJA POBRE PARA OS POBRES"....................................49

  A. Fundamentos teológicos..51

  B. Ação pastoral..53

  C. Teologia 57

CAPÍTULO 4

PERIFERIAS COMO "LUGAR TEOLÓGICO" FUNDAMENTAL 61

  A. Expressão "lugar teológico"...61

  B. "Lugar teológico" como lugar social dos pobres e marginalizados 65

PARTE 2
O mundo dos pobres e marginalizados

Capítulo 1
Dificuldade conceitual 73

Capítulo 2
Os rostos dos pobres e marginalizados 79

Capítulo 3
A realidade de pobreza e marginalização 85

    A. Realidade coletiva 86
    B. Realidade complexa 87
    C. Realidade produzida 89
    D. Realidade subjetiva 90
    E. Realidade política 91
    F. Realidade espiritual 93

Capítulo 4
As causas da pobreza e marginalização 95

    A. Sociedade 96
    B. Estruturas da sociedade 97

Capítulo 5
Momento histórico atual 99

    A. Globalização neoliberal 100
    B. Urbanismo de mercado 105
    C. Crise ecológica 110
    D. Crise de sentido 115
    E. Novos sujeitos, novas lutas, novos direitos 122

PARTE 3
A fé cristã e os pobres e marginalizados

Capítulo 1
A problemática "Deus e os pobres e marginalizados" 135

Capítulo 2
Controvérsias teológicas sobre a "opção pelos pobres" 145

    A. Universalidade da salvação 145
    B. Transcendência de Deus 148

Capítulo 3
Revelação-fé cristã e os pobres e marginalizados 153

    A. Revelação cristã 153
    B. Fé cristã 160

Capítulo 4

Igreja e os pobres e marginalizados 167

    A. Concílio Vaticano II.. 167

    B. Conferência de Medellín 171

    C. Teologia da libertação 175

Capítulo 5

Caráter e função escatológicos dos pobres e marginalizados........... 179

PARTE 4
O compromisso com os pobres e marginalizados

Capítulo 1

Caráter espiritual do compromisso com os pobres e marginalizados. 191

    A. Não evidência 191

    B. Núcleo da experiência cristã 194

    C. Conversão pastoral.. 196

Capítulo 2

Dimensões e formas do compromisso com os pobres e marginalizados....201

    A. Dimensões do compromisso com os pobres e marginalizados 201

    B. Formas de compromisso com os pobres e marginalizados 206

Capítulo 3

Caridade e justiça 213

    A. Consciência do problema 214

    B. Relação entre justiça e caridade 218

Capítulo 4

Pastorais sociais

    A. Dimensão socioestrutural da caridade............................. 223

    B. A problemática das mediações.. 228

    C. Relação com os movimentos populares............................ 231

    D. Conflitividade.. 233

Capítulo 5

(Macro)ecumenismo 235

    A. Expressão macroecumenismo.. 236

    B. Unidade no compromisso com os pobres e marginalizados 238

Capítulo 6

Profecia e martírio.. 245

    A. Profecia 245

    B. Martírio 248